普通高等教育"十一五"国家级规划教材

公共关系学

查灿长　编

上海大学出版社
·上 海·

图书在版编目(CIP)数据

公共关系学/查灿长编. —上海：上海大学出版社，2010.9(2018.3 重印)

ISBN 978-7-81118-666-6

Ⅰ.①公… Ⅱ.①查… Ⅲ.①公共关系学-教材 Ⅳ.①C912.3

中国版本图书馆 CIP 数据核字(2010)第 176011 号

责任编辑 焦贵平 吴雪梅

封面设计 施羲雯

公共关系学

查灿长 编

上海大学出版社出版发行

(上海市上大路 99 号 邮政编码 200444)

(http://www.shangdapress.com 发行热线 66135110)

出版人：戴骏豪

*

南京展望文化发展有限公司排版

句容市排印厂印刷 各地新华书店经销

开本 890×1240 1/32 印张 11 字数 274 000

2010 年 9 月第 1 版 2018 年 3 月第 4 次印刷

印数：8 301～9 400

ISBN 978-7-81118-666-6/C·096 定价：35.00 元

PREFACE 序

翻开这部“公共关系学”的篇首，我们很有必要重新审视一下公共关系学和公共关系事业在我国兴起与发展的状况及其原因，阐析编写这本教材的目的、原则与价值，探讨如何创建有中国特色的公共关系学和公共关系事业等问题。

一

公共关系学这门新兴学科于20世纪80年代初从西方引入后，在中国大地获得了迅速的传播与发展。其传播与发展的趋势具有三个特点，并形成了公共关系学与公共关系事业在我国不断演进的全新景象。

特点之一：公共关系作为一门集管理学、传播学等多学科为一体的新型科学，已被越来越多的人所熟悉、接受和运用。不仅公共关系从业人员具有公共关系意识，不少政府部门和企事业单位的工作人员也有了很强的或逐渐增强的公共关系意识。更令人欣慰的是公共关系已被越来越多的人当作一种新观念、新思维、新方法来加以学习和运用。不少人开始懂得塑造形象与扩大知名度，开始善于运用信息与传播手段、开始重视双向沟通与协调发展、开始探究现代交际方法与管理艺术，还开始学会从公共关系角度、用公共关系方法来观察、认识与处理各种问题，从而使我们的认识取向和工作方法通过公共关系实践而提高到一个新层次和一个新水平。

特点之二：公共关系所涉及的领域大为拓展，它已从经济领域延伸扩展到政治领域、文化领域、社会领域，乃至军事领域、外交领域。公共关系学与外语、计算机等一起已被人们当做现代生活和工作所必不可少的技能和工具。中国为成功举办北京奥运会和上海世博会而展开的全方位国际公共关系活动已经证明，公共关系已成为我国开展内外政治、经济、文化、外交等各类活动的重要利器和有效手段。

特点之三：公共关系事业的蓬勃发展，使我国的公共关系正在从原先初级的粗放形态向今天高端的集约形态——智能型的公共关系策划、公共关系创意、公共关系传播、公共关系管理转变。现代组织运用公共关系原理和公共关系实务来指导和展开全方位、多层次的内外各项活动已正在成为当今中国社会普遍的思想意识和行为取向。

二

公共关系学与公共关系事业短期内能在我国获得如此迅速的发展，取得如此突出的成绩，是有其深刻的社会与历史原因的。

首先，这是我国改革开放和社会主义市场经济发展的需要。任何一种新理论的产生、一门新学科的兴起，都是与社会发展的需要相适应的，都是社会进步的必然产物。我国自改革开放以来，经济迅速发展，市场大为拓展，竞争日趋激烈，这就必然地需要并推动公共关系学与公共关系事业的发展。

其次，我国当前处于由农业社会向工业社会、计划经济向市场经济急速转型的特殊时期，不仅社会与经济发生了巨大变化，人们的思想观念、思维方法也发生了重大转变。高度集权式、行政命令式的一套工作方法已不再适应当今社会的发展。特别是商品经济积累了复杂交错的社会关系，人与人之间、人与组织之间、组织与组织之间的相互交往，因商品交换而变得频繁、复杂起来。这就需要一种新思想——公共关系学来做指导。公共关系学在我国如此受欢迎、受青睐，正是适应了我国转型时期从思想观念到工作方法大转变的客观需要。

再次，公共关系学在我国的迅速传播与发展，也和我国传统的历史文化合拍。中国传统儒学本来就是一门研究人学、讲究人际关系的学问。这就是说，建立在现代大工业生产与市场经济基础之上的公共关系学跟我国古代传统文化有着诸多的共通之处与认同现象。

以上这三点，可以认为是公共关系学比其他由西方传入的新兴学科更受欢迎、发展更快的深层社会根源。

三

随着改革开放的不断深入和公共关系事业的长足发展，中国的公共关系教育日益发达。至2008年，国内(不含港澳台)已有数十所高校设置了公共关系本科专业，其中有18所高校招收公共关系专业硕士研究生，有4所高校设置了公共关系博士研究生专业，还有数百所大专院校开设了公共关系课程，而社会各界举办的各种公共关系讲座和公共关系研讨会则不计其数，学界出版的各类公共关系学术杂志(如《国际公关》、《公关世界》、《传播》等)已达近十种，公共关系类著作(包括译著)也已出版数百部之多……公共关系教育在今天的中国大地已是一派繁荣。正是在此背景下，作者在其早期出版的《公关实务与案例分析》一书的基础上，修订并编辑了这本《公共关系学》教材。

综观这本教材，它遵循了下列原则：

第一，重视基本理论的原则。该书基本理清了公共关系的主要理论、定义和概念，对公共关系的基本原理和规律进行了较为深入的探讨与阐释，其所应用的典案或范例都给予了理论的概括。

第二，重视应用性与可操作性的原则。公共关系学属于应用性学科，由此，该书注重理论联系实际，努力贴近中国的现况与实际，全书的内容具有科学性、实践性和可读性。

第三，注重前瞻性的原则。该书虚心吸收国内外先进的公共关系理论与科学知识，吸收新的公共关系学术成果，包括各种公共关系教材的优点，进而充实和提高了本书的内涵和水平。

第四，强调民族化的原则。该书既吸收了国外的公共关系理论，又努力使其具有中国本土的特色，在新旧、中外、当前与未来的结合点上，本书在主旨内容上正确处理了这三者的内在关系。

另外，为了适应公共关系教育的需要，该书也特别注意到系统性、完整性、规范性和学术共识性的原则，以期达到高质量教材的基本要求。

四

“创建有中国特色的公共关系学，以发展有中国特色的公共关系事业”，这既是该书编写的初衷，也是我国公共关系学和公共关系事业发展过程中所面临的主要任务。这当中有三个方面的问题需作进一步的探讨。

一是公共关系学与公共关系事业如何在中国社会主义市场经济体制中扎根、发展与壮大。

公共关系学与公共关系事业的发展与其所处的社会发展阶段有着密切的关系。仅以经济关系而言，哪里的市场经济发展得快、基础雄厚，哪里的公共关系事业就随之发展、壮大。在我国，沿海地区的公共关系意识较强，其公共关系事业就发展得较快，西部不发达地区就较差一些。而由于公共关系对我国来说，还是一种新的理论和一门新的学科，许多人（包括许多政府部门和企事业单位的管理者和工作人员）还不甚了解和理解公共关系的本质内涵和应用意义，因此，大力传播公共关系学理，积极推进公共关系事业，强化社会公众的公共关系意识，加速发展公共关系学的普及教育已是十分必要。从这个角度说，中国的公共关系学和公共关系事业任重道远。

二是如何创建有中国特色的公共关系学与公共关系事业。

费孝通先生在其《略谈中国的社会学》一文[①]中，谈到中国社会学的发展历程时，曾于30年代提出过“社会学中国化”的问题。我们说，公共关系学和公共关系事业现在同样应提出中国化的问题，即建立“中国的公共关系学和公共关系事业”。这是公共关系学和公共关系事业在中国更具生命力的关键。

“公共关系学和公共关系事业中国化”的首要问题，是把这两者与建设中国特色的社会主义理论联系起来，即中国的公共关系学和公共关系事业必须以建设有中国特色的社会主义理论为指导，中国的“社会主义的本质，是解放生产力，发展生产力，消灭剥削，消除两极分化，最终达到共同富裕”。[②] 这也是对中国的公共关系学和公共关系事业的本质要求，即中国的公共关系学和公共关系事业要为中国的社会主义现代化建设服务，把自己融入于中国的社会主义建设洪流中。

再者，要创建有中国特色的公共关系学和公共关系事业，必须紧密联系中国社会实际。这要对中国20世纪80年代以来公共关系事业的发展与实践经验给予科学的总结，作为创建有中国特色的公共关系学的宝贵资料；这要根据中国社会主义还处在初级阶段的特点来开展公共关系事业，量力而行；这要根据中国社会主义市场经济在不同地区、不同部门的不同发展状况，不同程度、不同对策地开展公共关系事业。总之，其中心就是要把公共关系学和公共关系事业与中国社会主义市场经济融为一体，这才能从

① 《高等教育研究》1993年第4期。
② 《邓小平文选》第三卷，第373页。

根本上体现“公共关系中国化”、“中国的公共关系学”的主要特征。

三是公共关系学与公共关系事业同中国传统文化的冲突与融合。

近代以来，任何一种先进的西方文化传入中国，都要与中国传统文化发生不同程度的碰撞。公共关系学传入当代的中国，也同样遇到了与中国传统文化的冲突问题。由西方传入的公共关系学是当代社会化大生产与市场经济高度发达的产物，是一门与现代科学和信息技术密切关联的新兴学科。而直到今天仍在我们社会发挥重大影响的中国传统文化，曾是建立在我国农业经济、宗法社会与人伦特性基础上的。人伦特性的根本点就是处理人际关系以“情”为基础。在这种传统文化影响下，一些社会组织在进行各种社会活动中，往往采用庸俗的人际“攻关”来解决有关问题，科学的公共关系则被排除到一边。而受中国传统文化影响较深的国家如韩国、日本、新加坡等，直到今天也仍在奉行以“情”为根本的处理人际关系的原则。与此不同，现代公共关系学则是以“理”为价值基础和行为准则的。这两种不同的文化碰撞在一起，必然产生一定的矛盾，即中国传统的人伦关系对现代公共关系产生一定的扭曲或排斥作用。这也正是公共关系学与公共关系事业在我国某些地区和部门传播与发展相对缓慢的重要原因之一。

然而，中国人伦社会同公共关系学和公共关系事业也有某些相通之处，而且两种不同文化在其接触初期的碰撞之后，经过一个阶段的相互了解，又会在一定程度上从冲突走向交融，各自吸收对方的优点，发展自己本身的长处。所以，公共关系学和公共关系事业与中国传统文化也一定会由接触的初始阶段的冲突逐步走向长期的交融时期，即公共关系学和公共关系事业能够也应该吸收中国传统文化的优秀部分，把自己真正变成中国的公共关系学和公共关系事业。

中国传统文化可以为公共关系学和公共关系事业的中国化提供以下几个方面的思想资源：

1. 中国传统谋略可为公共关系策划提供丰富的思想遗产和精神养料，从而可使中国的公共关系学和公共关系事业更加丰富多彩，理论水平更强、艺术意境更高。如《孙子兵法》等的战略思想和战术艺术，可广泛运用于公共关系的各项实务工作之中。

2. 儒家思想中的集体主义、爱国主义精神是我们建设现代化国家的主要思想基础，而儒家思想中的德治、忠恕原则可直接用于现代管理之中。日本一些企业就是让员工通过学习《论语》、《孟子》而确立"经商之道在于德"的思想的。西方商界流传的一条"黄金法则"，就是中国传统文化中的"己所不欲，勿施于人"。今天在我们企业中流行的"和则万事兴"、"诚招天下客"等理念，都是儒家传统思想在我们经商活动中的实际应用。

3. 中国传统的价值观对创建中国现代管理与传播思想具有重要意义。儒家思想中的义利并重、义重于利的辩证价值观对于我们处理好物质文明与精神文明的辩证关系具有重要应用意义。以新的道义、伦理道德为主的物质建设，才能真正造福于人类，才能真正消除文化失调和防止精神文明的退衰。这正是中华文化之所长。

总之，要创建有中国特色的公共关系学和公共关系事业，可以开发和运用的中国传统文化资源是极其丰富的。继承中国优秀传统文化的精髓，并赋予它以新的活力和生命，进而将其融入我们的公共关系学和公共关系事业之中，以创建中国的公共关系学，发展中国特色的公共关系事业，这是中国公共关系工作者义不容辞的责任，也是我作此序来向读者介绍本书的目的和原因。愿以此与大家共勉。

吕明灼

2010年5月于青岛

CONTENTS 目录

上篇　公共关系理论与实务

下篇 公共关系案例与案例分析

上篇

公共关系理论与实务

第一章　公共关系导论

现代社会的特征之一是社会关系的多元化和人际交往的复杂化，这给社会组织与其周围“生态”环境的交流、沟通与和谐等带来了诸多困难和问题。而任何一个社会组织想要在这多元复杂的社会里获得生存与发展的空间和机遇，即想要在动态变化的社会环境中赢得社会公众对其的理解、信任、支持和合作，就需要借助和运用汇集现代经营观念、传播方式和管理艺术为一体的新型应用科学——公共关系学。

第一节　公共关系的定义与职能

现代意义的公共关系诞生于19世纪末20世纪初的西方工业化国家。一百多年来，同社会自身的发展进程一样，公共关系的发展历程也经历了几个重要阶段：它从最初个别、自发的公共关系活动，逐渐发展成为今天的有计划、成系统的公共关系实践；它从早期的组织向公众进行的单向传播，逐渐发展为今天的组织与公众之间有意识的双向沟通；它从初级的功利性、蛊惑性宣传活动，逐渐发展为今天的组织自觉实践的多向形象塑造……尤其是二战结束以来，随着各国公关事业的迅速发展，公共关系已成为当代社会的一项具有知识本体的科学和具有广泛需求的专门职业。然而，作为一门新兴学科，公共关系在其逐步向前推进的各个不同时段，自然会有不同的定义产生，尽管目前公共关系的学理内涵与应用实践已日趋成熟，但业界和学界对公共关系的基本定义和主要职能仍存有诸多分歧、多种认知和不同解释。

"定义"(Definition)通常是指对于一种事物的本质特征或一种概念的内涵和外延的确切而简要的说明。而"职能"(Competency)则一般是指人、事物或机构等所应有的作用和功能。任何一门科学或学科都有其明确的定义和职能，而正确了解一门科学或学科的定义和职能，是学习该门学科的基础和动力。因此，正确认识和理解公共关系的定义——即公共关系学的本质特征及其内涵与外延，是我们深入学习和实践公共关系学的前提条件。

一、公共关系的定义

"公共关系"一词源自英文"Public Relations"的意译。Public 一词原意为"公共的"、"公开的"，也可译作"公众的"；而 Relations 则可直译为"关系"。因 Relations 一词为复数，故"Public Relations"亦被意译为"公众之间的各种关系"，简称为"公众关系"。但由于"公共关系"一词已广为流传，且被大多数人所接受而成了一个约定俗成的特定概念，所以人们习惯沿用"公共关系"这个译法。由此，"公共关系"也被经常解释为"公众关系"，亦通常被简称为"公关"(英文"Public Relations"的缩写为 PR)。

由于公共关系定义的界定对公共关系的理论与实务的学习及实

践具有非常重要的意义，因此我们有必要对西方已有的各种公共关系定义作一梳理和归纳。但需要指出的是，由于近几十年来各国的学界和业界对公共关系所下的定义多达四百多种，①我们不能在此一一枚举，但根据已有的大部分定义的核质内涵，它们基本上可以被分为“管理职能说”和“传播职能说”两大类，②由此我们仅就这两大类中具有代表性的且为大家所熟知的几种公共关系定义进行分别简介，以便我们从中总结和归纳出一个尽可能接近于科学与实际的公共关系定义。

(一) 公共关系是一种特殊管理职能

将公共关系归属于一种特殊管理职能这一观点的业者与学者较多，其中具有代表性的是美国“公关通讯”(Public Relations News)对公共关系所下的定义：“公共关系是一种特殊的管理功能。也就是评估群众的态度，使个人和机构的政策及办法合乎群众的利益，并规划及执行活动计划，以争取群众的了解和接纳。”③

持此相同观点的有美国资深公共关系学者 R. 哈洛博士(Dr. Rex F. Harlow)，他在总结了流行于业界的各种公共关系定义后，明确认为：“公共关系是一种独特的管理功能，它能帮助建立和维护一个组织与各类公众之间传播、理解、接受与合作的相互关系；参与问题或事件的管理；帮助管理层及时了解舆论并作出反应；界定和强调管理层服务于公共利益的责任；帮助管理层及时了解和有效地利用变化预测发展趋势；

---

① 《中国大百科全书》第二版，第 7 册，中国大百科全书出版社，2009 年，第 516 页。

② 除了本文所述的“管理职能论”和“传播沟通论”外，还有“社会关系论”、“现象描述论”、“表征综合论”等诸多公共关系定义。详情见熊源伟主编《公共关系学》(安徽人民出版社 1990 年版)一书。

③ 张在山：《公共关系学》，中国台湾，五南图书出版公司，2004 年，第 6 页。

利用研究和健全的、符合职业道德的传播作为其主要手段。”①

与上述观点相呼应的是在1978年于墨西哥城举行的世界公关大会(World Assembly of Public Relations)上，来自不同国家的34个公共关系组织的与会代表对公共关系的涵义达成了一个共识，即：“公共关系是一门艺术与社会科学，用来分析趋势，预测结果，为组织管理者提供意见，并施行符合组织于公众利益的行动计划。”②

……

秉持公共关系是一种特殊管理职能的论点，在西方和我国具有重要的影响和诸多的赞同者。

(二)公共关系是一种传播沟通活动

认为公共关系是一种传播与沟通活动的业者和学者也不少，英国《不列颠百科全书》对“Public Relations”一词的解释是：“公共关系是指寻求或容易受到社会注意的实体同该实体感兴趣或可能感兴趣的公众之间的情况交流。该实体可能是政治家、演员、作家、企业、政府部门、慈善组织、宗教团体或其他个人或组织。公众的范围可广、可窄，可指某一政党……也可指一个人。”③

持这一观点的有英国著名公关专家弗兰克·杰夫金斯(Frank Jefkins)，他认为：“公共关系是由为达到与相互理解有关的特定目标而进行的各种有计划的沟通联络所组成的，这种沟通联络处于组织与公众之间，既是向内的，也是向外的。”④

英国公关协会(The Institute of Public Relations，简称IPR)也持有

---

① 《中国大百科全书》第二版，第7册，中国大百科全书出版社，2009年，第517页。
② 李湘君：《当代公共关系》(增订新版)，中国台湾，亚太图书出版社，2004年，第25页。
③ 《不列颠百科全书》第14册，中国大百科全书出版社，2007年，第9页。
④ 熊源伟：《公共关系学》，安徽人民出版社，1990年，第2页。

同样的观点，它将公共关系归结为是一种“经由有计划及不断的努力，来建立并维持组织与公众间的善意和相互了解”的双向传播活动。①

美国公关协会（Public Relations of America，简称 PRSA）亦非常明确地将公共关系定性为是一项组织与公众之间进行双向沟通与有效合作的活动，它在 1982 年 11 月 6 日通过的有关公共关系定义的声明中是这样表述的：“公共关系促进团体与组织间的相互了解，因而有助于这个复杂多元化的社会得以达成决策及更有效的运作，它使得私人与公共政策合二为一。”②

中国著名传播学学者明安香也持上述相同观点，他清晰地指出：公共关系是运用各种信息传播手段，在组织机构的内部和外部形成双向的信息流通网络，从而不断地改善管理与经营，赢得社会各界的信任与支持，取得自身效益与社会整体效益完美统一的政策与行动。③

……

坚持公共关系作为一种传播与沟通职能的观念，在西方和国内亦有很大的影响和不少的赞同者。

综上简述，“特殊管理论”和“传播沟通论”是目前国内外关于公共关系定义的主要理论“流派”，本文虽仅列举了上述几则较典型的公共关系定义，但它们已分别从不同角度基本凸显了公共关系内涵所固有的诸多共同属性和诸多同理性——它们（即“管理职能论”与“传播沟通论”）之间并不对立和矛盾，仅是各自所强调的侧重点不同罢了。但这些不同的定义和观点却有助于我们以此为基点来更深入细致地去了解和把握公

---

① 李湘君：《当代公共关系》（增订新版），中国台湾，亚太图书出版社，2004 年，第 25 页。

② 李湘君：《当代公共关系》（增订新版），中国台湾，亚太图书出版社，2004 年，第 25 页。

③ 《中国大百科全书》第二版，第 7 册，中国大百科全书出版社，2009 年，第 517 页。

共关系的本质属性及其内涵与外延，有助于我们更全面深刻地去分析和提炼出一个尽可能接近于公共关系本质内涵的定义与结论。

(三) 公共关系的本质内涵

尽管目前国内外有关公共关系的定义和观点不尽相同，但这些不同的定义和观点在阐释和说明公共关系的本质、内涵与外延上却具有许多重叠的共同点，即所有的公共关系定义一般都认为：

1. 公共关系具有帮助组织监测内外环境、应对各种变化、处理各类事件、解决各项矛盾，进而为组织的生存和发展创造良好内外环境的特殊管理功能。

2. 公共关系具有为改善和优化组织与公众的关系，促进公众对组织的认知、理解和支持，实现组织与公众之间进行双向交流与合作的传播与沟通职能。

根据上述公共关系涵义的共同点，我们可将公共关系的定义总体概括为：公共关系是塑造组织良好形象，并运用传播手段，通过双向沟通与交流，使组织与公众之间达成相互了解、相互理解、相互信任和相互合作，从而为组织的生存和发展创造良好内外环境的科学与艺术。这个初步定义既反映了公共关系是一种特定的传播沟通活动，也概括了公共关系是一种特殊的管理职能，它是公共关系本质属性——双向传播与科学管理的辩证统一。

二、公共关系的职能

公共关系，无论从传播学还是从管理学看，它是现代组织的经营与管理所不可或缺的重要手段，它在现代组织的经营与管理中担负着环境监测、决策咨询、沟通协调和问题处理等多项重要而又独特的具体职能。

(一) 组织的环境监测职能

所谓“组织环境”，“一般是由它的公众以及其他影响组织生存、发展的社会政治、经济和文化等因素组成的”。① 而“环境监测”是指观察和监视影响组织目标实现的公众和其他有关社会环境因素之动态变化的各种情况。由此，组织的环境监测实际上就是对和组织有关的各种动态信息进行的实时监察和检测。

而信息，作为一种通过消息、情报、数据或信号等形式表现出来的具有新内容、新知识的消息，是自然界、人类社会和人类思维活动中所普遍存在的一切物质的根本属性。由此，组织环境监测的主要对象就是存在于一切物质之中的所有与组织有关的信息，而信息的动态特性在组织环境监测的具体实践中，一般又经常按时间顺序被分为三个部分，即：环境监测前的信息获取、环境监测中的信息处理及环境监测后的趋势预报，这三部分前后连贯的内容构成了一个完整的组织环境监测系统。

全面、正确地理解和运作组织的环境监测系统，进而为组织的生存与发展提供必需的社会环境保障，是现代公共关系应最优先履行的职能之一。

1. 环境监测前的信息获取

组织在实施其环境监测工作时，首先是要获取与组织有关的各种环境信息。而对现代组织而言，组织的环境信息又通常被分为宏观信息与微观信息两大类。

(1) 宏观信息主要是指与组织的生存与发展密切相关的政治、经济、社会和文化等方面的信息，这些信息包括国内外有关的国家法令、政府决策、社会舆论、市场形势等。由于现代组织“生活”在繁复的大社会当中，国内外的各项政策、各类事件、各种问题都会直接或间接地影响或

① 熊源伟：《公共关系学》，安徽人民出版社，1990 年，第 57 页。

涉及组织的经营、管理与发展。因此,注意收集和掌握国内外有关的政治、经济、社会和文化等宏观信息,全面了解、综合分析和深刻理解国内外的有关政策和方针,通常是公共关系活动首先需要解决和完成的重要任务。

(2) 微观信息一般是指与组织生存与发展密切相关且又非常具体的各类社会信息,它包括组织的社会形象、组织的运行状态、组织的区域舆论、组织的市场表现等信息。由于公共关系工作的总体目标是营造组织的良好社会形象,因此,收集和掌握社会公众对组织在运行中所显示或表现出来的价值取向、行为特征和文化内涵的看法、态度和评价等方面的信息——即组织的形象信息,就成为公共关系活动的另一项需要优先解决和完成的重要工作。

组织形象信息的具体内容包括:公众对组织的理念内涵和目标取向的评价、公众对组织的经营水平和管理能力的评价、公众对组织的科技实力与发展潜力的评价、公众对组织的主要机构与领导者素养的评价、公众对组织的个性文化与员工素质的评价、公众对组织的产品信誉与服务质量的评价、公众对组织的社会责任与公益事业的评价等等。

获取和收集国内外有关的宏观与微观信息仅仅是公共关系实现其信息监测职能的第一步,其主要意义是为组织环境监测的第二步——信息处理提供必要、详实、充分的数据和资料。

2. 环境监测中的信息处理

信息除了是自然界、人类社会和人类思维活动中所普遍存在的一切物质之根本属性这一本质特点外,它还具有下列特性:信息可被感知和采集,信息可被筛选和组合,信息可被加工和浓缩,信息可被再现和分享,信息可被储存和复制,信息还可被传播和交流……可以说在人类生活的地球上,信息无处不在、无时不有。

但需指出的是,组织通过努力获得大量的信息(包括宏观信息和微观信息),这些信息往往掺杂着许许多多的“杂质”,如果对所获信息不进行去伪和存真,不进行筛选和整理,不进行分析和研究,就不能真正获得有价值的高质量、高纯真的信息,而没有高质量、高纯真的信息,组织的环境监测就谈不上科学、正确和有效。因此,在组织进行环境监测的有关信息处理时,公共关系人员要根据上述信息的诸多特征来考虑下列问题:

(1) 信息的针对性。在信息爆炸的时代,必须针对组织所要解决的问题和组织发展的主旨目标来收集和筛选有关信息,由此才能在浩如烟海的无数信息中避开盲目、排除干扰,集中力量捕捉到自己需要的有价值的信息。

(2) 信息的完整性。在信息繁复多样的社会中,唯有拓展思路,进行多渠道、广角度、全方位的信息追踪,才能使所获得的信息尽量完整,才能在杂乱无章、零散无序的信息海洋中,最大限度地避免组织在环境监测中因信息的不完整性而做出片面或错误的判断和决策。

(3) 信息的真实性。在信息高度庞杂的系统中,信息的真实性对组织的环境监测具有决定性的影响。大量的信息必须经过科学的鉴别、核实,把那些渗透在各类信息中的可靠信息甄别提炼出来,才能为组织的环境监测提供最可靠的信息数据。

(4) 信息的时效性。在信息瞬息万变的今天,信息有着特殊的时效性,短暂的信息时差往往会导致原本正确的信息因时过境迁而失去其实际意义或失去其应用价值。因此,信息的及时获得、及时处理和适时使用,对组织的环境监测非常重要,“时间是一次性的财富”、“时间既是生命”、“时间就是效率”的本质属性实际上指的就是信息的时效性。

上述四种信息处理的要点,既各自独立又相辅相成且互为作用和影响,它们是一个完整有机的信息处理系统,也是公共关系活动在担负组织的环境监测中保证和提高其有关信息的质量与价值的有效方法和必然途径。

3. 环境监测"后"的现状评估与趋势预报

组织在环境监测前的信息获取及在环境监测中的信息处理之主要目的,就是为组织提供影响其目标实现的所有环境信息,从而为组织的决策提供准确的现状评估信息和趋势预报信息。

组织的现状评估与趋势信息包括内外两个方面:内部的现状评估与趋势信息主要是指组织目前自身运行情况及它与组织预定总目标之间的差异,以及这一现象与状况在组织的近期、中期或长期的发展过程中有可能出现的各种问题。外部的现状与趋势信息主要包括所有对组织的运行与发展趋势发生或即将发生影响的情况。组织的内外现状与趋势信息对于组织及时调整、改进和完善自己的运行机制极为重要,是塑造组织形象和营造组织环境的重要依据。

毫无疑问,公共关系的重要功能之一,就在于它能够监测组织的运作环境,能够对组织环境监测中所获信息进行正确处理,并能够对组织的现状与趋势信息做出灵敏及时的反应。然而,要维系一个组织良好的生态环境,就必须牢牢树立"预则立,不预则废"的意识和信念。同时,通过对组织的环境监测,使公共关系具有问题趋势预报和问题信息预警功能,即在有关问题开始酝酿或萌芽、公众意见尚未凝聚或形成之时,公共关系人员就应该在第一时间里向组织提供全面、完整的并经过科学处理的有关问题信息,从而为组织的有关决策及时提供准确可靠的科学依据。

公共关系人员应该是信息专家,是非常清晰了解社会和公众的人。在动态发展的现实社会里,国内外的政治、经济和文化的变化、公众对组织的观念、态度和行为的变化,都是公共关系人员必须时时关注、及时了解和全面掌握的目标对象。

（二）组织的决策咨询职能

公共关系的另一职能就是根据组织环境监测情况，为组织的决策提供科学依据，就组织现存的问题及其发展趋势等向组织的决策者或决策机构提供建议、咨询或忠告，并从社会公众及其他影响组织发展的整体环境的角度来评价组织决策的社会影响，预测组织决策的社会后果。公共关系的咨询职能实际上贯穿于组织决策的调研、策划、实施和评估的全过程。

公共关系咨询的内容主要有：

1. 为组织提供决策目标。组织作出任何一项决策都先要确定该决策要实现的主要目标，而为使组织的每一项决策目标都能与公众利益和组织总体目标相一致，公共关系部门就要了解和掌握如何获取及处理与组织有关信息的渠道和方法，并为组织的所有决策提供全面准确的目标信息。同时，公共关系部门还要熟练利用其内部信息沟通的渠道和方法，为组织提供内源信息，使组织的决策更具有针对性和民主化。

2. 为组织优化决策方案。决策方案是保证组织决策目标得以实现的方法、手段、路径和措施的总和。公共关系决策咨询的重要任务之一就是为组织决策者评估、选择和修正有关决策方案，提请组织决策者关注决策方案在组织效益与社会效益之间的统一和协调，同时，敦促组织决策者在拟定决策方案时必须注意征求各方面意见，注意决策方案的可操作性，还要注意有关备选方案的应变性，使组织的决策方案正确和科学。

3. 协助组织实施决策方案。决策方案的顺利实施必须得到有关人员的认同和支持。因此，对内：公共关系部门要协助决策者通过宣传和解释来动员各部门和所有员工正确理解、积极参与和自觉执行组织的决策方案。对外：帮助组织进行有效宣传和传播，使尽可能多的有关公众了解和理解组织的决策方案，进而积极推进组织决策方案的落实。同时，注意收集组织内外有关人员和公众对方案的意见和态度及执行过程中出现的新情况、新问题，并及时将有关信息反馈给组织决策者，及时协助组织修订决策方案和应对决策方案实施过程中遇到的各种意外情况。

4. 对组织决策方案进行评估。组织的决策方案实施后，公共关系部门要对组织决策方案的各个环节——决策信息的采用、决策目标的确立、决策方案的制订、决策实施的执行情况与结果等，通过信息反馈来进行客观评估，其目的是为组织的下一次决策提供可以借鉴的经验、启示或教训，以便使组织的下一次决策能在更高、更科学的层次上展开和完成。

（三）组织的沟通协调职能

组织在实现其既定目标或落实其既定决策方案时，必然会与其周边环境及内外客观因素发生各种关系并产生诸多矛盾和问题。为此，在组织的日常经营、管理及有关决策的运作过程中，沟通各种信息、协调各种关系就成为公共关系工作的又一重要职能。

组织的沟通与协调一般分为内外两部分：

1. 组织内部的沟通与协调。在组织内部，公共关系部门要建立一个全方位的通畅有效的信息传递与信息反馈网络，来及时沟通上下左右各级机构或人员的有关信息并配合领导协调好各部门、各人员之间的关系，进而为组织营造一个和谐合作的工作氛围，来不断提升组织内部的凝聚力和组织决策的执行力。

2. 组织外部的沟通与协调。现代组织要想生存与发展不仅需要内求和谐团结，也需要与它的外部公众实现双向沟通并建立彼此信任的良好关系。为此，公共关系工作要特别注意与组织外部公众的信息交流，协调好与组织外部公众之间的各种矛盾和利益关系，进而为组织决策目标的实现和组织的持续发展创造一个良好的外部环境。

需要加以指出的是，“组织内部的沟通与协调”与“组织外部的沟通与协调”是一个有机的整体,“组织内部的沟通与协调”是“组织外部的沟通与协调”的基础,“组织外部的沟通与协调”是“组织内部的沟通与协调”的继续与发展。公共关系工作就是通过对组织内外关系的有效沟通与积极协调,来为组织营造一个“内有团结、外可发展”的良性氛围和优质环境。

(四) 组织的危机问题处理职能

世上任何事物的发展过程都不会是笔直和一帆风顺的。而任何一个组织,在其自身发展过程中也是不可能不发生各种各样的危机问题的,而危机问题又往往具有突发性和危害性,因此,对危机问题的防范和处理是公共关系的又一项重要而又独特的职能。

所谓危机问题通常是指那些危及组织利益、形象、生存或发展等的突发性或灾难性的事故或事件。

危机问题发生的原因是多方面的,根据美国“危机管理研究所”(ICM)的调研,导致危机问题的原因主要有三个：自然灾害(如暴风雨雪、地震、火山爆发等);意外事故(如管道断裂、金属疲劳、失事等);人为错误(如决策失误、操作不当、不作为、双方误解等)。① 而从发生危机问题的空间范围而言,危机问题又可分为：组织外部危机事件、组织内部危机事件。而从危机发生的性质特征来讲,危机问题还可分为：人为的危机事件、非人为的危机事件(或谓不可抗拒的外力意外危机事件等)。

危机问题的发生一般都会对组织的经营与管理甚至生存与发展等造成很大损害,艾伦·森特对此曾这样警示道:“(危机事件)所导致的公众责难不仅会影响组织的正常运作,而且还会对其业务产生政治、法律、

① 艾伦·森特在其《森特公共关系实务》一书中提出导致危机的原因有四种：天灾、机械问题、人为错误和管理决策不作为。美国危机管理研究所(ICM)则将导致危机的原因归纳为三种：自然灾害、意外事故和人为错误。本作者认为后者的归纳更为合理,故本文暂取后者。

金融以及政府管制方面的冲击。”①

危机问题的突发性和危害性，使组织的危机公共关系显得尤为重要，而应对和处理危机问题的公共关系原则、程序和方法则更需科学、严谨和实用。

1. 应对和处理危机问题的基本原则

（1）预防原则。任何危机问题最好是被消除在萌芽或发生之前，“凡事预则立，不预则废”，因此，组织领导与公关人员平时就要牢固树立忧患意识和问题意识，在日常工作中善于注意和发现各种隐患和问题，并预制和完善多种可供选择的防范措施和应对预案，建立组织预制危机问题的长效机制，以防不测。

（2）诚信原则。在危机问题发生后，无论危机问题如何复杂和情况多么严峻，也无论该危机问题是自己失误还是由不可抗拒之外力所造成的，组织领导与公关人员在整个事件的具体处理过程中，都须始终恪守“诚信”原则，即对社会公众（包括政府部门和新闻媒体）要真实客观地说明事情的原委与实情，绝对不能隐瞒、歪曲或篡改事实真相以推卸责任。唯有此，组织才能避免因矛盾激化和事态扩大而给组织造成愈加难以弥补的形象损害。

（3）调控原则。重大危机事件发生后，通常会引起社会舆论的关注，而如果社会舆论得不到正确的信息来源和合适的信息导向，就会造成各种小道新闻或流言蜚语等的快速传播而使组织处于更加被动或难以应对的危机境地。因此，危机公关的首项工作之一就是及时控制不利舆论的蔓延和发展，即立即与有关媒体建立通畅联系并及时向有关媒体提供真实的信息，使媒体能在第一时间向社会公众客观、公正、正确地报

① 艾伦·森特等著，谢新洲等译：《森特公共关系实务》，中国人民大学出版社，2009年，第182—183页。

道事件的真相，从而引导社会舆论和稳定社会态度，进而使组织能够为得到社会舆论的理解、同情并顺利渡过危机事件而赢得必要的时间和空间。

2. 应对和处理危机问题的一般程序和方法

在危机公共关系原则的指导下，具体应对和处理危机问题的主要程序和方法如下：

首先是及时到位，控制事态。当危机一旦发生，组织应迅速反应并立即行动，第一时间进入现场实施危机事件的处置和救助，与当事人及有关人员及时沟通，以公众利益为第一的原则和态度来主动积极地承担责任，全力控制事态向负面方向的发展和转化。

其次是查明情况，迅速处理。组织领导和公关人员在控制事态发展和转化的同时，要尽快调查和弄清危机事件发生的主要原因和现在所处的状况，在基本审定事件的责任与性质后及时做出公正、客观且具有社会人道(即人性化)的处理，以便使危机事件能在最短时间内得以化解和结束。

再次是引导舆论，消弭影响。在处理突发性危机事件中，实现有效沟通及舆论导向无疑是一项十分重要且非常复杂的工作。组织领导和公关部门在积极处置和认真调查危机事件的基础上，既要争取新闻媒介在组织对外传播方面给予配合和支持，自己也要及时向社会公众说明、澄清和解释组织处理事件的态度和措施，以此来最大限度地消除社会公众对组织可能产生的误解，尽量快速消弭该危机事件对组织可能造成的诸多不良影响。

最后是善后处理，重塑形象。对危机问题与危机事件的善后处理更是件复杂细致的工作。组织应以高度负责和人性化的理念和态度来妥善处理危机事件对社会和公众造成的各种损害，甚至不是由于自己失误(是天灾或他人失误)引发的各种危机事件对社会和公众所造成的有关损失，组织也应出于人道主义义务和社会良知与责任而给予必要的帮助和支持，以此让组织的这种处处为社会和公众利益着想的高尚行为，成为消弭不良影响、改变公众态度、赢得社会信任的转机，进而使原本的一场危机事件通过危机公关而演变成一个重塑组织良好形象的契机。

第二节 公共关系的起源与发展

“公共关系这一名词是在20世纪创造使用的，而公共关系的历史却和人类相互交往的历史一样悠久”，①即公共关系并不是现今社会的新兴产物，实际上公共关系作为人类的一种实践活动和由此产生的思想观念古已有之。美国公关大师卡特利普和森特在其《有效公共关系》一书中阐述道：“利用宣传材料去影响公众的观点或行为，可以追溯到人类文明出现的最早阶段”，中外历史所记载的无数史实也证明了这一论断。中国春秋战国时期的“连横合纵”、《孙子兵法》中的“不战而屈人之兵”、孔子的“以和为贵”、孟子的“民为贵”、《左传》(隐公六年)的“亲仁善邻”、《三国演义》中诸葛亮的“七擒孟获”、明代郑和的七下西洋……这些人们耳熟能详的思想和史例，无一不是属于早期“自发”或“原始”性质之公共关系的经典和实践。

而公共关系真正成为人类的一种自觉意识和知识体系，则源起于近代工业革命之后的西方发达国家。工业革命一方面开启了近代科学与技术的突飞猛进，推进了世界的政治、经济和文化的空前发

① 《不列颠百科全书》第14册，中国大百科全书出版社，2007年，第9页。

展，但同时它也给进入资本社会的国家和民众在各个方面带来了巨大的社会冲击并引发了深刻的社会矛盾。“公关只有在冲突和社会变化相联结时，才表现出其意义。”①于是，在经历了19世纪的实践与探索之后，现代意义的公共关系于20世纪初叶首先在西方新兴工业化国家兴起。

一、现代公共关系的起源

美国是现代公共关系的鼻祖，也是世界范围现代公共关系萌芽最早、发展最快、水平最高的国家之一。因此，梳理和考察美国公共关系的演进历程，基本可以了解现代公共关系的起源及其基本特性。

根据威克斯(Dennis L. Wilcox)、艾特(Phillip H. Ault)和艾奇(Warren K. Agee)②对现代公共关系功能演进过程的叙述与分析，美国的早期公共关系活动大致可分为“新闻代理”、“注重宣传”、“咨询顾问”三个主要时期。

1. 新闻代理(Press Agent)时期的公共关系

美国最早的具有自觉意识的公共关系发端于19世纪中叶美国风行一时的新闻宣传代理活动。所谓新闻代理，就是有关组织或机构雇佣代理人通过新闻稿或广告方式，运用夸大或耸动的语言甚至是一些虚假的数字，在报刊媒体上替某组织或某产品等进行夸大性或鼓动性宣传。而许多报刊更是为了自身的商业利益也乐意接受和发表这样的离奇“新

---

① 李湘君：《当代公共关系》(增订新版)，中国台湾，亚太图书出版社，2004年，第16页。

② Dennis L. Wilcox, Phillip H. Ault, Warren K. Agee, *Public Relations: Strategies and Tactics* (6th ed). New York: Addison-Wesley Educational Publishers Inc, 2000.

闻”。于是,在许多报刊的默许或配合下,便出现了“常被批评家当作欺骗和坑人之诡计”①的所谓报刊宣传代理活动。例如,该时期最具代表性的新闻代理人物菲尔斯·巴纳姆(Phineas T. Barnum),他因擅长编造耸人听闻的新闻故事,来推销他所经营的马戏团和游艺节目的商业演出而闻名一时,其成就是他所经营的马戏团和游艺节目一时间在其所谓的“新闻”宣传中,成为当时美国最受欢迎的娱乐活动之一。而这种充分利用或借助大众媒体来传播信息的行为则恰恰是现代公共关系活动中的一项不可或缺的重要内容。② 当然,该时期的这种不择手段利用媒体来传播有关信息的做法是现代公共关系起始阶段所自然出现的非科学现象。

2. 注重宣传(Publicity)时期的公共关系

“宣传”一直是大众传播的主要功能和特征之一。实际上早在美国独立之前的1641年,哈佛大学就曾发生过以发行宣传手册来进行募捐活动的事例。而“真正意义上的公共关系活动发端于19世纪30年代的美国”,③独立战争之后,美国的许多政治家(包括19世纪以后的历届总统)也已认识到大众媒体的传播功效,所以他们都大量使用当时所有的各类报纸、小册子和海报等大众媒体来传播自己的政治宣传,以争取各阶层民众对其或其党派的支持。许多社会组织和政治团体也开始积极运用各种宣传手段来吸引社会大众的关注,并以此来博得社会公众对其政治主张的认同。

---

① 《不列颠百科全书》第14册,中国大百科全书出版社,2007年,第9页。

② 关于菲尔斯·巴纳姆(Phineas T. Barnum)用编造的耸人听闻的新闻,来推销他所经营的马戏团、游艺节目等商业演出的具体事例,详见熊源伟主编的《广告关系学》(安徽人民出版社1990年版)第31页。

③ 《中国大百科全书》第二版,第7册,中国大百科全书出版社,2009年,第516页。

20世纪初，随着报纸的普及大众传播成为当时最强大的宣传工具，而美国商界则更是敏感地意识到这一点。早在19世纪末，美国的许多大企业就已开始通过各种大众媒体来大力宣传和推销其产品，如1889年美国的西屋公司（Westinghouse）就专门成立了号称是全美第一个对外传播的宣传部门，并雇用专职人员撰写各种新闻稿来全力宣传自己的企业和产品。1900年波士顿出现了美国第一家名为宣传局（Publicity Bureau）的公司，著名的哈佛大学成为其著名客户。著名的汽车商人亨瑞·福特（Henry Ford）提出了"企业是一种服务，不是只会赚钱的机构"这一全新的经营理念，并于1903年通过创建"福特汽车赛事"使他的公司获得了最佳宣传效应，从而成为美国第一位运用理念定位与新闻媒体两项基本公关概念来进行企业宣传的企业家。今天世界许多大企业一直在重申福特的经营理念，许多世界著名汽车制造商至今仍然在使用"福特汽车赛事"这种宣传方式，只不过名称上有所不同罢了。①

美国的政界也不会忽略新兴大众媒体（特别是20世纪二三十年代出现的电影和广播等）所具有的不可替代的传播与宣传效应。第一次世界大战期间，美国的西奥多·罗斯福总统就曾特派一名资深的媒体记者艾默·戴维斯（Elmer Davis）创建了"战争资讯办公室"（Office of War Information，简称OWI），并在第一次世界大战期间成功地通过报纸与广播，向美国人民大肆兜售战争债券（War Bonds），以筹募国家急需的战备资金。第二次世界大战期间，为充分利用大众媒体来进行战争动员和鼓舞士气，美国国务院在1942年成立了著名的国际广播电台"美国之音"（Voice of America，简称VOA），电影界亦为了配合战争，也拍摄了诸如《大独裁者》（1940）、《卡萨布兰卡》（1943）等许多鼓舞民心士气的爱国电

① 本段两项举例，参考李湘君《当代公共关系》（增订新版，亚太图书出版社2004年版，第18页），本文在文句上作了部分修改。

影，这些电影成为当时一种有效地进行国家宣传和教育的重要手段，在鼓励美国团结其他反法西斯国家共同抵抗法西斯侵略上起到了巨大的进步作用……同时，许多知名的大众传播学学者如耶鲁大学心理学系的卡尔·霍夫兰(Carl Iver Hovland)①教授等，也曾于第二次世界大战期间受美国政府征召，专门从事战争宣传与提升美军士气的研究，战后由他主持的对社会公众的"态度与说服"等所进行的深入研究，对现代传播学的创建作出了重要贡献。而充分利用大众媒体、注重大众宣传和有效进行传播正是现代公共关系的核心内容之一。

3. 咨询顾问(Counseling)时期的公共关系

公共关系真正超越一般的政治宣传和商业活动，成为一门自成体系、富有学理、充满艺术的管理与传播科学，并成为一项社会需求量很大的专门职业，则始于美国的咨询顾问时期。需要特别指出的是，在时间概念上，美国的"咨询顾问"时期基本上也是发生在20世纪上半叶，与同在20世纪上半叶开始的"注重宣传时期"在时间节点上有诸多的重叠和交叉。

由于19世纪末美国经济的高速发展和社会矛盾(如阶级矛盾、劳资矛盾等)的不断激化，引发了当时新闻媒体专门以揭发企业内部黑幕为报道内容的所谓"扒粪运动"。也就是在这期间，美国造就了现代公共关系事业发展史上几位杰出的公关先驱和公关大师，其中艾维·李与爱德华·伯内斯最为著名。

---

① 卡尔·霍夫兰(Carl Iver Hovland，1912—1961)，美国实验心理学家，传播学奠基人之一。他于1936年在耶鲁大学获博士学位后，先后担任该校心理学系讲师、助理教授、教授，是著名的实验心理学家，也是宣传与传播研究的杰出人物。1942年，霍夫兰应召率领主要由心理学家组成的专家小组赴华盛顿，在美国陆军军部新闻及教育署研究战争宣传与美军士气的问题。二战期间和战后，霍夫兰和一批心理学家进行了大量实验，对"态度与说服"进行了细致研究，提出了众多颇具影响的理论，形成了著名的"耶鲁学派"。

(1) 艾维·李(Ivy Lee)

艾维·李(1877—1934)毕业于普林斯顿大学,曾在《纽约世界》报社做过五年记者,后受雇于矿产公司,主要处理劳资沟通等事务。

1904年,艾维·李先与乔治·帕克(George F. Parker)合作在纽约开办了一家咨询顾问事务所,成为向客户提供公关咨询并收取一定费用的一位职业公共关系人员。之后,在1916年,艾维·李创设了自己的公关咨询顾问公司,并受雇于美国烟草公司(American Tobacco Company)、宾夕法尼亚铁路公司(Pannysylvania Railroad),甚至好莱坞的电影业者。

由于艾维·李具有在媒体工作的经历,深谙媒体运作之道与新闻报道之需求,因此,艾维·李一直坚持公众有"知情权"的理念,极力主张一个企业要想在社会上获得良好声誉,就应与媒体开诚布公,向记者提供真实信讯,并公开披露事实真相,以此来争取公众对其的信任、支持与合作。为此,艾维·李于1906年向新闻界发表了阐述其活动宗旨的《原则宣言》(Declaration of Principles),强调"只要是记者认为有新闻价值、读者有兴趣知道的事情,都值得传递给一般大众"。① 而"我们的责任,是代表企业单位及公众组织,就公众关心并与公众利益相关的问题,向新闻界和公众提供迅速而真实的消息"。②

艾维·李在其从事公关咨询顾问期间,曾帮助过许多公司或企业进行过各类公关活动,其中最为著名的经典案例是:1914年,艾维·李受雇于美国洛克菲勒(Rockfeller)财团,处理该财团所属矿区工人大罢工的危机事件。由于军队镇压罢工,致使整个事件被蒙上一层血腥阴影。

① Dennis L. Wilcox, Phillip H. Ault, Warren K. Agee, *Public Relations: Strategies and Tactics* (6th ed). New York: Addison-Wesley Educational Publishers Inc, 2000, p. 43.

② 熊源伟主编:《公共关系学》,安徽人民出版社,1990年,第33页。

在洛克菲勒财团面临社会信誉极端恶化且在全美声名狼藉之时，艾维·李临危受命，为其提供公共关系咨询并负责处理其与有关媒体关系的事宜。艾维·李坚持信息公开原则，并成功说服小约翰 D. 洛克菲勒(John D. Rockfeller Jr.)亲抵受害矿工家庭致歉及面递抚恤慰问金，并随之进行了广泛的社会慈善捐赠，同时积极联络媒体记者让他们亲到现场直接采访……其结果是这一连串公关活动迅速挽回了洛克菲勒家族当时岌岌可危的社会声誉，使洛克菲勒财团避免了一场严重的公共关系危机。

艾维·李在其 31 年公关生涯中，他所提出的现代组织要与新闻媒体保持良好沟通关系，并善用大众媒体来改善个人或组织的公众形象的原则，及现代组织必须树立大众利益优先的观念和强调公众知情权的信条、将公共关系工作组织化和系统化的要求等等，都为现代公关事业的形成与发展在理论与实践上作出了开拓性的贡献。

(2) 爱德华·伯内斯(Edward Bernays)

如果说艾维·李是现代公共关系的开拓者和创始人的话，那么真正为公共关系奠定理论基础，并使公共关系知识化、系统化的则是现代公共关系的先驱、与艾维·李齐名“公关之父”的美国人爱德华·伯内斯。

伯内斯于 1891 年生于维也纳，次年移居美国，1912 年毕业于康内尔大学。伯内斯一生中从事了大量的公共关系实务工作。第一次世界大战期间，他活跃于公共咨询委员会，为美国军方做了许多宣传活动。1913 年至 1916 年期间，他在纽约新闻代理公司工作。1919 年伯内斯与妻子在纽约创立公关顾问公司，为几十家公司提供公关服务，并为许多知名人士(包括先后为美国五任总统——柯立芝、胡佛、小罗斯福、杜鲁门及艾森豪威尔威尔)塑造过个人形象。伯内斯自认其最成功的公关活动，是他于 1940 年末所举行的记者会，帮助美国卡车业者说服国会及政府多建高速公路，并促使国会通过预算而修建了美国的 66 号公路，这是日后美国州际高速公路快速发展的滥觞。

伯内斯于1995年去世，享年103岁。在其长达76年的公关生涯中，他为现代公共关系的理论与学科发展作出了奠基性的贡献：

(1) 他于1923年出版了世界上第一本公共关系著作《舆论的形成》(*Crystallizing Public Opinion*)，阐释了公共关系的基本原则、范围、功能、方法、技巧及社会责任，并最早提出了“公关顾问”(Public Relations Counsel)的概念，在业界和学界引起很大关注。之后，他独立或与他人合作先后出版了10部公关论著：《生涯概论》(1927)、《宣传》(1928)、《为民主而辩》(1940)、《公共关系论文选》(1945)、《在和平桌前就座》(1945)、《公共关系》(1952)、《共识工程》(1955)、《你的公关生涯》(1979)、《公关顾问伯内斯回忆录》(1965)、《洞察近来公关1956—1986》(1986)，[①]这些学术著作为现代公共关系的基本理论与运作方法成为一个较为完整的知识体系奠定了重要基础。

(2) 他于1923年应纽约大学之邀在该校开设了美国(也是世界上)最早的公共关系课程，由此他成为美国乃至全球公共关系课程教学的第一人。之后，伯内斯在夏威夷大学任公共关系学客座教授，并被波士顿大学和东北大学等高校授予荣誉博士。伯内斯将公共关系学引进大学课堂，为公共关系学科的形成和发展开辟了具有里程碑式的道路，从此，

---

① 爱德华·伯内斯(Edward Bernays)所著的公共关系著作：①《生涯概论》(*An Outline of Careers*)，布尔·多兰公司1927年出版；②《宣传》(*Propaganda*)；③《为民主而辩》(*Speak up for Democracy*)，维京出版社1940年出版；④《公共关系论文选》(1945年出版)；⑤《在和平桌前就座》(*Take Your Place at tha Peace Table*)，格伦特新闻出版社1945年出版；⑥《公共关系》(*Public Relations*)，Kessinger出版公司1952年出版；⑦《共识工程》(*The Engineering of Consent*)，俄克拉何马大学出版社第1版1955年出版；⑧《你的公关生涯》(*Your Fin a Public Relations Career*)，理查德兹·罗森出版社第1版1979年出版；⑨《公关顾问伯内斯回忆录》(*Memoirs of Public Relations Counsel Edward Bernays*)，Newstrack出版社1965年出版；⑩《洞察近来公关1956—1986》(*The Later Years: Public Relations Insights 1956 - 1986*)，H&M上市公司第1版1986年出版。

公共关系作为一门重要课程在美国的许多大学开设并蓬勃发展起来，以至于连当时的法国和丹麦政府都颁授勋章予他，以表彰他对现代公共关系学的杰出贡献。

上述是美国早期公共关系发展所历经百年的三个时期及其主要内容，它反映了19世纪末至20世纪初期，公共关系主要是被用来维护组织(包括企业)的自身利益，抵御新闻媒体对自己的负面报道，避免政府部门出台对自己不利的政策等等，虽然这一时期的公共关系具有许多正面的积极作用，但其重点是“介绍自己”和“保护自己”，并以此来制定对应策略，努力影响公众舆论，及尽量避免不利因素给组织(包括企业)的经营和管理带来负面影响和麻烦。第一次世界大战期间，公共关系则被普遍认为是一种控制社会舆论和规范社会秩序的“单向诱导式”沟通手段，即公共关系是一种影响他人的宣传活动。因此，我们可以认为二战之前美国的公共关系基本上还是处于一种从“初级”公共关系向“成熟”公共关系“转型”的过程与阶段之中。

二、当代公共关系的发展

第二次世界大战后，公共关系的实践与理论进入了一个全新的迅速发展时期。其具体表现为：各国公共关系协会的成立，“双向对称”传播模式的形成和公关教育在世界范围的兴起。

1. 各国公共关系协会的相继成立

二战结束后，公共关系作为一种新型的管理与传播科学已在实践中被许多国家的有关人士认识并在世界范围迅速发展，其标志是各国具有民间性质的公共关系协会如雨后春笋般涌现。

在欧洲，英国率先于1948年在伦敦成立了英国公关协会(Institute of Public Relations，简称IPR)，紧接着，挪威在1949年、比利时在1953

年、意大利在 1954 年、荷兰在 1954 年、法国在 1955 年、瑞士在 1957 年……先后成立了各自国家的公共关系协会。

在亚洲，中国的台湾于 1956 年就成立了“中华民国公关学会”①，之后，马来西亚于 1962 年(其公关协会简称 IPRM)、新加坡于 1970 年(其公关协会简称 IPRS)、日本于 1980 年(其公关协会简称 ORSJ)、韩国于 1989 年……亦先后成立了各自国家或地区的公共关系协会。

而美国则在第二次世界大战刚结束后不久的 1947 年就成立了美国公共关系协会(Public Relations Society of America，简称 PRSA)，并先后出刊了《公共关系月刊》(这是一份学界公认的具有权威影响力的公共关系刊物)、《公共关系策略(*Public Relations Tactics*)(月刊)和《公共关系战略》(*The Public Relations Strategist*)(季刊)等。

最值得一提的是 1955 年 5 月 1 日，来自欧、美、亚、非各大洲的 20 多个国家和地区的代表齐聚英国伦敦，正式成立了“国际公共关系协会”(International Public Relations Association，简称 IPRA)。国际公共关系协会的成立、以后每三年召开一次的大会及成为联合国教科文组与经济社会组的顾问及会员等，为公共关系在世界范围的推广、为各国从事公共关系事务工作者的学习和国际性交流提供了广阔的平台，并为提高各国现代公关人员的素质和培养具有国际水平的公共关系人才提供了机会和可能。国际公共关系协会的创立，表明公共关系的应用实务和工作规范已趋于国际化，同时它也标志着现代公共关系作为一个世界性的行业已开始独立存在了。

今天的国际公共关系协会所在地在日内瓦，目前已拥有来自 60 多个国家的上千名会员，协会创刊出版了《国际公共关系协会评论》(季刊)等。

---

①　中国台湾于 1956 年成立“中华民国公关学会”，1966 年改为“中华民国公关协会”。

表1-1 国外著名公关协会及其网址一览表

序　号	协会名称(英文简称)	成立时间	网　　址
1	世界公关协会(IPRA)	1955	http：/www. ipra. org
2	美国公关协会(PRSA)	1947	http：/www. prsa. org
3	英国公关协会(IPR)	1948	http：/www. ipr. org. uk
4	加拿大公关协会(CPRS)	1948	http：/www. cprs. ca
5	澳洲公关协会(PRIA)	1949	http：/www. pria. com. au
6	欧洲公关协会(CERP)	1959	http：/www. prineurope. com
7	欧洲学生公关协会	1981	http：/www. cerpstudents. net
8	公关学会(IPR)	1953	http：/www. instituteforpr. com
9	公关新闻外电	1954	http：/www. prnewswire. com
10	公关论坛	1995	http：/www. prforum. com
11	国际公关公司协会(ICO)	1989	http：/www. martex. co. uk/prca
12	公关暨沟通管理全球联盟	2000	http：/www. globalpr. org
13	欧维尔网站	不详	http：/www. odwyerpr. com
14	国际沟通组织顾问	不详	http：/www. iccopr. com
15	南非公关协会	1957	http：/www. prisa. co. za

（上表资料引自李湘君《当代公共关系》(增订新版，亚太图书出版社 2004 年版，第 62 页)，有关国外著名公关协会的成立时间亦根据该书编辑而成。）

2. “双向对称”传播模式的形成

第二次世界大战结束后，公共关系的理论与实践在以往的“注重宣传”(Publicity)和“咨询顾问”(Counseling)的基础上获得突破和飞跃，又涌现出一批杰出的公共关系专家和学者，其中最具代表性的人物是美国的斯各特·卡特里普(Scott M. Cutlip)、艾伦·森特(Allen H. Center)和英国的弗兰克·杰夫金斯(Frank Jefkins)。

美国著名公共关系专家卡特里普和森特对现代公共关系的最大贡献，是他们在深入研究公共关系的基础上先后出版《公共关系咨询》、《当代公共关系导论》和《公共关系实务》等重要著作，并提出了著名的"双向对称"(Two-Way Symmetric)沟通的公共关系传播模式，使现代公关从以前的"单向诱导式沟通"方式开始发展为"双向交互式沟通"模式。为此，韦氏第三版的《国际字典》清晰地指出，现代公共关系已"发展成为一种相互理解与信任的艺术和科学"①。而"双向对称"传播的公共关系模式的出现是当代公共关系发展到一个崭新阶段的重要标志之一。

英国著名的公共关系专家弗兰克·杰夫金斯是英国公共关系学院教授，他在英国开办了公共关系学校并亲自授课，他既是一位出色的公共关系教育家，也是英美两国撰写公共关系著作最多的学者之一。他的代表作有《广告学》(1985)、《公共关系学》(1988)、《公共关系与成功企业管理》(1984)、《广告字典》(1990)、《公关技巧》(1994)、《公共关系：当代问题和技术》(2003)、《营销导演》(2004)等，②他的这些著作极大地丰富

① 转引自李湘君：《当代公共关系》(增订新版)，中国台湾，亚太图书出版社，2004年，第24页。

② 弗兰克·杰夫金斯著的公共关系书籍有：①《销售导演》(*Marketing Directo*)，June 2004 Publisher：Piramide Ediciones Sa；②《公共关系：当代问题和技术》(*Public Relations: Contemporary Issues and Techniques*)，December 2003 Publisher：Butterworth-Heinemann；③《公关技巧》(*Public Relations Techniques*)，August 1994 Publisher：Rbhp Trade Group；④《现代营销》(*Modern Marketing*)，November 1993 Publisher：Ft Pr；⑤《邮寄销售——简单易懂、循序渐进地教您如何邮寄销售》(*Sell Anything by Mail: The Fool — Proof, Step-By-Step Guide That Shows Anyone How to Sell Anything by Mail*)，April 1990 Publisher：Adams Media Corp；⑥《广告字典》(*Dictionary of Advertising*)，January 1990 Publisher：Trans-Atlantic Pubns；⑦《公共关系》(*Public Relations*)，December 1988 Publisher：Trans-Atlantic Pubns；⑧《广告学》(*Advertising*)，January 1985 Publisher：Macdonald and Evans；⑨《成功管理的公共关系》(*Public Relations for Management Success*)，October 1984 Publisher：Routledge Kegan & Paul；⑩《今日广告》(*Advertising Today*)，January 1971 Publisher：Intertex。

和发展了公共关系理论，有力地促进了公共关系事业的发展。

现代公共关系从美国19世纪中叶的“新闻代理”(Press Agentry)模式(以巴纳姆为代表的单向新闻传播模式)开始，经过19世纪末20世纪上半叶“注重宣传”和“咨询顾问”的“公共信息”(Public Information)模式(艾维·李是该时代的代表人物之一)，到第二次世界大战结束以来的“双向对称”(Two-Way Symmetric)模式(以卡特里普和森特为代表)，基本概括和勾勒出了现代公共关系发展的主要过程和阶段。但从严格意义上来说，是自20世纪“50年代以后，公共关系的面貌才发生了巨大的变化，从而才真正走上了科学化和职业道德规范化的发展道路”。①

3. 公共关系教育的兴起

现代公共关系教育源起于美国。如上所述，著名的公共关系专家伯内斯早于1923年就应纽约大学之邀，首次在该校开设了美国最早的公共关系课程，开启了公共关系专业化的进程。1937年，R.哈洛博士(Dr. Rex F. Harlow)也在斯坦福大学开设了公共关系课程。1947年波士顿大学创立美国第一个公共关系学院(1964年改名为传播学院)②，此后，公共关系教育在美国的大学中加速兴起。至1947年，美国有30所大学设置了公共关系课程；至1956年，有92所大学设有公共关系课程，其中有14所大学将公共关系课程作为其新闻或管理等专业的主修课程。而到1964年时，美国有29所大学正式设置了公共关系本科专业，14所大学设有公共关系硕士点，特别是该年美国有280所大学设置了有关公共关系的各种课程……

今天的美国，公共关系已是其大学中的一个名副其实的主流专业，2008年美国共有200余所大学开设了700多门公共关系学课程，而据美

① 熊源伟主编：《公共关系学》，安徽人民出版社，1990年，第37页。
② 《不列颠百科全书》第14册，中国大百科全书出版社，2007年，第6页。

国 2008 年《我该去哪里学广告与公关》(*Where Shall I Go to Study Advertising and Public Relations?2008*)的数据统计，美国已有 162 所大学设有公共关系专业，其中有 128 所大学专门单设公共关系专业(详见本书附录 1)，还有 44 所大学则将广告与公共关系合并设置为“广告与公关”(AD/PR)一个专业(详见本书附录 2)。另外，美国目前有 50 多所大学设有公共关系硕士学位专业并开设相应课程，其中有 18 所大学可授予公共关系博士学位(见表 1－2)。

表 1－2　2008 年美国 18 所可授予公共关系博士学位的大学名称

序　号	大　学　名　称	专业名称
1	阿拉巴马大学(University of Alabama)	PR
2	南卡罗来纳大学(University of South Carolina)	AD/PR
3	佛罗里达大学(University of Florida)	PR
4	明尼苏达大学(University of Minnesota)	AD/PR
5	迈阿密大学(University of Miami)	PR
6	乔治亚大学(University of Georogia)	PR
7	普渡大学(Purdue University)	PR
8	路易斯安那州立大学(Louisiana State University)	PR
9	马里兰大学(University of Maryland)	PR
10	韦恩州立大学(Wayne State University)	PR
11	南密西西比大学(University of Southern Mississippi)	PR
12	北卡罗来纳大学教堂山分校(University of North Carolina at Chapel Hill)	PR
13	博林格林州立大学(Bowling Green State University)	PR

续 表

序 号	大 学 名 称	专业名称
14	俄亥俄大学(Ohio University)	PR
15	俄克拉荷马大学(University of Oklahoma)	PR
16	俄勒冈大学(University of Oregon)	PR
17	得克萨斯理工大学(Texas Tech University)	PR
18	威斯康星大学(University of Wisconsin)	AD/PR

注：上表"专业名称"栏中 PR 表示该校在其单独设立的公共关系专业中招收公共关系博士生，AD/PR 表示该校将广告与公关合并设置为"广告与公关"(AD/PR)专业并在该专业中招收广告/公关博士生。

(上表资料来源：根据 Bill I. Ross & Jef I. Richards, *Where Shall I Go to Study Advertising and Public Relations?2008*. Advertising Education Publications P. O. Box68232, Lubbock, TX79414 - 8232. 的资料整理而成。)

而在美国设有公共关系专业的大学中，以马里兰大学(University of Maryland)(博士学位)、佛罗里达大学(University of Florida)(博士学位)、圣地亚哥州立大学(San Diego State University)(本科学位)、波士顿大学(Boston University)(硕士学位)及圣荷西州立大学(San Jose State University)(硕士学位)的公共关系专业最为著名。近年来在美国大学公共关系系注册的学生平均每年都在一万人以上，在广告与公关系(AD/PR)专业注册的学生也超过三千人，其中七成为女生。①

而关于公关专业的学科归属问题，世界各国至今仍有争论。根据美国大学的公共关系专业所在院系情况，即在其 162 所设有公关专业或设有公关/广告专业的大学中，有 132 所大学是设在新闻/传播学院(占其总数的 81%)。从这个角度看，我们基本可以认定，美国的公关专业主

① 李湘君：《当代公共关系》(增订新版)，中国台湾，亚太图书出版社，2004 年，第 66 页。

要归属于传播学范畴。美国 Ray Eldon Hiebert 于 1971 年出版的《公共关系教育的趋势：1964—1970》(*Trends in Public Relations Education 1964 -1970*)一书,在梳理并概括了 20 世纪六七十年代以美国为主的公共关系教育的趋势后,也这样结论道:"公关知识及其成长已被教育界所认定,其专业与学术地位均有提升,公关常被视为一个较大学科(如大众传播)中十分特别的一部分。"而近 20 年来随着越来越多的传播学者对公关学产生兴趣,1996 年国际传播协会(International Communication Association)亦开始将公共关系研究纳入了该协会的独立研究方向(division),这一点更加证明了美国的公共关系已正式归入了传播学领域。①

除了关于公关专业的学科归属问题之外,从 20 世纪 80 年代开始,美国加强了对大学公关教育的调研。1987 年美国首次成立了由有关学者组成的"公共关系教育调查委员会"(Commission on Public Relations Education),并于该年经该委员会深入调研后提出了美国的第一份"公共关系教育报告",接着在世纪之交的 1999 年,由世界八大传播组织：美国公关协会(PRSA)、世界公关协会(IPRA)、英国公关协会(IPR)、国际商业沟通者协会(IABC)、国际传播协会(ICA)、美国传播协会(NCA)、女性沟通协会(WICI)、新闻与传播教育协会(AEJMC)共同组成的公共关系教育委员会,经过一年的深入调研与讨论后,共同发表了《21 世纪公共关系教育报告》,成为新世纪全球公共关系教育发展的重要参考文献。② 2006 年该委员会又公布了它的第三份报告,其主题是"专业结合——公共关系教育和实践"(*The Professional Bond — Public*

---

① 关于公共关系的学科归属问题,详见本书作者查灿长的拙文《美国高校公共关系教育刍议》,载于《中国广告》2008 年第 5 期,第 111—114 页。

② 李湘君:《当代公共关系》(增订新版),中国台湾,亚太图书出版社,2004 年,第 71 页。

Relations Education And The Practice)，该报告在总结以往公关教育的实际情况基础上，提出了一系列切合当代公关专业培养目标的公关课程规划体系。由于美国“公共关系教育调查委员会”公布的调查报告是由国际知名公关教育学者协力完成的，因此该委员会的众多建议和结论对包括美国在内的所有国家的公关教育之发展及修正都具有指标性意义。①

三、公共关系在中国

20 世纪 80 年代初，随着对外开放和社会主义市场经济体制的建立，海外的公共关系迅速传入中国，并率先在中国改革开放的前沿——珠江三角洲地区的深圳、珠海和广州等地迅速传播。此后，北京、上海等大城市也相继引入并开展公共关系活动。

1. 公共关系实践在中国蓬勃开展

中国内地的公共关系首先在中国改革开放的桥头堡——深圳经济特区的一批中外合资企业中出现。1984 年秋，美国著名的希尔·诺顿公共关系公司在北京设立了办事处。同年底，广州白云山制药厂成为国内第一个设立公共关系部的企业。其后，一大批大型企业先后设立了公共关系工作机构，一些先进的中小企业积极跟进也开始设立公共关系机构，并逐渐扩大到一些非赢利单位……一时间，公共关系在我国蓬勃兴起和发展起来。

随着中国公共关系事业的快速兴起，西方专门从事公共关系业

① Judy Van Slyke Turk, *The Report of the Commission on Public Relations Education*(November 2006). School of Mass CommunicationsVirginia Commonwealth University.

务的国际跨国公司也相继进入中国大陆。1985 年，内地第一家中资公司“中国环球公关公司”成立，该公司职员一般都具有大学以上学历，接受博雅公关公司约五年的专业化系统培训。1990 年，伟达、宣伟在中国建立公共关系独资公司，博雅、奥美在北京和上海建立合资公关公司。

1987 年 6 月中国公共关系协会在北京正式成立，标志着中国公共关系事业进入了一个新的全面发展时期。1991 年，中国国际公共关系协会(CIPRA)在北京成立。在此前后，20 多个省、直辖市和自治区成立了省级公共关系协会、公共关系学会和公共关系研究会。

2. 公共关系教育在中国逐渐兴起

中国内地的公共关系教育也主要是在珠江三角洲地区首先开始的。1985 年 1 月，深圳市总工会举办了国内第一个公共关系培训班；同年 4 月，北京师范大学开设公共关系讲座；同年 6 月，北京大学研究生院举办公共关系讲座；同年 9 月，深圳大学开设公众传播专业，中山大学几乎与此同时成立了中国第一个公共关系研究会。1986 年 1 月，中山大学公共关系研究会、广州青年经济研究协会、广州财贸管理干部学院共同发起成立了“广东地区公共关系俱乐部”；同年 3 月，广东省公关协会和香港太平洋公关专业协会在广州联合举办“公共关系与现代化”研讨会；同年 8—12 月，珠海市应用传播研究所编印《公共关系辑刊》，深圳大学开设公共关系必修课和选修课，广州《南风窗》杂志与珠海市应用传播研究所、广东玻璃厂联合出版《实用公共关系手册》……

1994 年，经国家教委批准中山大学创办了我国第一个公共关系本科专业，从此，公共关系正式进入了中国的大学殿堂。至 2008 年，国内(不含港澳台)已有 14 所高校(中国传媒大学、中山大学、上海外国语大学、东华大学、上海师范大学、上海第二工业大学、浙江传媒学院、海南大学、大理学院、中国人民解放军装备指挥学院、三峡大学科技学院、广西财经学院、江西农业大学、内蒙古财经学院)先后设置了公共关系本科专业,[①]另有18所高校(中国传媒大学、中山大学、复旦大学、华中科技大学、浙江大学、厦门大学、上海外国语大学、浙江工业大学、湘潭大学、暨南大学、长春工业大学、西南大学、北京林业大学、上海交通大学、四川大学、西南政法大学、华东师范大学、西安科技大学)招收公共关系专业硕士研究生,[②]还有4所高校(中国人民大学、厦门大学、复旦大学、华中科技大学)设置了公共关系博士研究生专业。[③] 除此之外,还有数百所大专院校开设了各种层次的公共关系课程,各种公共关系讲座和公共关系研讨会亦如雨后春笋般涌现,学界和业界出版的各类公共关系杂志(如《国际公关》、《公关世界》、《传播》等)已达近十种,公共关系类著作(包括译著)也已出版数百部之多……公共关系教育在今天的中国大地已成燎原之势。

思考题:

1. 公共关系的基本定义是什么?
2. 公共关系的基本职能有哪些?
3. 公共关系应对和处理危机问题的基本原则是什么?
4. 艾维·李对现代公共关系的主要贡献是什么?
5. 爱德华·伯内斯为现代公共关系的理论与学科发展作出的奠基性贡献是什么?
6. 为什么说当今美国的公共关系已成为其大学中的一个名副其实的主流专业?

---

① 信息统计来源:中国教育在线-高考填报志愿参考系统(2008年)。专业查询:公关、公共关系 www.eol.cn 及以上各高校网站。

② 中国研究生招生网 硕士研究生。

③ 中国研究生招生网 博士研究生。

第二章　公共关系的主体与客体

在现代社会中，任何组织都与其他社会成员（包括其他社会组织）共处于一个复杂多元的社会大系统之中，且彼此相为依存、互为促进。而公共关系则是社会组织与其他社会成员（包括其他社会组织）达成和谐与平衡的一种独特的调节工具和管理活动，由此，同世界上所有的矛盾体一样，公共关系也存在着主体与客体这两个对应而又统一的实体，而理解公共关系的主体与客体以及这两者之间的互动关系，是深入了解公共关系之内涵与机理的必要前提。

第一节　公共关系的主体——组织

组织是公共关系的主体，它在公共关系的整个运作过程中，始终承担着组织者、实施者和控制者的角色；组织在协调公众关系、优化经营环境、树立自身形象、提升社会声誉、化解各类危机中，或在沟通内外信息、争取社会支持、获得公众信任、赢取公众合作等方面中，始终居于主动和主导地位。理解和明确组织在公共关系中的主体地位，将有利于充分发挥组织在公共关系行为中的主导和能动作用。

一、组织的定义

“组织”一词，据《现代汉语词典》的解释，它是“按照一定的宗旨和系统建立起来的集体”。① 进而言之，它是以一定的目的、任务，并按照一定的形式、规范和制度所形成的群体。它通常含有三层涵义：① 组织是为了达到一定的目标和任务而聚合的群体；② 组织是按一定的方式，并以一定的义务、责任和制度来加以规范和保证的群体；③ 组织的生存与发展和整个社会的政治、经济和文化等有着密切联系并受它们制约。由此，现代组织是一个具有“目的性”和“系统性”两大基本特征的群体。

二、组织的类型

“组织”定义仅是对组织内涵的提炼、总结及在宏观上的泛指，实际上，我们可以从不同的角度对现代组织进行不同的分类，并以此来加以理解组织的内涵与构成。

(1) 按组织的性质来划分，可以分为：政治类组织（如国际组织、国家机关、政党组织等）、经济类组织（如生产性企业、服务性企业、跨国公司等）、文化类组织（广播电视台、报纸杂志社、图书馆、各类学校等）。

(2) 按组织的目标来划分，可以分为：非营利性组织（如政府、军队、慈善机构等）和营利性组织（如工厂、银行、商店等）。

① 《现代汉语词典》(修订本)，商务印书馆，2000 年，第 1879 页。

(3) 按组织的人数或规模来划分，可以分为：小型组织（如家庭、小组、班级等）、中型组织（如地方企业或地方政府等）、大型组织（如国际组织、国家机关、跨国公司等）。

(4) 按组织成员间的关系来划分，可以分为：正式组织（如政府、公司、医院、学校等）和非正式组织（如同乡、同学、球友、网友等形成的松散小团体）。

(5) 按组织的其他社会功能来划分，还可分为：群众组织（如妇联、共青团、工会、行业协会、文艺团体等）和宗教组织（如佛教、道教、基督教、伊斯兰教等教会）。

实际上，无论属于上述的哪一类，现代组织每时每刻都在面对着客观现实的公共关系网络。因此，作为公共关系主体的组织，它始终都要以主动、积极的态度去沟通和协调其内外的各种公众关系，其目的只有一个——就是为组织营造一个有利于它生存与发展的良好社会环境。

三、公共关系目标与组织目标的关系

由于组织是一个“按照一定的宗旨和系统建立起来的集体”，因此任何组织都必然拥有其为之奋斗的目标，而目标则是组织赖以存在与发展的路标和动力。组织目标一般含有两层涵义：① 组织目标是一种组织现在还未实现的境界、标准和状态，是组织期望通过自己的努力，在将来可预见的某一时间或空间内能够达到的一个结果；② 组织目标既是组织为之奋斗的方向，也是组织成员必须知晓、理解并为之而努力工作的目标。

组织目标从时间上可分为长期目标、中期目标和近期目标；从结构上又可分为总目标（即组织的最终目标）和若干个分目标或若干个具体目标(其中包括组织内部各级或各部门的具体目标)。一个组织的总体目标是“纲”,而分目标或具体目标则是组织为实现其总目标而拟定、设计和确定的“目”,分目标或具体目标的完成是实现总目标的基础、前提和积累。一个组织内部的所有部门和单位的工作目标都必须服从、遵循和符合组织的总目标,所有成员的工作都应围绕组织的总目标而努力。

由上,具有协调组织内外关系、优化组织内外环境职能的公共关系部门,其工作的总目标也自然必须与组织的总目标保持一致,其所有的工作分目标和具体目标亦自然都必须服从、遵循和符合组织的总目标,即公共关系部门的一切工作都必须围绕组织的总体目标来进行,而绝不能偏离或干扰组织总目标的实现。

四、公共关系工作与组织决策的关系

决策是指组织为了实现某一目标而对未来一定时期内有关活动的方向、内容、方法和措施做出选择或决定的过程。决策在组织的运作与发展过程中具有非常重要的作用,因为决策的正确与否往往决定着组织之生存或发展的成败与兴衰。而公共关系部门在组织的决策过程中实际上起着咨询与参谋之机构的作用,其具体工作是:① 在组织决策前,为组织的决策提供真实、完整的内外信息,进而为组织的决策方案提供必需的信息依据;② 在组织决策中,为组织的决策者提供公共关系部门对有关方案的分析、评估与建议,进而为组织的决策方案提供正确、完善和可行的多维论证;③ 在组织决策的执行过程中,为组织的决策者从公共关系角度及时反馈内外不同反应的信息,及时提示、建议或补充组织的决策行为,从而为组织决策的顺利实现提供必要的咨询与辅助保障。

第二节　公共关系的客体——公众

公共关系的本质实际上就是公众关系，公共关系的目标就是通过各种有效手段和必要措施来维系和发展组织与公众之间的良好关系。从公共关系角度来看，公众不仅是组织赖以存在和发展的重要社会环境，而更为重要的它是组织的公共关系行为的客体，即它是组织公共关系的唯一工作对象。因此，深入了解和研究公众的本质与特性，对于现代组织（包括企业）科学与艺术地开展公共关系活动具有非常重要的意义。

一、公众的定义

"公众"一词英文"Public"的解释为"大众"和"群众"；在《现代汉语词典》中，公众泛指"社会上大多数的人"；①社会学意义上的公众则是指"任何因面临某个共同问题而形成的，有着某种共同利益，并为某一特定组织的工作产生互动效应的社会群体"②。而公共关系层面上的"公众"这一概念是特指公共关系工作对象之总和，即与公共关系的主体（组织）相互联系及相互作用的个人、群体或组织的总和，③是公共关系传播沟通对象的总称。

---

① 《现代汉语词典》（修订本），商务印书馆，2000年，第437页。

② Google—公共关系实务—百度文库（wenku. baidu. com/view/ed1e0a649b6648d7c1c746cb. htm）。

③ 王乐大主编：《公共关系学概论》，高等教育出版社，1994年，第81页。

二、公众的特征

作为公共关系客体的公众一般具有以下几个主要特征：

(1) 公众的同质性(或谓共同性)。公众的同质性是指某一群体因他们具有某种共同的利益、目的或意愿而与某一组织形成利益关系并成为该组织之公众的一种本源现象。即：这种涉及双方利益的互动关系促使该组织与某些公众在某一特定的时间或空间里紧密联系，使一群人或一些团体对该组织具有相同或相似的态度、倾向和行为，从而构成了该组织面对着的是具有某种共同利益、共同倾向或共同行为的同一类公众。因而理解社会公众在特定的时间或空间里存有同质性或共同性(即公众利益的同一性)，是组织在公共关系活动中应对公众诉求并与公众建立良好关系的关键点。

(2) 公众的广泛性。公众的广泛性是指公众的构成具有普遍性和多样性。任何一个组织时刻面对的并不是一个简单构成的单一形态的公众，而是由繁复社会中的各个阶层、各个行业的不同公众所组成的多元群体。无论哪个组织、群体或个人只要与某一组织发生联系或存在利益关系，那么不管是有意还是无意，他们在客观上都是该组织的公众。公众的广泛性通常具有两个特征：① 公众的广泛性是相对于组织而言，它是以与组织的联系和与组织的利益有着一定的关系为基础的；② 公众的广泛性是客观的，它不以公众的意识或组织的意志为转移的，而且公众的这种广泛性还会随着组织的发展或变化而重组或变动的。

(3) 公众与组织之间的相关性。公众与组织的相关性是指因共同利益或共同问题而聚合形成的公众和与该利益或该问题有关联的组织之间所产生的相互影响、相互作用和相互制约性。公众是公共关系的对象，公众关系是由组织在经营与管理过程中涉及的所有个人关系、群体关系或组织关系的总和，这些个人、群体和组织构成了组织的公众环境，组织的公共关系工作主要就是针对或围绕着这个公众环境所展开和进行的。反过来讲，公众总是相对于某一特定的公共关系主体——组织而存在，并与该组织的公共关系行为密切相关，因为公众的态度、倾向、观点和行为会直接或间接影响到该组织的宗旨、目标、决策和行为；同样，组织的宗旨、目标、决策和行为也会影响到公众对其的态度、倾向、观点和行为。组织与公众之间的这种相互作用、相互影响和相互制约的相关性是形成所有公共关系的关键条件。

(4) 公众的变化性。公众的变化性指的是公众会因其所处的内外主客观条件的变化而发生的变化。由于社会公众的本身是繁复多元的，它们都是一个个具有自我价值、主观愿望和目标追求的活动群体，他们会根据自己的思想意志和利益诉求主动地对公共关系主体——组织的政策和行为做出相应的判断、评价和反应，从而对组织形成舆论与压力。因此，公众在公共关系过程中并不是一种静态封闭、恒定不变的公共关系对象或公共关系客体，而是一个动态开放、活跃异常、并随时因内外条件或时空环境变化而不断分化和变动的公共关系对象或公共关系客体。公众的变化性通常表现在两个方面：① 公众与组织之间的密切与联系程度会随双方的主客观条件与软硬环境的变化而变化；② 公众自身的成分构成也会随组织与公众双方主客观条件与软硬环境的变化而变化。因为社会的发展必然推动组织和公众各自不断地向不同层次或不同方向发展，所以组织和公众之间的联系和合作是“暂时”的，即今天组织的支持者未必就是组织明天的忠实公众；今天与组织毫无关联的这部分群体，明天或许就有可能成为与组织利益密切相关的现实公众……公众的这种变化性恰恰凸显了公共关系的必要性和重要性。

(5) 公众的多样性。公众的多样性指的是公众自身所具有的多类性和多重性。“公众”是个泛指观念，但其具体的构成“因子”却是多种多样的。公众中的个体、群众或组织可以有多重身份，他们可以是同一组织的公众，也可以是多个不同组织的公众；他们在某一组织内可以是具有相对固定位置的公众，也可以是居于变动异化状态的公众。相对于组织而言，公众的成分、状态、作用和形式等具有多样性、重叠性，这一多样性和重叠性决定了公共关系的管理、传播及沟通应具有相应的多样性和灵活性。

上述的公众所具有的共同性、广泛性、相关性、变化性和多样性，是公众这一公共关系客体所固有的本质属性，而正确理解公共关系客体的本质属性及其之间的关系，则是我们进一步研究公众的内涵及其意义的前提和基础。

三、公众的分类

由于公众本身固有的共同性、广泛性、相关性、变化性和多样性等多重特征，因此，任何社会组织在实践公共关系活动时都不会也不可能只同某单一类型的公众发生接触和联系。为此，对公众的构成进行多向分类，对组织确定公共关系工作的对象、明确公共关系工作的轻重缓急、提高公共关系工作的效率、实现公共关系工作的目标等具有重要意义。

（一）按公众与组织的关系状况来划分

按公众与组织的关系状况来划分，公众可以分为非公众、潜在公众、知晓公众和行为公众。

1. 非公众。非公众是指与组织不相关的个人、群体或组织，他们的观点、态度、意向和行为不受组织的影响，同样，他们的所作所为也不对组织产生任何影响和作用。因此非公众是组织的“非公关对象”。但非公众的地位与状态并不是静态或固定不变的，根据本文上述的“公众的变化性”特征，他们与组织的关系会在一定的时间或空间中因其内外主客观条件的变化而发生变化。

2. 潜在公众。潜在公众是指目前还没有，但在将来有可能与组织发生利益关系的公众。他们也许会在将来的某一时间或空间里，由于组织的行为引起某个共同问题而与组织产生利益关系，但目前他们暂时还没有意识或涉及该问题的可能存在。潜在公众由此又常被称为组织的“未来公众”。

3. 知晓公众。知晓公众是指已了解和熟悉组织，并明确意识到自己与组织之间的利益关系，但目前还没有实现与组织合作或采取与组织有关之实际行动的公众。知晓公众对组织的进一步认知及由此而形成对组织的态度、观点与倾向对组织的发展具有重要影响。

4. 行为公众。行为公众是指已经意识到自己已与组织共同面临同一问题或与组织发生了利益关系，并已采取实际行动与组织产生互动的公众，行为公众的态度、观点和行为是直接对组织构成实际关系与无形压力的公众。

（二）按公众对组织的重要程度来划分

按公众对组织的重要程度来划分，公众可以分为主要公众、次要公众和边缘公众。

1. 主要公众。主要公众是指与组织之间的联系及利益关系最为密切，其态度、倾向、观点和行为等对组织的生存与发展构成最重要影响和最直接作用的公众。

2. 次要公众。次要公众是指与组织之间的联系及利益关系较为密切，但其态度、倾向、观点和行为等对组织的生存与发展暂时还未构成具有决定性影响或还未产生重要作用的公众。

3. 边缘公众。边缘公众是指与组织的关系不太密切，其态度、倾向、意见和行为对组织的生存与发展不具有直接、重要的影响和作用，有时甚至对组织还未构成关联和影响的那部分公众。但在一定的条件下，他们有可能转化为组织的次要公众，甚至转化为组织的主要公众。

（三）按公众对组织的态度和倾向来划分

按公众对组织的态度和倾向来划分，公众可以分为顺意公众、逆意公众和独立公众。

1. 顺意公众。顺意公众是指对组织的理念、政策和行为具有认同感，对组织的方方面面采取支持和合作态度的公众。他们是组织生存与发展所必须依赖，且需长期维系良好关系的主干力量和主要群体。

2. 逆意公众。逆意公众是指对组织的方针、政策和行为持否定和反对态度的公众。他们与组织往往处于对立和不合作的状态，对组织的生存与发展构成干扰、阻碍和威胁。

3. 独立公众。独立公众是指对组织的方针、政策和行为既不表示支持也不表示反对的持中间态度的公众。但他们不会长久“中立”，他们常常会因主客观因素的变化而可以向两个方向——顺意公众方向或逆意公众方向摇摆和转化。

（四）按公众与组织所处的区域位置来划分

按公众与组织所处的区域位置来划分，公众可以分为内部公众和外部公众。

1. 内部公众。内部公众是指由组织内部的成员、部门所构成的公众群体。他们既是组织对外公共关系的主体，也是组织内部公共关系的客体。作为客体，他们中间也存在“公众”所具有的一般属性和基本特征。

2. 外部公众。外部公众是指相对于组织内部公众而言的那部分公众，即除内部公众以外的与组织有直接或间接关系的所有个人、群体或组织。他们是组织外部公共关系的主要客体。

公众分类对组织的公共关系实践具有重要意义：

1. 公众分类为公共关系的调查研究和组织的形象评估确定目标公众范围。组织在实践某一公共关系活动前，首先要了解和确定自己当前在公众心目中的实际形象，并找出其中最重要、最需尽快解决的问题来进行公共关系活动。由此，梳理、找出并焦聚与组织问题有关的主要公众，明确认定组织公关的公众范围，可以避免组织公关工作的盲目性、随意性，这是公众分类的主要目的之一。

2. 公众分类为公共关系计划的制订和公共关系方案的策划确定目标和方向。组织在实施公共关系活动前，缜密拟定公关计划和科学策划公共关系方案，是公共关系活动取得预期目标的重要前提。由此，根据不同的公众对象来拟定公共关系计划，并根据不同的公众情况来科学策划公共关系方案，进而提高组织公共关系计划的针对性和策划工作的有效性，是公众分类的主要取向之一。

3. 公众分类为公共关系活动的组织和公共关系方案的实施确定主次和重轻。组织在实施公共关系计划和方案的实践过程中，通过细分公众来重点支配公共关系活动的各项资源，使组织有限的人力、财力和物力被最有效地合理使用，是提高公共关系活动效率的一项基本要求。由此，确定公关工作的主次和重轻，针对性地合理分配有限的公关活动资源，是公众分类的主要功效之一。

4. 公众分类为公共关系工作的效果评估和得失总结提供依据和借鉴。组织在完成一项公共关系活动之后需要进行评估和总结，以便使组织的下一次公共关系工作能够在原来基础上更上一层楼。由此，公众分类使组织能正确判断本次公关工作的针对性、有效性，并准确分析和总结本次公关工作的经验和教训，进而使组织的公共关系工作水平在新的起点上不断提升和超越，是公众分类的主要价值之一。

思考题：

1. 何为“组织”？作为公共关系主体的组织具有哪些主要特征？
2. 组织可以从哪些不同的角度进行不同的分类？其具体的类型有哪些？
3. 何为“公众”？作为公共关系客体的公众具有哪些主要特征？
4. 公众可以从哪些不同的角度进行不同的分类？其具体的类型有哪些？公众分类的意义是什么？

第三章　公共关系传播

组织是公共关系的主体，是公共关系活动的组织、策划和实施者；公众是公共关系的客体，是公共关系活动的对象和目标；而连接和维系组织与公众——这一公共关系主体与公共关系客体之“桥梁”和“纽带”的中间环节是传播。组织、公众与传播这三者构成了公共关系的核质三要素，而且它们之间互为依存、密不可分。

公共关系工作的本质内容是信息传播活动，即实现组织与公众之间有关信息的传播与沟通，而公共关系信息传播所使用的方法和手段就是充分运用现代社会所提供的各种信息传播技术和各类信息沟通媒介来为组织的公共关系实践活动提供全方位、多层次的服务。因此，认真研究公共关系工作中的传播问题，是开展公共关系实践活动的前提和基础。

第一节　公共关系传播的特点、要素与类型

要了解公共关系的传播问题，首先要了解一些公关传播的基本特点及其主要内容。

一、公共关系传播的特点

传播(英文为Communication)一般是指“人们通过普通的符号系统交换彼此的意图”,①即传播是一种“人们相互之间借用于符号系统表现和传达意图”的行为,②或者说,传播“就是人与人之间信息的双向交流与共享的过程”,③是“人类以符号进行信息交流的活动”。④ 必须指出的是,“直到20世纪随着科学、技术的发展出现了大众传播媒介之后,传播才有了明确的定义和理论”。⑤

从词源学上说,传播具有两方面的含义:信息的分享、信息的传递;而从历史学和社会学上说,它是人类社会的一种本源现象,自人类有了生产劳动起就有了信息交流活动。可以说,“传播是在人类对自然界起作用的基础上,社会活动得以成立的一个基本条件”。⑥ 由此,从最一般的本质意义上说,“传播是社会信息的传播”。⑦

公共关系传播作为人类传播过程与传播活动中的一个特殊领域,它除了具有在其主客体之间“借用于符号系统(来)表现和传达意图”及“进行信息交流活动”这一传播的基本特征之外,它还具有自己的诸多个性特点:

---

① 《不列颠百科全书》第4册,中国大百科全书出版社,2007年,第390页。

② 沙莲香主编:《传播学——以人为主的图像世界之谜》,中国人民大学出版社,1995年,第2页。

③ 王伟主编:《公共关系学》,青岛海洋大学出版社,1991年,第59页。

④ 李健荣、王克智主编:《现代公关理论与实践》,高等教育出版社,1997年,第61页。

⑤ 《不列颠百科全书》第4册,中国大百科全书出版社,2007年,第390页。

⑥ 沙莲香主编:《传播学——以人为主的图像世界之谜》,中国人民大学出版社,1995年,第1页。

⑦ 沙莲香主编:《传播学——以人为主的图像世界之谜》,中国人民大学出版社,1995年,第29页。

1. 公共关系传播的主体不是那些专业传播机构或专业传播工作者，而是公共关系的实施者或操作者，即实践公共关系活动的主体——组织。

2. 公共关系传播的客体不是社会上一般泛指的个人、群体或组织，而是与组织有着各种关系的个人、群体或组织的总和，即公共关系传播的对象——公众。

3. 公共关系传播的形式也不是一般传播意义上的仅由组织通过媒体向公众进行的“单向传播”，而是一种由组织实施的组织与公众之间实现信息互动交流的“双向传播”、“互向反馈”的传播过程，这是公共关系传播区别于一般传播的主要特征。①

4. 公共关系传播的目的亦不同于其他一般的传播，它是为组织营造良好社会声誉，进而以赢得社会公众对其的了解、信任、支持与合作而展开的传播活动，它比一般的传播目的要集中和专向得多。

二、公共关系传播的要素

信息传播是一个动态过程，一般是由以下基本动态要素所构成的：

1. 信源——即信息的来源或谓信息的发出者，它在传播学中也被称为传播者。在公共关系实务中，组织的公关部门或公关工作者向外传递和发布信息时，他们就是信息传播中的信源。

2. 信息——也可称作讯息，它是信息内容及其表现形式——“符号”的综合体。从传播学的角度看，信息一般指的是具有新内容、新知识、新数据的消息和讯信；从公共关系的角度看，信息还包括人的观念、

---

① 上述公关传播的3项特点参考李健荣、王克智主编《现代公共关系理论与实践》(高等教育出版社1997年版)第61页，本文作了修改。

态度和情感。在公共关系实务中，组织的公关部门或公关工作者向外传递和发布的各种信讯“符号”就是信息。

3. 编码——就是传播者根据传播对象的特点，按照一定的规则，将有关的内容编制成符号系统传播出去，以便使传播对象（受众）得以理解和易于接受。

4. 媒介——即信息传播的中介、载体、途径和渠道。在公共关系实务中，组织的公关部门或公关工作者在向外传递和发布信息时所经常使用的报纸、广播、电视、互联网、移动网络等都属于大众传播媒介。

5. 信宿——在传播学中称之为传播对象或受传者（即读者、听众、观众等的总称）。与信源相对而言，传播对象或受传者又被称为信宿，即信息的目的地和归宿。在公共关系实务中，组织的公关部门或公关工作者向外所传递和发布的信息的最终接受者——即信息受众就是信宿。

6. 译码——传播对象接受到传播者发出的信息后，必须将这些符号化了的信息还原成自己熟知和理解的信码，并将这些还原的信码转换成传播者所要表达的原意和内容，这一过程被称为译码。需要特别指出的是，受传者与传播者所使用的符号系统必须匹配一致，这是受传者正确译码的前提，不然，受传者不懂传播者所使用的符号系统，即使完整、清晰地接受到传播者的信息也会因不懂对方的符号系统而一头雾水，茫然不知其意。

7. 环境——任何传播活动都是在一定时空的自然与社会环境中进行，在不同的传播环境中，同样的传播行为会产生不同的传播结果。因此，组织的公关部门或公关工作者在进行公关传播前，一定要因时、因地考察和了解各种不同的传播环境，以便使组织的传播快捷有效。

8. 干扰——即信息传播过程中导致传播者所传递的信息发生变异或失真的各种主客观因素。由于社会是个极其复杂的动态空间场境，信息传播过程中，会因为各种不确定因素而使信息的“质”与“量”发生变异或扭曲，进而影响到信息传播的质量效果。由此，组织的公关部门或公关工作者在进行公共关系传播时，要特别注意“干扰”可能来自传播过程的各个环节，包括传播者、传播对象、传播媒介和传播环境等。

9. 反馈——即信息传播者与信息传播对象对信息所作的反应。信息反馈的形式有：正面反馈与负面反馈、显性反馈与隐性反馈、零散反馈与系统反馈等。为此，组织的公关部门或公关工作者必须根据多方面（而不是一方面）的信息反馈来判断和调整组织的政策或行动，并及时改进组织的传播方式，提高组织的传播质量，增强组织的传播效果。

由以上传播的九个基本要素所构成的传播过程图如下：

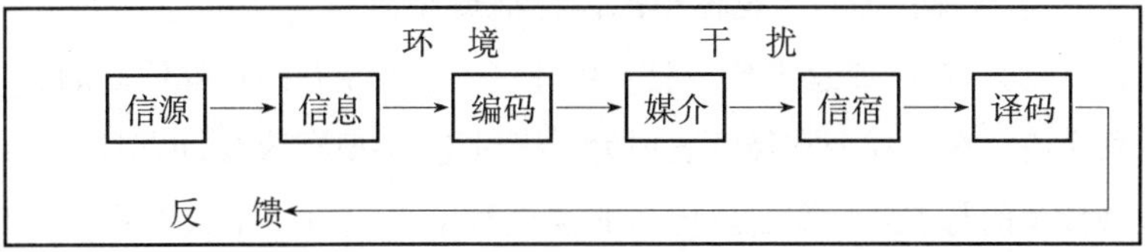

三、公共关系传播的类型

信息传播的形式或方式各种各样，十分繁复，公共关系的信息传播形式和方式亦是如此，其总体概括起来，主要有人际传播、实物传播、大众传播等几大基本类型。

1. 人际传播。顾名思义，人际传播是信息在人与人之间的传递与沟通，它指的是“人们之间传递或交换知识、意见、感情、愿望等社会行为”①。人际传播可能表现为消息的传递、知识的传授，也可能表现为思想的交流或感情的沟通。人际传播是人们日常生活中最主要、最广泛、

① 沙莲香主编：《传播学——以人为主的图像世界之谜》，中国人民大学出版社，1995 年，第 231 页。

最普遍、最常用的一种传播方式。

人际传播从其信息传播活动的具体情况看，可以分为四种形式，这一细分对公共关系的传播活动具有多重参考价值。

① 面对面传播——即个人与个人之间直接对话的传播。这种传播一般表现为人际之间的直面交流，如消息传递、问题商讨、课堂教学、意见交换、相互拜访等。这种传播的特点是：传播对象专一集中、信息交流直接、信讯反馈充分及时、情感成分较重，其弱点是：信息传播的范围小、速度慢，且信息内容易在个人认知和情感取向等因素的影响下失真或变异。

② 小群体传播——也称小团体传播或小范围传播，它通常是指规模在个位数以内、或总人数一般不超过二三十人左右的小群体内的直接信息交流。在形式上它经常表现为小组讨论、小型座谈会、小型聚会等。这种传播的特点是：其信息传播的速度和范围相对于个人对个人的传播而言则较快、较广，其信息交流的深度相对于大众传播而言则较充分，容易集思广益。由于小群体的内部意见容易达成一致，其正面作用是可以改变少数人的片面或错误的认识，但其消极方面则是它可能导致少数持不同意见的人往往会因彼此熟悉而保持沉默，或因随多数人的意见而违心地改变自己的看法。因此，在公共关系传播过程中，应准确利用小群体传播的积极作用，充分实现信息交流，并鼓励持不同意见的人能坚持自己的意见而讲真话，要认真倾听和尊重少数人的意见，努力克服小群体传播的负面效应。

③ 公共传播——是指组织以公共性活动的形式向人数众多的社会公众所进行的人际信息传播，如各种报告会、研讨会和展览会等。这种公共性人际传播的特点是：传播对象相对集中且人数较多、信息传播的速度较快、范围也较广，传播的手段比较多样且传播效果也较好。因此，公共关系经常需要适时运用这种公共传播方式来使组织与公众之间的

信息交流更加快捷、广泛和有效。

④ 小媒体传播——即通过小型传播媒体(如电话、信件、个人电子信箱等)进行人与人之间非面对面的信息沟通。小媒体传播是一种相对于大众传播而言的一对一的传播方式,也是现代公共关系工作中的重要而又十分有效的传播手段之一。

2. 实物传播。实物传播一般是通过具体产品、工艺流程、图片影像、现实作品等可视、可感、可触及的具体物品来作为载体向受众传达有关信息的传播方式。如展览会、交易会、作品展等所展示的实物商品、实物商标、实物包装、实物礼品、实物图片影像等都属于实物传播范畴。实物传播的特点是:信息的真实度高,可信度强,信息反馈及时,它比其他媒体传达的信息更直观、更准确、更生动、更可信。但其弱点是:传播的范围和传播的速度因受场地空间、实物数量及受众自身技术与文化等因素的限制而受到较大影响。

3. 大众传播。大众传播是指具有一定规模的专业传播机构(如报社、广播台、电视台、网络中心等)运用各自特定的媒介(如报纸、杂志、书籍、广播、电影、电视、互联网等)来为数量众多、范围广泛的社会大众传递消息和知识的过程。大众传播是当今社会影响力最强、涉及面最广、作用力最大的传播形式。

大众传播的特点是:① 其传播活动通常由具有高度组织化和专业化的传播机构来进行,如报社、电视台、广播台、互联网站等;② 其传播的信息一般都是新鲜的、重要的和公开的;③ 其传播的现况是人际的间接传播,而不是常具隐私性的直面性传播;④ 其传播的信息量非常庞大,传播信息的速度极快;⑤ 其传播的对象为数众多;⑥ 其信息传播的流动大多数都是单向的(如报纸、杂志、书籍、广播、电影、电视等),即主要是从传播者流向传播对象,而没有传播对象的信息反馈。但互联网和移动网络(如手机等)的出现使信息能在传播者与被传播者(传播对象)

之间实现信息的即时双向交流，这是网络传播所呈现的一个划时代的特征。

由于大众传播的最大特点是其传播的即时性和广泛性，尤其是互联网的应用，更将信息传播的时间和空间推向几乎无限的境地，因此，大众传播是公共关系工作中最常用、最有效，甚至是最经济的现代化传播手段。

第二节　公共关系的传播媒介及其运用

信息传播，无论其形式或方式如何，它一般都需要借助各种媒介或有关渠道来实现，在大众传播时代，信息的传播媒介更是必不可少。而了解各种传播媒介的基本特点，掌握各种传播媒介的运作规律，进而增强驾驭各种传播媒介的能力，对于公共关系工作的有效展开和不断成功具有非常重要的理论与实践意义。

信息传播的媒介与渠道多种多样，但根据媒介自身的本质特征和内容类别，其基本可以分为语言媒体、印刷媒体、电子媒体、非语言媒体四大类。

一、语言传播媒介

语言，作为一种高度形式化了的符号体系，是人类信息交流中最基本、最常用、最重要的媒介工具，“语言的功能可分为叙述、议论、表达情绪和审美风格等 4 种”，①人们在日常的生活和劳动生产中一刻也离不

① 《不列颠百科全书》第 4 册，中国大百科全书出版社，2007 年，第 390 页。

开语言。因此，熟练掌握和科学运用各种语言交流的方式和方法，是公关工作人员必须具备的一项重要技能和基本素质。

1. 语言交流的特征

语言交流是人际传播的主要媒介和方式之一，其基本特征是：

(1) 直接性。语言交流经常运用于人际之间的直面交流，一般不再需要借助其他媒介，或仅使用非直面的个人语言沟通工具(如电话、互联网)等；故语言交流一般表现为传播者与被传播者之间基本处于一种直面的或非直面的直接对话的状态。

(2) 随机性。语言交流往往发生于即时的没有预设或准备的各种场合中，因此，语言交流常常具有随机性、偶然性和灵活性。

(3) 双向性。语言交流的前提是主体与客体的共向参与，而该主客体双方的"位置"是不固定的，是可随时转换的，即参与语言交流的既是"发话者"，也是"听话者"，并会随着情景或内容的变化而导致主体("发话者")与客体("听话者")角色的适时轮转换位，从而保持双方的互动交流。

(4) 情感性。语言沟通大多数是人与人之间的面对面交流(即使电话也是人对人的直接语言交流)，由于人自身所具有的情感性和情绪性，在语言交流中，对话的双方一般都或多或少地带有或表露出自己的一些情感或情绪，因此，语言交流也是一种具有浓重情感与情绪色彩的沟通方式。

2. 演讲和报告

演讲和报告同属一种有目的、有准备、有规范的语言传播方式，它们通常是就某一专题或某一事物，在一特定的场合向一定数量的特定公众进行系统演说或报告的语言传播活动。由于报告与演讲有许多相似特征且也同属于演讲的一种形式，故下面仅就演讲的特点作一概述。

演讲是由演讲者、演讲内容和演讲听众这三大要素所构成。演讲往往是组织的管理者或公关人员由于工作需要而向特定公众进行的一种具有针对性的信息传达形式，其主要优点和特点如下：

(1) 明确的主旨议题——演讲一般都带有明确的主题和传播目的，其观点和意向基本都具有针对性和指向性。因此，演讲常常是一种演讲人与听众就共同面临或共同关心的问题所专门进行的信息交流活动。

(2) 较强的说服效应——演讲一般都是演讲人与听众就共同面临或共同关心的问题进行面对面的直接交流，因而演讲常常是一种针对性、互动性、感染性和说服性较强的信息传播方式。

(3) 直接的信息交流——演讲是演讲者与听众之间最直接的直面信息交流与沟通，一般不借助其他媒介或渠道，从而排除了传播过程中可能受到的“阻隔”和“干扰”，拉近了演讲者与听众之间的情感互动与信息的双向交流。

(4) 有助于优化组织形象——演讲可以使组织直接向公众宣传自己的理念、解释自己的政策、介绍自己的活动和业绩、说明自己的意图和取向……即将自己要传达给公众的有关信息，通过演讲直接传达给听众，从而有助于集约性地优化组织的形象传播。

由于演讲(包括报告)是一种艺术水平较高、传播效果较好的传播活动，因此它们是公共关系工作经常运用的一种传播方式。但在进行公关演讲(或报告)时，在充分理解上述演讲特点的基础上，还要注意三点：一是在演讲(或报告)之前，要注意充分了解听众的文化背景或职业构成、明确清晰演讲的主题和内容，充分搜集和准备有关资料，仔细推敲和拟定演讲稿等，做到精细充分的准备；二是在演讲(或报告)的过程中，情绪饱满、仪态大方、语言精练、语速合理，尤其要注重运用语言艺术与逻辑力量来增加演讲的说服力和传播力；三是演讲(或报告)后，要合理安排听众的提问及与听众之间的互动，这是演讲(或报告)的压轴环节，演讲者(或报告者)对听众的提问，既要有良好的心理素质，也要有缜密的思维和敏锐的反应，更要有认真的倾听、谦虚的解释和真诚的应答。

3. 会议和会谈

会议和会谈（包括电视电话会议和网络视屏对话）同上述的演讲和报告一样也都属于一种有组织、有目的、面对面的语言沟通方式。①

会议通常是为达到某一目的而进行的有主旨、有组织、有准备、有领导的集会，会议的主要内容一般包括：拟定主题、主旨发言、适时提问、专向讨论、相互协商等来达成一致意见或解决有关问题，即以会议这种语言交流方式，来实现组织与公众之间有关信息的互动和传播。

会议的种类很多，如学术会、展览会、讨论会、招待会、职代会、股东会、联谊会等。会议的“级别”也有所不同，有国际性会议、全国性会议、地区性会议，还有行业会议、部门会议、内部会议、班组会议等。会议的性质亦有所不同，有政治类会议、军事类会议、经济类会议、文化社会类会议等。

利用各种会议或会谈这种语言沟通形式来传递和沟通组织的内外信息，也是公共关系常用的传播方式。因此，在举行会议或会谈时，公共关系部门和公共关系工作人员还要注意以下几点事项：

（1）确认会议召开的必要性。召开或组织任何一次会议，都需要付出一定的人力、物力、财力和时间。因此，凡是能不集中开会的，尽量不集中开会；凡是能用简便方式（如电视电话、网络视屏或电子信函）开会的，尽量用简便方式开会。就是召开现场会议，也要注意尽量减少出席人员的数量、简化会议的议程、缩短会议的时间、强化会议的效果和保证会议的质量。

（2）明确会议的主旨目标。任何会议都必须要有明确清晰的主旨

① 注：电视电话会议是一种通过屏幕或网络视频实现面对面的语言沟通方式。

和会议目标，会议主办者应对会议的主题目标、所需解决的问题、所需讨论的事项、所需传播的信息、所需确定的决定、所需签署的文件等，都要做到一清二楚、心中有数，而决不能空泛浮夸、随意盲目地召开会议。没有明确主题、目标、议程的会议，没有预期效果的会议，是组织不应召开的会议。

(3) 做好会议的各项准备。会议的准备是否充分是会议得以顺利进行并取得预期效果的前提和保证。一般会议的准备工作包括：确定会议的时间、地点；拟定会议的议程和有关事项，确定出席会议的人员名单；提前发送会议通知或会议邀请函件并逐一确认回执；落实会务人员和会议场务；适时出刊会议简报和会议程序表，等等。

(4) 预控会议的问题事件。除上述注意事项外，还需特别注意应对和控制会议召开期间可能出现的各种问题事件，如会议出席人员的临时变动、会议议程的临时更改、开会期间出现临时停电、露天会场突然下雨等，会议组织者都要提前准备好预案和具体应对措施。

会谈也是公共关系工作中常用的一种沟通方式。会谈一般是指双方或多方的面对面的交换意见或事务谈判的行为。会谈一般都有自己明确的目的、基本程序和主要方式。除了上述会议的注意事项外，会谈的基本注意事项还有：会谈者要具备良好的心理素质，平等意识、真诚情感、友好姿态、规范礼仪，并关注重点问题、倾听对方的不同意见、坚持双赢原则，多提建设性的意见和建议，并做好会谈的记录。

4. 电话

电话(包括移动电话，下文同)是一种现代社会运用语言进行信息交流的重要传播媒介。随着信息传播技术的发展，电话已成为人们生活中不可缺少的信息交流工具，现代组织的内外信息交流和业务往来大部分也是经过电话联系开始和展开的。因此，充分利用电话这一媒体来为组织的双向传播工作服务，是现代公共关系工作的又一项重要任务。

电话交流属于语言传播的形式之一，因此，电话交流具备语言传播的一般特点（直接性、随机性、双向性、情感性）之外，它还具有以下明显特征：

（1）准确性。由于电话是双方进行直接信息交流的便捷工具，组织可以通过电话及时地向对方准确地传达自己的有关信息，同时，组织也可通过电话适时正确地获取对方的有关信息。由此，电话交流十分有利于实现组织与公众之间信息的双向交流。

（2）针对性。通过电话的直接信息交流，使双方可以就某一问题开展即时、明确、具体、充分的信息交换，从而有助于组织与公众之间对某一问题进行具有针对性的直接沟通。

（3）普及性。电话的普及导致电话交流的普及，目前仅中国的电话普及率（包括移动电话）就已达到90％以上，因此，电话已成为当代社会最为普及的传播媒介之一，其传播效能自是日益突出。因此，电话是组织进行有关信息传播的便捷工具。

电话（包括移动电话）无疑是现代公共关系工作的一种重要传播介质，在公共关系传播中，电话可以发挥其独特的作用，因此，公关人员在运用电话交流时，在语言情感上要做到热情、友善和诚恳；在语言表达上要做到正确、清楚和简洁。

二、印刷传播媒介

印刷传播媒介也常被称为文字传播媒介。文字，同语言媒介一样同作为一种高度形式化了的符号系统，也是人类在生产劳动中创造出来的一种最基本、最常用、最重要的信息表达与信息传播媒介。文字媒介作为一种书面语言和一种无声语言的符号形式，使世界上几乎所有民族或国家都拥有自己的文字体系及由此而产生的内容丰富、形式稳定、表意清晰的文字表达系统，人们通常利用它来交流思想、表达感情、传递信息及进行各种社会活动。

而近代印刷技术的发明与应用，使文字通过机器印刷而又演化成为一种以纸张为介质并可大量复制和长期保存的特殊传播媒介——印刷媒介，如报纸、杂志、书籍等，这些印刷媒介主要通过印刷文字这一形式将大量信息传递给社会公众。印刷媒体在人类的信息传播过程中起到了具有划时代意义的重要作用。

在公共关系的日常工作和活动所使用的传播媒介中，运用文字符号的印刷媒介(如报纸、杂志、书籍等)是其最主要的方式之一。因此，公关人员在实现组织与公众之间运用文字媒介进行信息传达和交流时，就必须充分了解和熟悉文字媒介的主要功能和基本特点，以便最有效地使用文字媒体来为组织的传播服务。

1. 文字传播的一般特点

文字，作为人类最具使用价值的传播媒介之一，具有以下诸多个性特征：

(1) 存储性。在文字没有发明之前，语言交流的信息因受客观技术条件的限制而无法保留和再生，而文字出现后，诸多信息均可通过文字记载而得以长期存储和传播。

(2) 准确性。文字媒体所记载的信息由于具有储存性而使其在制作时可以剪辑、筛选、组合、修改、整理和编撰，因此，文字载体的信息一般更具有完整性、条理性、可靠性和准确性。

(3) 复制性。文字媒介作为一种书面符号形式且具有保存性，故文字媒体所承载的信息可被读者反复阅读，亦可借助其他各种媒体和工具而被无限复制和长期存储。

了解上述文字所具有的这些主要特质，对我们进而了解下面所述的以文字为介质要素之报纸、杂志、书籍等印刷媒体的传播方式与传播意义具有十分重要的意义。

2. 报纸与杂志

报纸与杂志是现代社会受众面最大且影响力极广的两种以文字图片为主要载体的印刷类大众传播媒介。

现代报纸主要以刊登新闻消息为主的面向社会公众发行的定期出版物，它具有五大优点：一是广泛性。报纸的读者十分广泛，几乎遍及社会的各行各业和各个阶层；二是可读性。大多数报纸都具有较好的社会信誉，其刊发的信息一般都能反映社会新闻和公众舆论，并深刻影响和引导社会舆论；三是可选择性。读者可按自己的需要、爱好、阅读习惯和文化水平，挑选报纸上自己感兴趣的栏目或内容来阅读；四是保存性。作为纸质媒体，报纸上的信息资料可以长期保持和反复使用；五是经济性。报纸的编辑与制作相对简单容易，印刷与发行的成本较低，读者接受报纸的信息也不需要其他辅助设备，易于普及。

现代杂志可按其内容大致分为娱乐性杂志和专业性杂志两大类。娱乐性杂志一般以社会大众为读者对象，专业性杂志一般以特定的专业人员为读者对象。杂志除了具备上述报纸的五大基本优点外，它还具有读者群相对稳定、内容安排比较灵活多样的优点。

自然，报纸和杂志也有它们不足的一面，一是信息传播的速度不及广播、电视和互联网快，其主要原因是报纸和杂志的传播要受到印刷、发行等环节及出版周期的影响和制约；二是以文字为信息载体的报纸和杂志，使读者要受到文化水平和阅读能力的限制。特别是对文化水平较低的读者而言，报刊和杂志的传播效果具有很大的局限性与制约性。

3. 书籍

书籍，作为人类进步的阶梯，同报纸、杂志一样同属于印刷类大众传播媒介。书籍是一种以文字为主要表征的信息载体，其传播的特点与报纸、杂志基本相同，有所区别的是：

（1）书籍的信息容量一般比报纸、杂志要大，专业性更强。书籍的出版周期一般也比报纸、杂志要长且往往非定期出版，其信息的及时度和新鲜度不如报纸、杂志，故书籍的读者面相对报纸、杂志而言较窄，读者数也较少。

（2）书籍的编纂和出版在技术层面上要比报纸、杂志更复杂、更规范，内容也更稳定，但书籍的发行量一般不如报纸、杂志那么大，故书籍的传播影响范围有限，但其传播的影响周期则较长。

（3）书籍的信息内容在知识内涵上一般比报纸、杂志都要深入，其知识性、专业性、资料性和价值性一般也要比报纸、杂志更高，亦便于长期保存和反复使用。

4. 其他印刷类媒介

在公共关系的工作和活动中常用的印刷类传播媒介还有海报、传单、名片、信函等。

海报是一种提供简短、及时、确切信息并以招贴形式表现出来的印刷类传播媒介。它通常张贴于公众比较容易注意的醒目之处，以告知公众某事，向公众宣传某事，或向公众澄清某事。海报在传播形式上具有广告的性质，其内容表现虽然简洁，但其在信息传达方面则大都具有较强的说明、说服和感染力。

传单通常是一种提供简短信息并通常以单页印刷品为特征的印刷类传播媒介。它主要是通过张贴或散发来进行有关信息的传播，在形式与内容上要比海报简单，在信息传播的功效上则与海报各有所长，尤其是传单的制作成本低廉，信息较为集中，实际运用比较简便。

函件是指组织或个人向特定公众发出或送达的专门信件，信函一般常用于组织的内外公务事项，它具有正式规范、经济实用、简便快捷、信息直达、印象深刻等优点。

由于上述报纸、杂志、书籍及其他各种文字印刷媒介在人们的知识积累与信息传播方面所具有的独特功能和不可替代的作用，因此，公共关系人员必须十分重视对各种印刷媒介的全面了解和深入研究，充分掌握其内在个性、特点与规律，使报纸、杂志、书籍及其他各种印刷媒介真正成为组织公共关系工作中的重要而又有效的信息传播工具。

三、电子传播媒介

电子传播媒介是指以各类电子产品为信息传播工具的传播媒介，它包括 20 世纪 20 年代产生的广播、40 年代兴起和普及的电影和电视、80 年代迅速发展的互联网、21 世纪初涌现的移动网络(如手机等)等。

1. 电子传播媒介的主要特征

(1) 速度快。电子媒介可将有关信息通过极快的不受时间制约的电波进行瞬间实时传播，因此，与印刷媒体相比，它对信息的传播更快、更及时。

(2) 范围广。电子媒介可以将有关信息通过强大的不受空间(包括国界)、气候、地形、交通等限制的电波进行超距离的传播，因此，与印刷媒介相比，它对信息的传播更广、更远。

(3) 效应强。现代电子媒介已大部分实现了将声音、图像、文字(通过如广播、电视、电影、互联网和移动网络等)三位一体地来进行信息传播，因此，与印刷媒介相比，它对信息的传播更生动、更直观、更方便、更具感染力和渗透力。

(4) 技术要求高。电子媒介实现信息传播的技术要求较高，无论是发送信息还是接收信息，都需要专门的设备和专业人员，因此，与印刷媒体相比，它对信息传播的技术要求更高、更专业。

上述是电子媒体的主要特征，除此之外，具体的各种电子媒体还有它们各自具有的个性特点。

2. 广播和电视

广播和电视是一种通过电波以声音、文字、图像等个别或合成的形式将大量信息迅速传达给受众的电子类大众传播媒介。它们是公共关系活动经常使用的主要信息传播工具和沟通渠道。

(1) 广播在信息传播中的主要特点

广播是以语言为工具、用声音传递信息的大众媒体。广播具有以下特点：

① 传播速度快。由于电波在时间上的"即时"性和在空间上的"无限"性，广播可以迅速、及时、同步地报道最新消息和最新信息，其信息传播的速度快于其他任何媒介。

② 传播范围广。由于受众对语言和声音的接受与理解通常都不存在障碍，且不受自身条件（如年龄、性别、职业、文化等因素）的限制，因此，广播的受众一般较多。

③ 信息保存度低。也正因为广播是由电波"即时"实现的信息传输，故广播所承载的信息播后即逝，耳过不留（除录音外），所以，广播的弱点是其信息的保留与储存度差，除录音外，广播后的信息公众通常难以保存、查询与记录。

④ 传播形式单一。广播是通过声音语言来传播有关信息的，没有文字和图像，因此，听众在接受广播信息时的注意力、兴趣点和消化量则远没有影视媒体和网络媒体那么高，故其传播效果较其他电子媒体要差。

(2) 电视在信息传播中的主要特点

电视是以图像、声音，有时还辅以文字通过电子技术处理后所进行信息传输的综合性大众媒体。由此，电视除了具有上述广播媒介的传播速度快、传播范围广的优点和信息储存度差和成本较高的弱点外，与其他传播媒介相比它还具有以下两个特点：

① 传播形式丰富。电视是集图像(包括色彩)、语音(包括音乐)、文字等为一体的媒介,它比报纸仅有文字、广播仅有声音来传达信息要生动、形象和立体的多。非常适合现代受众来接受和理解其传达的信息。

② 受客观条件限制。电视节目受设备、场地、时间等的限制,是其信息的传达和接受度不如报纸和广播那样具有较大的简易性、灵活性、随机性和低成本性。在信息的即时传播上也往往不如广播更快,在内容报道的深度上也往往不如印刷媒体深入细致。

公关人员经常通过广播和电视来了解与组织有关的各类社会信息,同时,也经常通过广播和电视向社会公众传播组织的有关信息,因此,了解广播和电视的基本特点,掌握它们各自的运作机理和优弱势,最大限度地科学利用它们所具有的传播功能和传播效果来为组织的传播服务,是现代公关工作的主要任务之一。

3. 电影与音像出版物

电影(与电视一样)也是一种集声音、图像、文字为一体的综合性大众传播媒介。除了具有电视所具有的优缺点外,它还具有艺术表现力更强、画面展现更清晰、制作成本更高、制作周期更长、受众更喜闻乐见的诸多特点。

而音像出版物一般是指用来记录声音和图像信息的非纸质出版物,它包括录音带、录像带、唱片、光盘等。音像出版物的特点是其储存的信息量大、信息保真度强;但其录制和读取则需要专门的工具或设备,故其运用的成本和技术要求也较高。

公共关系传播运用电影或音像制品来艺术展现组织形象,传达组织有关信息,具有独特的功效和价值,但电影或音像制品的运用成本往往是组织展开公共关系传播的一大瓶颈。

4. 计算机互联网

电子计算机又称电脑,它可以单机使用,也可多机连成局域网络或全球网络(即互联网络)使用。电子计算机的发明与互联网的出现,是人类传播史上的一次具有质变意义的革命性飞跃,它颠覆并"改变了人们的信息意识、传播方式和传播行为,深刻影响了人们的工作方式、生活方式和思维方式等方方面面"。① 计算机网络具有与其他传统媒介不同的传播特征,其具体表现如下:

(1) 不受时空限制。由于互联网在全球的无限延展性使信息可在全球范围内不受时空影响和限制地自由流通,即无论是信息的发出者还是信息的接收者,都完全可以利用这一高度开放和完全虚拟的平台来自主平等地进行信息传递与信息交流。

(2) 拥有超大信息容量。由于"互联网是由无数个局域网连接起来的世界信息传输系统",因此它拥有一个从理论上来说是几近"无限"容量的信息数据库,"与传统媒体相比,其信息内容与信息数量都是空前的"。②

(3) 实现多向互动。在传统媒体时代,信息一般是单向传输,即媒体经营者往往是信息的主动传播者,而目标受众则通常是信息的被动接受者。而在网络时代,网络信息的传播者和社会受众之间是完全平等的,他们不仅都可以共享网络的各种功能和丰富的信息资源,可以自由地发送电子邮件、访问网上其他客户,而且新闻媒体还可向网络客户出版电子报纸和电子书刊、开播网络广播和网络影视,商家可开设虚拟商店,企业可设置自己的网站(或网页)来宣传和销售自己的产品……这种网络媒体传者与受众之间的信息互动与适时反馈的功能是任何其他传统媒体所无法企及、超越和比拟的。

(4) 技术要求相对较高。互联网在实践传播活动中的不足之处就

---

① 朱崇娴:《公共关系原理与实务》,高等教育出版社,2008年,第42页。
② 朱崇娴:《公共关系原理与实务》,高等教育出版社,2008年,第42页。

是它所使用设备的价格较高，操作的技术要求也较高，加之维护、升级和“病毒”等问题的处理等，都是互联网应用和传播的“瓶颈”。当然，随着科技的进步、人们的生活水平和知识水平的不断提高，这些不利因素即会随之逐渐消失。

5. 移动网络

大众传播媒体（根据其出现的先后顺序）一般被分为报刊杂志、广播、影视和互联网四大媒体。近年来，随着信息技术的不断突破，移动网络（主要是以手机为视听终端、手机上网为平台的个性化即时信息传播载体）开始涌现，这一传播信息的介质也被人们形象地称为第五媒体。而互联网（第四媒体）与移动网络（第五媒体）又同属于目前学界所说的“新媒体”，根据清华大学新闻与传播学院熊澄宇教授的定义，新媒体是一种“在计算机信息处理技术基础之上出现和影响的媒体形态”。①

作为新媒体重要内容之一的移动网络是现在已有媒体形式中最具普及性、快捷性和应用性的媒体平台。目前仅以移动网络的主要代表手机为例，它具有下列重要特点：

(1) 手机是当今世界覆盖社会人群面最广、使用率最高的一种媒体形式。仅就中国而言，目前已有90％以上的人拥有个人手机，中国移动每天的短信发送量则高达2.6亿条，而且这一平均数字还在不断上升。

(2) 手机是目前个人信息传递成本最为低廉的一种媒介工具，发一条消息不到几分钱。

(3) 手机是有史以来人们运用的最为便捷的传播介质之一，它以最

---

① 关于新媒体的概念和定义有多种，本文暂取上述清华大学新闻与传播学院熊澄宇教授关于新媒体的概念。详见《人民网》“清华大学熊澄宇：新媒体与文化产业”一文。

方便的方式把人们的零碎时间利用起来，并且能够极为快捷地传递信息。

(4) 手机传播信息还带有一定的"强制性"，它可以通过短信息等形式将信息"强制性"地传播给受众。

当然，同世界上的所有新事物一样，新兴的移动网络也存有诸多不足，就目前可提供的通讯速度来看，手机还不能承担大量的诸如图片和音视频信息的传播；作为与报刊、广播、电视和互联网并列的一种媒体形式，移动网络还处于起步阶段。但手机媒体的发展势头不可估量，据估计，到 2013 年，全世界手机上网用户数量将超过使用电脑上网的用户数量，达到 17.8 亿。① 对比互联网的发展速度，可以预见宽带一旦实现突破，手机立刻就可以成为用户最多的一种媒体。

充分意识移动网络带给我们的全新概念和传播方式，充分利用好移动网络这一"以大众为传播目标、以定向为传播目的、以及时为传播效果、以互动为传播应用的大众传播平台"②是当今公共关系工作人员所必须清晰认知并全力加以运用的重要新媒体。

四、非语言传播媒介

非语言传播媒介主要是指人的动作语言，也有人称之为人的体态语言。动作语言(或谓人体语言)是人的一种非语言的信息表达与信息传播方式，即"它是通过人的眼神、表情、动作和空间距离等来进行人与人之间的信息交流"。③ 一般而言，人们在进行表达行为时，常常伴随着动

① 《环球时报》2010 年 6 月 12 日第 5 版。
② 《环球时报》2010 年 6 月 12 日第 5 版。
③ 《不列颠百科全书》第 4 册，中国大百科全书出版社，2007 年，第 390 页。

作、表情等，据伯德威斯泰尔估计，在一般的两人会话中，语言所表达的意义平均不到该环境的社会意义的 35%，有 65%的社会意义是用非语言符号传递的。[①] 由此，动作、表情及其他行为表现等——作为一种无声的语言是人们行为表达的重要组成部分，也是信息传播中的一种特殊媒介。

非语言传播大大丰富了人们的传播符号系统，其主要特点是：

① 具有强烈的表现力。人的肢体动作或脸部表情在特定的场合中可以表达出有声语言和文字所无法表达的特殊信息。如：人们久别重逢时的激动拥抱、劫后余生的喜极而泣、悲愤不已的怒目直视、紧张时的手足无措、喜庆之际的满脸笑容……这种信息传递与情感表露的即时性与深刻性，是一般有声语言和文字所难以比拟和企及的。

② 具有强烈的感染力。人的肢体动作、脸部表情等在特定的场合中可以显现出比语言和文字具有更强的感染力与穿透力。如：人们演讲时的有力手势、孩子视望时的清澈眼神、慈母送别孩子时的眼眶泪花、人们激动时的热烈鼓掌……都会深深感染对方并引起共鸣，这种体态语言所具有的感染力和吸引力，也是一般有声语言和文字所难以替代和超越的。

③ 具有强烈的传播力。人的肢体动作、脸部表情等在特定的场合中可以发挥出极强的传播效应。如：人们在面对面交往中的各种体势（如点头、鞠躬、摇头、举手、跷腿、叉腰、挠头等）、各种表情（微笑、脸红、沉默、皱眉、斜视等）都会传递出各种具有文化特征及约定俗成之含义的强烈信息。

---

① 沙莲香主编：《传播学——以人为主的图像世界之谜》，中国人民大学出版社，1995 年，第 243 页。

总之，在各种传播媒介中，通过非语言符号传给我们的信息，其数量之大、变化之多、应用之广是非常惊人的。这些由非语言符号形成的非语言传播媒介的信息传播功能，也是语言媒介、文字媒介和电子媒介所不能替代的。

小结：人类社会的不断进步，使各种形式的信息传播技术迅速发展。印刷水平的提高，使报刊媒体遍及世界各地；电子技术的进步，使广播、电视、电影、电话等电子媒体得到空前普及；特别是计算机、因特网的全球性应用，更使信息传播的广度和深度几近无限的互联网络和移动网络媒体等正以几何级的速度迅猛发展……各种现代大众传媒的强势发展和普及，大大缩小了世界的距离，而新媒体的不断出现为人们进行大规模的交往和沟通提供了前所未有的机会和可能，也为公共关系的传播提供了无尽广阔的技术平台和无穷边际的前瞻愿景。

思考题：

1. 公共关系传播的特点是什么？
2. 公共关系传播的要素有哪些？
3. 公共关系的传播媒介及其运用方法有哪些？
4. 互联网与其他传统媒介所不同的传播特征是什么？
5. 何为第五媒体，它的主要内容和特点是什么？

第四章　公共关系调查

目前在公关活动中已被人们普遍接受并得到广泛运用的公共关系实务，主要有英国著名公共关系专家弗兰克·杰夫金斯(Frank Jefkins)提出的“六点模式”和美国公共关系学研究权威斯各特·卡特里普(Scott M. Cutlip)、艾伦·森特(Allen H. Center)提出的“四步工作法”。本书主要是根据卡特里普和森特提出的“四步工作法”①——公共关系调研、公共关系计划、公共关系实施、公共关系评估——这一划段方法来阐释公共关系实务的。

首先，公共关系作为一种具有双向传播和特殊管理职能的科学，是现代组织(包括各级行政机构或各类企事业单位)的管理与经营所必不可少的组成部分。正如本书第一章中的“公共关系职能”一段中所述，公共关系担负着现代组织的信息交流、环境监测、趋势预报、组织协调、决策咨询、舆论引导、危机处理等多项具体职能。

而当今社会的任何一个组织(无论是营利性的还是非营利性的组

---

① 艾伦·森特等提出的公共关系实务四步骤，即通常被称为RACE模式是：调研(research)、分析(analysis)、沟通(communication)、评估(evaluation)，其具体内容为：第一步，调研；第二步，分析和计划；第三步，行动、关系构建、沟通；第四步，评估。具体内容详见艾伦·森特等著，谢新洲等译：《公共关系实务》，中国人大出版社，2009年，第7—9页。

织)都需要自觉和有意识地建立起自己的信息系统,来进行组织与公众之间的双向信息交流,即在组织向公众实现有关信息传播的同时,又适时获得公众对组织认知、态度和倾向的信息反馈时,才能使组织及时地把握公众的舆论,才能为组织的决策提供科学的依据,才能提高组织公共关系活动的质量与效应,才能有利于组织在社会公众中塑造自己的良好形象。因此,准确、及时、有效、全面地获取和传播组织内外信息之有效途径的前置步骤就是公共关系调查。

第一节　公共关系调查的基本内容

公共关系调查是公共关系实务工作的基础,是一项系统、复杂却又十分重要的实务工作。

公共关系调查一般是通过定量统计与定性分析相结合的方法,来全面、准确、客观地获取和提炼社会公众对组织的各种态度、意见与倾向,从中总结和揭示出影响公众对组织的认知、态度和倾向的共性因素,找到影响或决定组织生存与发展的主要问题,从而为组织形象的设计和提升所展开的公共关系活动的策划、实施和评估提供相应的依据。

公共关系调查的主要内容包括三个方面:组织内部的自我期望形象调查、组织外部的实际形象调查及这两种内外形象之间差距的比较与分析。

一、组织内部的自我期望形象调查

组织内部的自我期望形象是指一个组织自己所期望建立的社会正面形象,它是现代组织公共关系工作的内在动力、基本方向和主要目标。

组织自我期望形象的确立应与组织的客观实际相结合并相吻合。“作为动力、方向，自我期望形象的目标要求越高，组织自觉实践公共关系行为的内在动力就越大；同样，自我期望形象的目标要求越高，组织实现其期望形象目标的实际成功概率自然也就可能越低。”①

组织内部的自我期望形象调查主要由三部分内容构成：

1. 领导层对本组织形象的期望

一个组织的领导层对本组织形象的期望，往往集中代表了这个组织的整体对本组织社会形象的一种期望值，这一期望值对于这个组织的社会形象的选择和建构具有非常重要的主导意义。因此，调查组织内部的自我期望形象，自然首先需要调查组织领导层对其组织形象的期望。

组织的领导层作为整个组织的决策者或管理者，他们通常决定和掌握着组织的总体发展目标、经营管理战略、重大项目决策等等。他们对于组织形象的期望包含并渗透在他们所决定和掌握的所有工作层面和各个决策方面的之中。但需注意的是，在组织的具体形象上，如组织的社会信誉度和社会认知度应该达到什么程度等，组织的领导不大可能有一个非常明确的量化数据或量化标准，因此，关于组织的领导层对组织形象的期望情况，一般不是通过征询领导成员就能获知和了解的，而必须通过详尽地研究组织的总体目标、经营战略、管理方针、发展方向、重大项目和组织的重要方针、管理水平、经营手段、社会责任以及领导层成员的基本理念、经营思路、人格特征和行为取向等，才能比较准确、清晰地勾勒和确定组织领导层对本组织形象的期望值。

2. 组织员工对本组织形象的期望

组织的员工是组织赖以生存和发展的核心基础。“一个组织的目标实现和决策落实，都必须得到本组织广大员工的理解、认同、支持和参

① 熊源伟主编：《公共关系学》，安徽人民出版社，1990年，第180页。

与，才能有效转化为他们自觉的实际行动。”①因此，公关人员唯有通过对组织各部门、各层次员工进行深入实际的调查，全面了解广大员工对本组织的认知、评价、要求、期待及各种意见，“了解他们对组织领导层提出的总目标的信心和支持程度，才能比较准确、全面地掌握组织的员工对本组织形象的真实期望值。”②

3. 组织内部的实际状况和客观条件

公关人员了解和掌握了组织的领导层和广大员工对本组织形象的期望情况，就可说是基本上弄清了这个组织内部的自我期望形象了。但是，公关人员不能就此得出结论，还必须根据本组织内部的实际情况和基本条件来对这个“自我期望形象”进行客观分析与全面审视，使之既能成为有力鞭策组织的全体人员奋发努力的共同目标，又能使该目标因不脱离实际而真正在组织的全体人员心目中培植起来。这就要求公关人员对组织内部的实际情况和客观条件进行调查研究，完整地掌握本组织内部各方面的实际状况和客观条件（以企业为例，它包括管理效率、生产条件、资金实力、科技水平、市场份额、地理环境、全员素质、传播条件、组织文化、社会公益等等），并以此作为公关人员来正确设计和策划组织形象的重要客观依据。

通过上述三部分的调查，我们从组织的主观愿望与其实际可能的分析上，即可基本确定该组织内部自我期望形象的基本概况。

二、组织外部的实际形象调查

真正反映组织实际社会形象的客观指标是组织外部的社会公众对

① 熊源伟主编：《公共关系学》，安徽人民出版社，1990 年，第 180 页。
② 熊源伟主编：《公共关系学》，安徽人民出版社，1990 年，第 180 页。

其的总体评价。调查组织外部的实际社会形象，就是调查组织在社会公众心目中的知名度和美誉度，或者说，就是调查组织外部的社会公众对组织的知晓、态度和行为的实际情况。

1. 公众对组织的知晓情况调查

调查公众对组织的知晓情况，就是调查社会公众对本组织有关情况的了解和知晓度，包括知道的范围、程度、信息来源及其渠道。如组织希望公众了解和知道它的社会地位、经营方针、经营内容、实际信誉、发展前景等，而在实际现实中，究竟有多少公众了解和知道组织的这些有关情况呢？他们了解和知道组织的这些有关情况的主要途径是什么？他们了解和知道组织的这些有关情况的程度如何？还有多少或哪些公众还不了解或还不知道组织的这些有关情况？他们是因什么原因而不了解或不知道组织的这些有关情况的？这些都是公关人员需要实际调查并得出结论的公众知晓情况。

2. 公众对组织的态度情况调查

调查公众对组织的态度情况，就是调查社会公众对组织的经营理念、方针政策、实际行为及未来前景的看法、倾向和意见。这种调查比对公众知晓情况的调查要更复杂和更困难些。在实际调查中，公关人员可列出与组织的理念、政策、行为、前景等有关的具体事项，如经营方针、办事效率、服务质量、业务能力、产品信誉、科技水平、人员素质、企业规模、社会公益等，并列出公众对于所列事项表现出来的态度类型，如很满意、较满意、一般满意、不够满意、很不满意等，以征询公众意见，从而了解和掌握社会公众对组织的具体评价、主要倾向及真实态度。

3. 公众对组织的行为情况调查

调查公众对组织的行为情况，就是调查社会公众针对组织的政策和作为而已采取或准备采取的各种实际行动。如哪些公众准备或正在给组织以支持和合作？哪些公众准备或正在对组织进行抵制和反对？他们这样做的主要原因是什么？他们的行为将会或已经对组织产生的影响和后果是什么？其影响和后果的程度和范围怎样？等等。这些都是公众对组织行为情况调查的基本内容。

三、组织的期望与实际形象差距的比较和分析

通过以上调查，我们了解了组织内部的自我期望形象与组织外部的实际社会形象之后，接下来的工作就是将组织内部的自我期望形象与组织外部的实际社会形象进行相叠比较，找出两者之间主要的正面和负面差距，而其中弥补或缩小主要的负面差距就是组织所面临并必须加以及时解决的主要问题，也是组织的公关关系工作的一项主要目标。例如：某个企业，通过调查，发现它在公众中的知名度已基本达到它本身所期望达到的目标，但在公众中的信誉度却相差甚远，公众对它的经营方针、办事效率、业务水平、社会公益等方面的评价与它自身对这些方面的期望值存在着很大差距。那么，这家企业所面临的主要问题就是如何尽快地提高其信誉度，它今后一段时间的公关关系工作的重点目标和主要任务也就是全力提高本企业的信誉度。

公共关系调查研究的主要内容还包括对组织的公共关系前景的调查研究，公关人员应当在调查和研究组织的公共关系现状的同时，调查和研究组织的公共关系前景，即调查和研究今后几年中可能出现的影响组织生存和发展的有关政治、经济、文化、科技等方面可能发生或可能出现的各种变化，前瞻地发现组织的潜在隐患，科学地预测组织的未来问题。唯有这样，才能为组织的公共关系工作确定正确的方向和积极的目标。

需要特别指出的是，对任何一个展开公共关系调查的组织来说，在其开始阶段，应当首先对与组织有关的公众范围进行界定和确认，因为只有首先弄清本组织的公众范围、公众分类、目标公众及其他有关公众

的基本情况，才能正确有效地确定公共关系现状调查的范围、对象以及公共关系现状调查的方式、方法，进而才能保证公共关系现状调查获得事半功倍的理想效果。

第二节　公共关系调查的方法和方式

公共关系调查能否取得理想的结果，在很大程度上取决于该调查的方法和方式是否科学。公共关系调查的方法和方式是在当前一般调查的方法和方式的基础上，结合公共关系活动的特点而逐渐形成的。

一、公共关系调查的主要方法

方法是指人们解决问题的路径和程序，公共关系调查的方法主要有普遍调查、典型调查、抽样调查和文献资料调查等。

1. 普遍调查

普遍调查又称全面调查，它是对全部有关对象都进行尽可能无遗漏的情况调查。这种调查的一个明显优点是：它可以获得比较完整、准确和可靠的资料，便于调查者从宏观和整体上掌握情况。但由于这种调查是在一个较大范围和一特定时间内集中进行的，因此需要投入的人力、物力、时间较多，因此组织在调查一般性问题时都尽量不采用这种成本较高的调查方法。

2. 典型调查

典型调查又称重点调查，它是对全部有关对象中具有代表性的对象进行调查。这种调查既可获得组织所需的具体真实的资料，又比普遍调查省力、省时，是公共关系调查中的一种常用方法。该调查方法的关键点是怎样确认、划分和选择有代表性（即典型性）的调查对象。如果调查对象没有代表性，不具典型意义，那么这种调查就不可能取得理想的效果。

3. 抽样调查

抽样调查则是从全部有关对象中抽取其中的一部分对象作为样本，并对这些样本进行调查。抽样调查通常按"随机性原则"抽取样本，即在抽取作为被调查对象的样本时，全部有关对象中的每一个对象都具有同等可被抽中的概率和机会，并能计算样本对其总体的代表性程度。较之上述的普遍调查和典型调查，抽样调查具有它们的全部优点。因此，公共关系调查采用最多的就是随机抽样调查方法。

随机抽样一般又分为下列 4 种形式：

（1）简单随机抽样。简单随机抽样就是对所有有关对象不加任何区别，直接从其中抽取若干个对象作为样本，或采用抽签的方法，即把总体中的所有单位按数字编号放在箱内，每次随意抽出其中的一个编号，直到达到所需的样本数为止。这是一种最简单、较客观的抽样方法。当然，这种方式适用于规模或数量不大的公众群体。

（2）等距随机抽样。等距随机抽样通常表现为调查者把现有公众总体按顺序标号，然后采用等距法，即每隔一定间隔抽出一人作为样本的抽样方法。例如，一个 100 人的总体，共需抽出 10 人为样本，抽样比例为 1/10，那么就将 100 人按顺序标号，然后按等距原则抽取某一个尾数作为基数，如抽到 3，那么个位尾数是 3 的 3、13、23、33、43……为抽取样本，一直抽到 93 为止，即每隔 10 位的间隔有规律地抽出一人作为样本。这种抽样方法简单、实用、省力。但需注意的是，该被调查的公众总体一般都具有同"类"或同"质"的共性，以便使该调查的信息来源达到准确。

（3）分层随机抽样。分层随机抽样又常被称为分类随机抽样，即按照个人的自然情况，如性别、年龄、职业、教育程度、文化信仰等特征，或按照行政组织的现实情况，如人口数量、人口密度、居住位置等特征，对全部调查对象进行分层或分类，然后从每层或每类中随机抽取样本。

分层随机抽样又包括分层同比抽样和分层异比抽样两种方法。所谓分层同比抽样，是分层（或分类）后，按同一比例，以简单随机抽样办法，从各层（或分类）中分别抽出调查样本。例如：一个 500 人的总体，由 300 名男性和 200 名女性组成，共需要抽出 50 人为样本，抽样比例为 1/10，那么就应从男性层次中抽出 30 人，从女性层次中抽出 20 人，组成 50 人的样本。所谓分层异比抽样，是根据特殊需要，在不同的层次中按不同的比例进行抽样。例如，为了更准确地了解上例女性的态度，决定在女性层中按 1/5 比例抽样，抽取 40 人，而对男性层次仍按 1/10 比例抽出 30 人，组成 70 人的样本。

(4) 分区多阶段随机抽样。这是在需要对分布于广大地理区域中的有关对象进行面对面访问时经常采用的一种抽样方法。这种抽样的具体做法是：首先，将整个地域或区域划分为若干个次级抽样区域，编上号码，再从中随机抽选出若干个次级抽样区域。这些区域也许是一个城市，也许是由几个小区域构成的一个大区域单位，然后再分几个阶段，分次采取简单随机抽样法，渐次缩小选择的地区范围，直至抽选出若干个小组单位作为具体的调查访问对象，进行实际调查访问。比如，我们要调查当代大学生的就业观，可将全国（不包括港澳台地区）所有省和自治区分别编上号码，从中抽出一个或若干个省或自治区作为次级抽样区域，再从中将该若干省或自治区的所有大学分别编上号码，从中随机或等距抽出一所或若干所高校为本次的调查对象。这种抽样的基本取向是地理概念，这种抽样方法是建立在分层随机抽样方法的基础之上的。

4. 文献资料调查

对与组织公共关系有关的各种文献资料进行分析研究，也是公共关系调查的重要方法之一。

与组织公共关系有关的文献资料归纳起来有五类：① 国家或地方政府颁布的政策法规和文件统计资料等（应特别注意这些资料的权威性和可靠性）；② 新闻单位公开发布的新闻与消息（应注重分析这些资料的真实性和时效性）；③ 各种未公开发行的内部刊物的资料与信讯（应关切这些资料与信讯的特殊性和重要性）；④ 各有关机构发布的报道和报表等（应辨析这些资料的依据性和系统性）；⑤ 公众来信和来访记录（应重视这些资料的第一性和具体性）等。公关人员应广泛收集这些材料并加以认真系统的研究，尤其是要将其中有关本组织公共关系的资料加以筛选、摘录、组合或复制，再根据具体需要对其进行分门别类的保存，建立分类检索系统，以便于下一步的综合分析和深入研究。

当然，公关人员在进行文献资料的调研过程中，应特别注意资料的来源及其真实性和可靠性，尤其对那些小报刊登的或转手多次的资料更需持特别审慎的态度，同时公关人员还应注意搜集那些反映各种不同观点和不同意见的资料，以确保资料的客观性和互证性。

在确定了需要研究的具体问题并检索出了所需的资料后，便可对所持有的资料进行纵向梳理和横向比较的分析研究。纵向研究旨在弄清问题产生的来龙去脉及影响问题发展的主要因素；横向研究旨在弄清对某一问题有哪些不同观点、看法和意见，它们的根据与差异是什么，根据是否可靠、差异是否说明问题等等。

随着网络时代的到来，电子文档资料的分析研究已越来越成为当前公共关系调查的主要手段与方法之一，大量电子文档资料库的构建使公共关系调查的有关文献资料的收集、筛选、整理、组合与储存更加便捷，成本更加低廉，效果更加明显，可以说，有关电子文献资料的调查研究在不久的将来会成为公共关系调查的最主要方法之一。

二、公共关系调查的主要方式

公共关系调查研究的方法多种多样，其方式也不尽相同。适用于普遍调查、典型调查、抽样调查、文献资料分析研究等调查方法的主要调查方式有问卷式、访谈式和印证分析式等，另外，在公共关系调查中，实地考察也是一种常用的调查方式。

1. 问卷调查

问卷调查是目前国内外“调查”中较为广泛使用的一种方式。它是一种以书面的形式，通过调查者围绕调查主题和调查目的所拟定的一个书面问卷，让被调查者选择该问卷中所列的问题填写答案，然后将问卷收回并对答案进行统计和分析，以了解被调查者的态度、倾向和意见。

问卷法大多采用直接送达、个别邮寄、个人电子邮件或集体分发等多种方式发送问卷，由被调查者按照问卷所问来选择和填写回答。一般来说，问卷法的主要优点在于标准化和低成本，且易于控制、回收和统计。因为问卷法是以设计好的问卷为载体工具来进行调查，同时，问卷一般都要求规范和可量化。但需注意的是，虽然问卷法的使用范围较广，且在被调查者对某些问题不宜当面回答的情况下效果较好，但被调查对象往往由于自身文化水平及其他特殊情况所限，从而使问卷法的调查效果受到一定的制约。

问卷一般是由题目、说明文或指导语、问卷的具体内容、问卷编号及最后落款等组成。题目是问卷调查的主题，说明文或指导语是对调查目的、调查单位以及问卷填写方式的说明与解释，问卷具体内容是把调查研究所需收集的资料、信息以问题形式列出，编号包括对所问问题次序的编号和便于计算机等进行数据处理所设计的程序，最后落款则是对问卷结束的一个关照、致谢和责任交代。

目前的问卷类型主要有两种：开放式提问和封闭式提问。

开放式提问又称自由式提问，是指调查者提出问题后，不提供答案，由被调查者自己根据情况自由作答。开放式问卷一般多用于探索和征询性调研，它给被调查者一个相对宽松和自由表达自己意见和看法的机会。但是，它往往会搜集到诸多无价值和不相干的资料，因为回答者所发表的意见和看法不一定都与所问的主题相关，所以无法保证许多不相关的信息不掺杂进去，而且回答的内容非标准化，也难以进行程序化的统计与分析。开放式问卷还需要回答者花费较多的时间、精力和具有一定的文化水准去填写，这通常容易引起被调查者较高的拒答率。

封闭式提问又称选择式提问，是指调查问卷中不仅所提的问题相对集中，而且每一个问题都事先排列了若干个答案，由被调查者根据自己的情况和理解，在其中选择自己认为恰当的一个答案。封闭式问卷的回答标准与回答材料有利于统计分析，对不同的公众可作对比、分析和综合。封闭性问题对被调查者来说通常较为容易回答，但它没有给被调查者留下可充分发挥或自我表达的机会，这样往往不利于调查研究者发现新的问题。

总之，封闭式问卷和开放式问卷各有所长、各有所短，调查者可以根据具体情况选用其一，必要时也可采用封闭式与开放式相结合的混合式问卷方式进行调查。①

2. 访问调查

访问调查法简称访谈法，它是一种利用人际交谈形式来进行调研的调查方式。访问法主要有两种形式：个别访问和座谈会。个别访问通

---

① 问卷调查参考熊源伟主编《公共关系学》(安徽人民出版社 1990 年版)第 201—203 页的有关内容。

常是面对面(但有时也可通过电话、互联网)的个人访问,在这种情况下,访问者可根据调查主旨和调查内容,随机发问被访问者,进而深入了解有关情况。由于是面对面(或在电话和互联网上的一对一),被访问者的内心顾虑因此较少,亦可不受给定问题的限制而充分发挥和畅所欲言。而座谈会则是一种小型群体式的聚会访问,它便于调查对象之间直面互动来进行有关信息的交流,并可互补意见,也便于当面调查与核实一些事例和情况。

与问卷调查法相比较,访问调查法有其长处,也有其短处。访问调查法的长处是:

(1) 机动灵活。访问者可根据不同的访问对象适时变更提问的方式和顺序,在对方不理解或误解时,也可当即做出说明和解释,使调查能正常进行下去。还可根据实际需要,深入追询和发掘有关信息。访问法一般是在需要调查的对象人数不是太多的情况下所采用的,所以在访问的时间和地点的选择上也具有较大的灵活性和机动性。

(2) 回答率高,反馈及时。访问调查法大多采取直面或通过电话和互联网直接交流的访谈形式,所以当访问者提出问题后,一般不至于遭到对方的推托或婉拒。因此,访问调查法的回答率比较高,同时由于交谈双方没有中间环节,能够及时得到有关信息的直接反馈。

(3) 便于鉴别回答的真实程度。在面对面(包括在电话和互联网上的一对一)的个别访问和小型群体式座谈时,调查者可以直接观察或感觉调查对象,通过观察或感觉调查对象说话的语气、表情、动作和神态等,判断出对方回答问题的认真与真实程度。

而访问调查法的不足之处是:一是它要耗费相当多的人力、物力和时间,不适合于大规模、大范围的调查。二是调查对象容易受访问者无意流露的倾向性影响,或附和在场的重要人士或多数人的意见,从而影响调查资料的真实性或客观性。

3. 印证分析

所谓印证分析，是指调查人员对各种媒介（包括报纸、杂志、广播、电视、互联网、移动网络等）所传播的有关本组织形象的信息进行实证调查的一种方式。印证分析法也属于定量研究方式之一，即它是对有关媒介传播组织各类信息的数量、时间、频率等进行的数据统计。一般说来，一个组织的信息被媒介引用的次数越多，这个组织的社会影响面和社会影响力就越广和越大。印证分析法的关键是设法获取并科学处理有关信息材料的数据，其具体方法有：

（1）信息资料的分类。这里所说的信息资料包括所有传播组织形象信息的文字和声像资料等。文字资料，顾名思义，是以文字记录并传播有关组织形象信息的一种可持久保存的印刷类资料，它包括报纸、杂志、书籍、各种文件和统计资料及群众来信等。声像资料则是以电子媒体形式记录并传播有关组织形象信息的一种即时性的声音和图像资料，它主要包括广播、电视、录像、图片、电影、互联网、移动网络等有关信息资料。

（2）信息的印证分析。信息的印证分析通常分为“内容分析”和“形式分析”两类：内容分析是对信息本身做系统化和数量化的统计分析，如传播的信息是关于组织哪一方面的，是局部的还是整体的，用的是什么词语，所传播的信息流量与频率处于什么状况和层次等。形式分析则是对信息的传播方式做统计分析，如信息传播的时机、时间、位置、频率、媒体级别等。

（3）印证分析的过程。印证分析法的使用是建立在组织的公共关系部门具有完善、有效的信息收集系统上的。调查人员在进行印证分析时，首先要判明信息的性质，即要判明信息所包含的内容及该信息对组织形象评价的正面或负面的程度和范围等。其次，要确定信息传播的影响面和影响度。再次，要根据以上判断迅速做出结论。最后，还要实证检验所得结论的准确性和全面性，并将核证检验后的结论迅速提供给组织的有关人员。①

思考题：

1. 公共关系调查在组织的信息管理中具有什么意义？
2. 公共关系调查包括哪些主要内容？
3. 适合公共关系调查的主要方法有哪些？
4. 如何设计一份开放式和封闭式合一的调查问卷？

---

① 印证分析参考熊源伟主编《公共关系学》（安徽人民出版社 1990 年版）第 209—210 页的有关内容。

第五章　公共关系计划

公众对组织的态度、倾向和评价，即组织社会形象的确切状况，是通过公共关系调查和分析后获知的。但组织为自身的生存与发展而全力塑造和提升自己社会形象的公共关系活动，则需要通过制定具体、详细、完整且具有创新内容的公共关系计划来进行指导、规范和推进的。而“公共关系计划的成功之道，在于预测问题和发现机遇”，①由此，公共关系计划的正确和科学与否将直接影响到公共关系活动的成败。

公共关系计划是指公共关系人员根据组织形象的实际现状和目标要求，在分析客观因素和现实条件的情况下所谋划、设计并拟定出最优公共关系行动方案的全过程。

一般而言，组织的公共关系计划又分为长期公关战略计划、近期(或短期)公关计划和“特别”(或专题)公关计划，而后两种计划应包括下列几项内容：背景、目标、主题、措施和预算等。公共关系计划还需将具体的公共关系活动项目拟入到实施方案中，而每一方案还应包括：公关项目内容的名称及目标；公关项目内容的负责人、实施者及各自的责任；公关项目内容的筹备、实施的程序设计及时间表；公关项目内容设计的关

---

① 艾伦·森特等著，谢新洲等译：《公共关系实务》，中国人大出版社，2009年，第3页。

系对象及必要的分析；公关项目内容所需运用的传播媒介、电子设备等；公关项目内容的人力与经费的预算；公关项目活动结束后的评估与考核的标准与方法等等。本章为简明起见而将公共关系计划的诸多内容概括为公共关系目标、公共关系公众对象、公共关系活动项目、公共关系活动预算、公共关系的编制与原则这五部分分别述之。

第一节　确定公共关系的目标

确定公共关系的目标，是策划、设计和制定公共关系计划的前提。没有目标，公共关系计划就无从谈起，而目标不明确或不正确，则会直接影响到公共关系计划的质量，并进而影响到公共关系实施的整个进程。

“公共关系目标，实际上就是组织通过公共关系策划（计划）和实施所希望达到的形象状态和标准。”①公共关系目标是公共关系计划的“纲”。

一、确定公共关系目标的依据

公共关系工作的目标来自公共关系调查分析中所确认的主要问题，这是确定公共关系目标的主要依据。因此，公共关系人员在进行公共关系目标确定之前，对计划所依据的公共关系调查材料进行甄别、分析、研究和审定，并以此发现和确定组织公共关系所要解决的主要问题——即公共关系的主要目标。同时，由于具体问题与事项都有其自身的特殊性和复杂性，因此，公共关系人员在确定公共关系的具体目标时，还应考虑

① 熊源伟主编：《广告关系学》，安徽人民出版社，1990 年，第 221 页。

并根据具体问题的轻重缓急来排列所需展开公共关系活动之目标的先后顺序。

二、确定公共关系目标的原则

由于确定目标对制定公共关系计划和推进公共关系工作非常重要，因此，公共关系计划在审定和确认其具体目标时，应遵循下列三项原则：

1. 与组织的总目标相一致

总目标是一个组织全部运作和始终为之奋斗的主旨方向和最终期望结果。公共关系人员在选择和确认公共关系的具体目标时，必须使该公共关系目标有助于实现组织的总目标，有助于树立组织的长远社会形象，有助于影响和纠正组织决策与行动中出现与总目标不一致的任何偏差。这种始终与组织总目标的主方向"相一致"的原则，决定了公共关系的所有具体目标都必须不折不扣地从组织的整体利益和主旨目标方向出发，都要从组织的全局影响和长期利益的角度来考虑和规划。这是选择和确认具体公共关系目标的一项重要原则。

2. 与塑造组织的良好形象相一致

公共关系目标的核心取向，就是它不仅要兼顾各类公众的多种要求和各种利益，更重要的是要在社会公众中着力营造组织的良好形象，即公共关系的目标不仅要考虑社会公众的共同利益和多元要求，同时也要兼顾组织自身发展的利益所在。所以，选择组织利益与公众利益的统一，是确定公共关系目标和有利于塑造组织长远良好形象的关键，也唯有这样的公共关系目标才能实现组织与社会共同发展的双赢结局。①

---

① 上述两部分参考王晓进等编《公共关系实务大全》，北京工业大学出版社，1993年，第38页。

3. 与公关目标需要具体化的要求相一致

为了实现塑造组织长远良好形象这一总体目标，公共关系计划就要有明确、详细、可操作的内容和步骤。而抽象、空泛的目标，实施起来会使执行人无所适从或难以实施。因此，公共关系目标应当是具体、清晰、可实践和可控制的。艾伦·森特(Allen H. Center)曾为此而提出："为保证公共关系目标能经得起推敲，聪明的公共关系从业者通常会运用'SMARTS'来为(公共关系)项目制定目标：S=特别的(Special)——这个目标是否直接命中要害？M=可测量的(Measurable)——结果是否可测量？A=可企及的(Attainable)——是否可以达到这个目标？R=现实的(Realistic)——实现这个目标是否现实？T=限定时间(Time locked)——还有多少时间？还需多少时间？S=足够的(Sufficient)——如果目标实现，实现的是否及时？"①据上，公共关系目标的选择和确定要明确、合理、适当，它既要为组织和公众的双方利益服务，又要以符合社会道德和社会行为准则为第一原则；它还要防止把目标定得太低或太高，它应该是经过一定努力完全可以达到的预定目标；同时还要防止把经费预算定得过高或过低，以造成公共关系活动的低效益和没有积极性。

三、公共关系目标的分类

公共关系目标体系包含不同层次或不同类型的多种目标，一般可概定为3类：长期目标、近期目标、特殊目标。

1. 公共关系的长期目标(或谓战略目标)。这类目标主要涉及组织的长远发展愿景和组织的宏观发展战略等重大问题，它必须与组织的整体总目标相一致并完全是为实现组织的总体目标服务的。公共关系的

① 艾伦·森特等著，谢新洲等译：《公共关系实务》，中国人大出版社，2009年，第8页。

长期目标一般是比较宏观抽象且概括精练地反映组织在公众中长期应有的形象地位以及能够对社会所起的正面作用。公共关系的长期目标一般需要在一个相当长的时期内实现。

2. 公共关系的近期目标(或谓短期目标)。这类目标通常是在公共关系长期目标的框架内所制定的公共关系具体目标。其内容一般是十分具体且具有明确的步骤与时限,它往往需在较短(1 年或数月内)或更短的时间内完成,公共关系的近期目标主要依据公共关系调查后所确定的紧迫问题,来作出其近期或短期公共关系工作的主要目标和具体步骤,这是实施组织公共关系长期战略目标的具体积累过程。

3. 公共关系的特殊目标(或谓专项目标)。这类目标大多是针对那些与组织的目标、理念、发展及利益趋同或相近的公众所具有的特殊要求所制定的,也有一些是针对那些在特殊时间或空间发生的特殊事件所专门制定的。公共关系的特殊目标具有特定的指向性,比如在北京奥运会期间,针对部分西方运动员对北京空气质量所提出的诸多质疑和担心,北京奥组委由此专门提出了"阳光与绿色与奥运同行"的特殊专项公关目标,来积极化解西方运动员的担心和营造中国北京绿色奥运的新形象。

当然,公共关系目标还有其他分类方法,如按照公共关系在其所处空间所发挥的作用,还可划分为内部公共关系目标和外部公共关系目标,或国内公共关系目标和国际公共关系目标等。这样的分类方法主要是有利于组织和公关部门能够按照实际情况来清晰地确立自己的具体工作目标。

第二节　确定公共关系的公众对象

制定公共关系计划,除了要确定公共关系目标之外,还要确定公共关系工作的对象——公众。选择和确定公共关系工作的对象对于组织来说，会涉及如何有针对地与有关公众建立起多层次、多维度的交往，如何运用各种媒介向有关公众传递组织的有关信息，怎样在有限的预算内达到与公众的有效接触，从而最优化地实现组织的公关目标等等，这些都是与组织的生存与发展有着密切关联的重要问题。因此，对与组织有关的公众进行分类和认定是公共关系计划工作的一项基本任务，也是组织有效开展公共关系工作的前置条件。

一、公共关系计划中的公众分类

关于公众的分类，本书已在第二章第二节的第三部分做了概述。但在本章公共关系计划的制定中，我们仍有必要对组织公共关系的具体对象——公众做进一步的细分和考察。

众所周知，任何一个组织都有其特定的公众，即由于不同的组织有自己不同的利益诉求和目标取向，因此，不同的组织所面临的公众对象自然也就不尽相同。如一个赢利性企业，一般情况下它在其经营过程中的各个环节上所具有的关联公众就有：内部员工、公司股东、产品消费者、员工家属、社区公众、竞争者、原料与能源供应者、批发与代销商、金融机构、新闻媒介、上级主管部门、政府机构、公共事业团体，等等。而一个非营利性质的政府组织，其所面对的公众则主要是其辖区内的各层市民、各类行政机构、各个公司企业、各种社会组织、各项事业单位……

由于公众对组织的经营与管理具有十分重要的制约和决定性作用，因此，在制定公共关系计划时，有必要通过对公众的细分和考察来确定、调整或改进组织公共关系计划的重点和方法。

二、公众对象的分类方法

在细分、考察和确定了组织的相关公众后，要对这些公众进行不同形态的综合分类，以便公关部门或公关人员用不同的方针对不同的公众展开公共关系工作。

至于常见的公众分类方法，主要有四种：一是按照公众与组织的关系状况划分，公众可以划分为非公众、潜在公众、知晓公众和行为公众；二是依据公众与组织的重要程度划分，公众可以划分为主要公众、次要公众和边缘公众；三是依据公众对组织的态度划分，公众可以划分为顺意公众、逆意公众和独立公众；四是按照公众与组织所处的区域位置来划分，公众可以分为内部公众和外部公众。（关于上述公众分类四种方法详见本书已在第二章第二节的第三部分）

目前比较常用的上述四种分类方法基本反映了组织与公众之间的利益关系，公共关系人员可以由此而举一反三地根据他们与组织之间各种利益关系的交汇和相连点来确定自己公共关系工作的不同公众对象，这对于策划和设计组织的公共关系计划和选择公共关系工作的方法是非常有用的。

三、公众对象的利益诉求

公共关系的本质内容之一就是有效地运用各种方式方法，来保持和增进组织与公众之间的和谐关系。因此，公共关系人员在对公众对象进行分类之后，下一步要做的就是分析与鉴别经分类后的有关公众的各项利益诉求。

首先，要及时掌握各类公众的最一般的共同利益诉求。任何一个组织与其有关公众之间都存在一种互利关系，因此，一个科学的公共关系计划必须始终考虑到组织与公众之间的互利要求。要做到这一点，就必须深入细致地了解有关公众对组织的权利或利益诉求，即在公众分类的基础上，将各类公众对组织的共同期望和共同要求作为组织拟定公共关系计划的核心依据。

这种公众对组织的权利或利益要求可以通过对公众进行分类梳理后尽可能地详细概括列出，使之全面客观地反映各类公众的共性要求，并使之一目了然，以便在制定公共关系计划时给予分析和重视。如以一般企业为例，其各类公众对企业的主要权利或利益要求基本如下：

1. 员工对企业的一般权利或利益要求：良好的工作条件和工作环境，合理的工资和福利，适当的培训机会和晋升可能，较高的社会地位和基本的人格尊重，和谐的人际关系和合适的企业文化，平等的参与场合和表达自己意见的机会。

2. 股东对企业的一般权利或利益要求：了解企业的发展状况，参与企业的利润分配和股份处置，拥有董事会选举权利和企业合同所确定的各种附加权利。

3. 政府对企业的一般权利或利益要求：缴纳各项税收，实践公平竞争，遵守各项法规，承担法律义务，保护生态环境，参与社会公益等。

4. 消费者对企业的一般权利或利益要求：可靠的产品质量，合理的销售价格，优质的各项服务，诚实的广告宣传，必要的消费教育和及时的消费指导等。

5. 竞争者对企业的一般权利或利益要求：遵守行业竞争规则，开展公平合理竞争，推进竞争中的互利双赢，增强竞争双方的互助协作等。

6. 社区对企业的一般权利或利益要求：保护社区环境，支持当地政府，提供就业机会，关心当地文化和慈善事业，赞助地方公益活动，扶助地方经济发展等。

7. 媒体对企业的一般权利或利益要求：及时提供真实消息，尊重新闻媒体工作，遵守新闻采访原则，提供新闻采访便利等。

其次，还要加以关注各类公众不同的特殊利益要求。即公共关系计划在满足各类公众的共同权利或共同利益的要求来作为设计本组织社会形象的主要考量的同时，还应从各类公众的不同意图、不同利益、不同文化和个性行为的特殊性，来加以考察和分析各类公众的差异性背景，进而，在综合分析公众的共同利益的同时，也要在充分考虑那些特殊公众的特殊利益诉求的基础上，选定公众利益与组织存在休戚相关的特殊权利或特殊利益要求，来作为策划、设计和制定公共关系计划的重要依据。

第三节　确定公共关系的行动方案

公共关系的具体行动方案是公共关系计划的具体化。为了实现公共关系目标，在确定和分析了公众对象之后，公共关系计划就涉及公共关系活动的主题、内容与策划等几个具体问题了。

任何一项规模较大的公共关系活动，都是由主题、内容、策略与时机等具体要素——即具体行动方案所组成的。设计和拟定具体公共关系的行动方案，主要考虑以下三个问题：

一、公共关系活动的主题

主题是决定整个公共关系活动、联结并统领所有公共关系具体要素的核心，它使公共关系活动形成一个有主旨指向的有机整体。因此，主题是确定公共关系计划和拟定公共关系具体行动方案的纲要，如一项国际商务活动、一次新闻发布会、一个新产品推介活动、一则公益广告的制作、一次危机事件的处理……都需要有一个明确的主题(不管该主题的大小)，以保证每项公共关系活动能够围绕着其主题而集中展开。

主题的表现方式多种多样，它可以浓缩为一个口号，也可以凝聚为一句陈述。比如，日本精工计时公司为使其产品精工手表走向世界，便利用在东京举办奥运会之机会，进行了以“让全世界的人都了解：精工计时是世界第一流技术与产品”为目标的公共关系宣传活动，其活动的主题为一句广告词：“世界的计时——精工表”。又如，2001 年中国北京向国际奥委会提出申办 2008 年第 29 届奥运会的申请，提出了“实现中国百年奥运梦想”为目标的中国国际公共关系活动，该活动的主题词是：“同一个世界、同一个梦想”，其主题理念语为：“人文奥运、科技奥运、绿色奥运”……

公共关系的主题词要求主旨思想精练、内涵深刻准确、语言简明扼要、内容通俗易懂、文句流畅易记。由此，公共关系人员在确定主题时，不仅要以客观条件为基础来多维度地考虑不同公众的社会文化背景及其易于接受的方式和方法，更要全方位地注意有关宣传传播的实际效果，否则，虚假浮浅、夸夸其谈、名不副实、大而空洞的口号是经不起时间和实践的检验的。

二、公共关系活动的内容

公共关系活动的内容是为实现公共关系目标而针对目标公众、围绕公共关系主题所开展的一系列有组织、有计划、有步骤的行动和实践。在公共关系的目标、公众和主题确定后，公共关系人员就要研究和确定其开展公共关系活动的具体项目和内容。不同的公众对象(或目标公众)和不同的公关主题必然要求所开展的公共关系活动具有不同的项目和内容。一个组织通常比较重视并经常采用的公共关系活动的项目和内容主要有:

1. 营造组织社会形象的公共关系活动,如:重要庆典和赞助活动,各种联谊互访交流、各种社会公益和文娱体育活动,各项社会捐赠和慈善活动等。

2. 进行双向沟通的公共关系活动,如:各种新闻发布会和记者招待会,各种座谈交流会、专题研讨会、恳谈商榷会等。

3. 推展组织产品的公共关系活动,如:各种展览会和展销活动、各类商业活动、各种广告的创意与发布活动、各种老客户的回访和新客户的推介活动等。

4. 特殊事件处理的公共关系活动,如:各种重大突发事件的应对活动、各类危机问题的处置活动等。

对上述的种种活动项目,公共关系人员一般都要预先做出分门别类的规划。属常规性的活动项目,如预先已确定的重大节庆公关活动和各种沟通会议等,都要在编制有关公共关系计划时着重标出其具体规划方案;对一些有重大意义的纪念日或大规模的公共关系项目要提前较多时间列入议事日程,并尽早预作各项必要的准备;尤其是对一些对组织具有重大影响的突发事件(包括重大事件和危机问题)更要预先制定好多套公共关系活动的应对预案,以防不测。

三、公共关系活动的策划

策划是一种根据组织的目标要求,依据现实环境与客观形势的现况信息,来设计和选择能产生最佳效果的行动方案和实践方式的复杂过程。

组织的公共关系活动是否能达到其预期目标，这在很大程度上取决于其公共关系行动方案在策划上是否符合客观现实和富有创新性，在时机的把握上是否抓住时间这一特殊“物质”的即逝客观性和不可重复性。这两点既反映了公共关系行动方案的科学性和艺术性，也体现了公共关系计划内含的实践性和谋略性，从而使公共关系的行动方案一定要具有灵活性、预见性、前瞻性和创新性。

公共关系策划，同世界上所有事物一样，既要按照其自身发展的客观规律来认识和把握它，同时也要根据每一个社会组织、每一次公关活动、每一个公关计划都有其各自的特殊性这一关键核质来进行和实践公共关系策划，其中创新是公共关系策划的灵魂和生命线。

1. 公共关系策划的基本过程

首先是分析和理解策划所需的各类信息和各种材料。即在公共关系调查资料的基础上，认真分析有关组织形象的各种信息，深刻理解目标公众的各种状况，客观评估组织开展公共关系活动所面临的现实环境和主要条件，充分考察现有各种媒体（尤其是新媒体）的多向传播功能。

其次是明确公关活动的目标和任务，找准和焦聚策划的主攻方向。即每一次公关活动的策划都要在组织的战略目标和总任务的框架之内，根据本次公关活动所要解决的主要问题来确定本次公关活动的动机、主旨、目标和任务。“纲举”才能“目张”。

第三是进入公共关系的策划。依据对有关材料的分析和本次公关活动主旨目标的确定，公关人员以此进入公关活动方案的策划——即创意阶段。创意是公关策划的灵魂，是公关策划成功与否的关键，公共关系之所以被称为是一门科学和艺术，它除了具有自身发展的客观规律和内在学理外，它的每一次公关活动都必须具有独创性或创新性，具有他人和其他组织的不可模仿性和复制性。由此，公关创意就没有固定的程序和统一的格式，而“以创造性思维、形象思维为主要方式的创新性活动，使公关创意呈现千姿百态的状态”，①公共关系常被称为“创造主意的产业”的原因也就在此。公共关系策划的主要内容有：组织形象的策划、组织生态环境（包括组织的人文环境与社会环境）的策划、组织行为（包括组织的管理行为、营销行为、广告行为、社交行为、竞争行为、领导行为、公益行为等）的策划、改变公众态度与行为的策划、信息双向传播（包括信息与媒体等）的策划、消弭危机问题（包括危机事件处理和问题管理等）的策划。需要特别指出的是，创意过程是一个视域非常宽泛、知识面非常广博、思想碰撞非常激烈、“头脑风暴”非常活跃的复杂过程，它涉及对组织内外整体情况的把握和创意人员全面素质的要求。

第四是提交可供选择的多套初步方案。由于事物发展是动态的，主客观条件是变化的，因此，在公关策划中，即使一项具体的公关活动，也应设想到该活动中可能出现的多种意想不到的复杂情况，因此需要设计出多种方案，从而增加所策划的方案的多向适应性和应变性，从而具有多重可选择性。

第五是确定最优的实施方案。在策划阶段提呈的多套或多种初步方案中，最终进入实施的只有一套，因此这套方案的选择就显得尤其重要——它必须是这几套方案中最优的。为此，该方案是实现公关目标的最佳方式，其选择的活动时机最为合适，其运作的方法最为可靠，其选择的路径最为简捷，其所需的成本最为合理……

2. 公关策划的基本原则

为使公关策划的过程更科学合理，使公关策划的方案更有效、更实际，公关策划一般需遵守下列几项基本原则：

1. 针对性。公关人员在设计和策划公关方案时，必须明确公关活动的主体与客体、公关活动要达到的主旨目标、公关活动要完成的主要

---

① 张克非等著：《公共关系策划》，青岛出版社，2001年，第63页。

任务、公关活动要解决的具体问题等，使所设计和策划的方案都是围绕本项公关活动的客体、目标、任务和问题而展开。

2. 创新性。公关策划的核质是创意、体现的是睿智。因此，具有创新意义的公关策划要求公关人员具有渊博的知识、思辨的思想、宽域的眼界、敏锐的反应、稳定的心理、多向的思维和不断创新的意识。

3. 科学性。公关策划必须遵循客观规律，尊重客观事实，遵守社会道德，不标新立异，不哗众取宠，应以一种严谨缜密、积极向上的理念展开公关策划。

4. 艺术性。公关策划的最终表现是其内在的艺术性，它需要用艺术的真、善、美来赋予公关策划的感染力、传播力和影响力。因此，公关策划人员要用艺术的标准来要求自己，以艺术的形式来表现自己，用真、善、美的原则来约束自己。“公关创意不能没有艺术……现代公共关系事业也必须建立在艺术和美的基本之上，才能更好地发挥其科学性和有效性。”①

5. 诚实性。公关策划的过程与公关策划方案的制订都要严格遵循社会公德和职业道德，同时，也要用社会公德和职业道德来规约公关活动的方案。真实诚信永远是公关策划的重要原则，由此，在公关方案的策划中要自始至终贯彻“真实诚信”原则，公关人员也必须要以社会公德和职业道德作为自己进行公共关系策划的前置条件。

6. 可操作性。公关策划的目的是为了最有效地开展公关活动，而由于脱离实际而无法实施的方案没有任何意义。由此，公关策划方案必须符合客观环境和客观条件的要求和许可，方案的每项具体事项都应是可控和在技术允许范围之内。

7. 效益性。公关策划“不仅要着眼于组织的利益，更要关照公众的利益”，即在处理两者关系时，公共关系策划时始终“应将社会公众效益

① 张克非等著：《公共关系策划》，青岛出版社，2001 年，第 131 页。

放在第一位，有时宁可牺牲组织的经济利益，也要保证公众的共同效益”。① 当然，组织（尤其是企业）不能不讲经济效益，但从长远看，唯有将公众的利益放在第一位，组织（尤其是企业）才能最终获得最可靠的经济利益。所以在公共关系策划中应尽量使组织的利益与公众的利益达成一致，使有限的投入尽可能产出最大的效益，这也是我国目前条件下提高公关工作水平的一项重要任务。

第四节　确定公共关系活动的有关预算

公共关系计划在确定了公共关系的目标、公众及具体项目和内容之后，还需对所需人员、费用和时间等进行预算。没有精确的预算，就难以从有限的人力、物力和时间上保证公共关系工作的正常开展，难以对公共关系工作实行良好的监督管理和避免人力、物力和时间上的浪费，也难以从总体成本上对公共关系工作的绩效进行评价。

一、人员预算

所谓人员预算，就是对实现既定公共关系目标而开展某项公共关系活动所需的人力进行预算。这种预算对于没有设置自己的公关部，而需要聘用其他部门或其他组织的有关人员来开展公共关系工作的组织来说，尤其重要。因为不预算出所需人力，就无法确定所需要聘用的人数，

① 张克非等著：《公共关系策划》，青岛出版社，2001年，第71—72页。

由此也就无法估计出应支付所聘公关人员的工资报酬总额。当然，设有公关部的组织也应该进行人员预算，否则就不知道公关部的现有人力在保证公关部日常工作不受影响和预留遇到突发事件需有人处理的情况下，还能否有足够的人员来满足本项公共关系活动的所需，要不要再另外调配人力或聘请人员。

二、经 费 预 算

在实施具体公共关系项目中，除了要对所需的人力进行预算外，还要对所需经费进行预算。公共关系活动的所用经费一般包括如下项目：

1. 劳务报酬——外聘公关人员或外请公共专家提供咨询的劳务费用。如无外聘公关人员或外请公共专家提供咨询的可不必进行这项预算。

2. 宣传费用——制作、邮寄或散发各种宣传品以及在有关媒体上做公共关系广告的费用。

3. 器材费用——购置、维修或租借有关电子设备、通讯器材、文具耗材、交通工具等的费用。

4. 实际活动费用——举办各种会议、接待各项访问等所需要的费用，如场地租用费、印发请柬及会议通知费、招待费、制作纪念品费等。

5. 调查研究费用——如购买或复印有关资料、印发调查表、调查人员的差旅费等，以及为有关公众提供的各种教育、培训和服务等所需费用。

6. 赞助费——如赞助社会文化、教育、体育事业及各种福利或慈善事业的费用。

7. 行政办公费和资料费——如办公用品、计算机耗材、电话费、水电费、保险费和报刊订阅费等。有自己公关部的组织，可不把这两笔开支列入具体公共关系活动相联系的经费预算，因为它们是与具体公共关系活动没有直接联系的公关部门的正常性开支。而不设公关部而委托公关公司开展工作的组织,一般不需支付行政办公费和资料费。

三、时 间 预 算

时间预算是指为实现公共关系具体目标而进行有关公共关系活动所需的具体时间进行预算,即为具体公共关系活动制定一个时间进程或时间安排表,规定、预留或安排出各时期(时段)的具体工作项目和内容,以便公关人员按时准备、及时到位,有条不紊地进行公共关系工作。

第五节　公共关系计划的编制

在上述工作完成之后,还需对公共关系的计划进行最后的编制。

一、公共关系计划编制的分类方法

在公共关系计划的实际编制中,可以按不同的项目内容加以分类。最基本的编制计划的分类方法有:

1. 以公共关系计划的时间幅度为标志,可划分为长期(战略)公共关系计划、近期(短期)公共关系计划、特殊(专项)公共关系计划。

2. 以公共关系计划的范围程度为标志,可划分为内部公共关系计划、外部公共关系计划;国内公共关系计划、国际公共关系计划。

3. 以公共关系活动的项目内容为标志,可按照专题活动的内容划分,如新闻发布会计划、国际商务活动计划、商品展览会计划、公益广告发布计划、危机事件应急方案计划等。

4. 以公共关系活动的组织层次之隶属关系为标志，可划分为组织公共关系计划、部门公共关系计划、班组公共关系计划、具体部门公共关系计划等。

在公共关系计划编制过程中，可以根据组织的具体情况，从实际出发，自拟编制计划的分类方法，或选用（或并用）上述编制计划的分类方法。

二、编制公共关系计划的一般要求

公共关系计划应该同组织的总体计划相一致，也需与组织的内部与外部的客观环境相适应；公共关系计划即要富有创新性，同时也要突出重点和兼顾其他；公共关系计划还要体现公共关系工作的连续性、阶段性与可持续性；公共关系计划对所需的人力、物力和时间的预算要留有余地；在表达上，公共关系计划亦应具有明确、简洁、易读和易记的特点。

公共关系计划的设计和编制反映了公共关系的基本特征和一般要求：

1. 公共关系是为本组织树立良好社会形象的一种管理职能与传播科学，即它是通过有计划、有目的的持久努力，来协调、改善和发展组织的内外关系，进而实现公共利益与组织利益高度统一的一门管理与传播艺术。因此，公共关系决非是偶然的、自发的或随机的自由活动，而是在组织与公众之间的内外交往中所自觉进行和科学实践的一种有目的、有策划、持续不断的组织管理和传播行为。

2. 公共关系计划的设计和制定是公共关系人员为组织的社会形象进行谋略和规划的过程，它为组织的公共关系活动提供了工作与实践的路线蓝图和具体进度安排。一个完整科学的公共关系工作计划应该是在调查研究的基础上，根据组织所需解决的主要问题来确定其公共关系的主旨目标、活动主题、公众对象、媒介选择、时空排序、经费预算、人员配置以及具体的实施方案和行动计划的。

3. 公共关系计划的科学性、缜密性和艺术性是提高公共关系活动效能的必要前提，它是现代组织经营管理和双向传播的重要组成部分。因此，公共关系人员在设计和制订计划时，不仅要注重社会效益，也要讲究经济效益。如果公共关系活动的计划周详、方案优化、主次有序、途径合理，就可以较少耗费成本并取得较大的预期成果；否则，便会由于公共关系计划的运筹失当、主次颠倒、前后错位、谋虑不周而造成公共关系活动额外的甚至是严重的经济损失，甚至导致公共关系活动的失败。

由此，任何一项公共关系工作都离不开科学、缜密和艺术的计划安排。科学、缜密和艺术的公共关系计划有助于排除公共关系工作中的盲目性、随机性和无序性，而增强公共关系工作中的严谨性、有序性、艺术性和可操作性。当然，公共关系活动本身形式多样，往往涉及众多不同的事件、人物、媒介以及社会伦理和法律问题等等，所以设计、制定公共关系计划还应注意该计划的时效性、适应性、应变性及伦理和法律性，使该计划具有一定的余地、适当的弹性和合乎社会伦理道德性。这是公共关系计划的原则内涵和基本特点。①

思考题：

1. 什么是公共关系计划？
2. 公共关系计划怎样确定目标？
3. 公共关系计划怎样确定公众对象？
4. 如何设计公共关系活动的主题？
5. 公共关系策划的基本过程和主要原则是什么？

---

① 上述内容参考王晓进等编《公共关系实务大全》，北京工业大学出版社 1993 年版，第 35 页。

第六章　公共关系实施

公共关系计划的实施是整个公共关系实务活动的中心环节，因为它是将公共关系计划最终付诸执行并具体落实的实践过程。在这个过程中，公共关系人员将以公共关系目标为方向，以公众需要为出发点，依照公共关系计划的蓝本和路线，通过自身主动的创造性的努力和组织有关各方面人员的积极支持与配合，来实现组织的公共关系目标的。

第一节　实施公共关系计划的基本要求

任何一项公共关系活动能否取得良好效果，不仅取决于该计划的策划和制定是否科学，还取决于该计划的实施水平与落实程度。一项周密完整、切实可行的计划，如果没有得到很好的贯彻和落实，那么该计划无论策划和设计的有多好，其都等同于是纸上谈兵而毫无意义。

公共关系计划的贯彻和落实无疑是整个公共关系活动中的一个重要而又复杂的环节。由于组织的客观环境（包括其目标公众）始终是处于动态、变化和发展的状态，在公共关系计划实施的过程中，往往会出现和遇到在制定计划时所没有料想到的各类意外或各种问题。因此，公共关系人员在实施和落实公共关系计划的过程中，需要考虑做好以下几点：

一、坚持公关目标及实现该目标的基本步骤

公共关系计划是在充分调查研究的基础上形成的。一般说来，它所规定的公共关系目标及为实现该目标所精心设计的基本步骤是不会在确定的有效期(即计划时间)内因客观形势发展变化而失去其基本合理性的。因此，在实施公共关系计划的过程中，“不能随便更改或放弃目标，也不能轻易变动实现目标的基本步骤，而应当始终将目光牢牢盯在目标上，特别是要盯住总目标”①，一切活动都以实现公共关系的预定目标为准则，同时，也要严格控制工作进度，保证整个实施过程能按照公共关系计划所确定的基本步骤来依次推进。这是公共关系计划实施过程中必须遵循的一个原则。

在公共关系实施计划的过程中，如果不坚持上述原则，一遇到未预料到的问题或障碍就立即变更目标，或改动实现目标的基本步骤，那么原定的有条不紊的公共关系工作就迟早会被不断变化的客观形势弄得无所适从，会被不断新冒出的问题和障碍扰乱手脚，致使整个公共关系实施工作陷入混乱、被动而迷失方向，进而出现疲于应付的尴尬局面。

二、加强检测，适时修正计划中的不正确内容

坚持计划所规定的目标及实现目标的基本步骤，并不等于是教条

① 王伟主编：《公共关系学》，青岛海洋大学出版社，1991年，第121页。

式地死抱住计划不放，也不是无视客观环境的变化而一切按原计划行事。实际上，科学的方法是在计划的实施过程中，对所实施的具体情况进行适时且严格的检查，并对所处客观环境的变化进行科学的不间断的检测。如果发现原计划确实存在问题，而且问题也比较具体，如发现计划中对目标公众特点的认识有偏差，活动项目的安排以及人力、经费和时间的预算等方面有不足，就应当及时予以修正、补充或调整，其目的是使整个计划的实施过程受到良好的控制，以便更好地实现公共关系目标。

三、认真修订和拟制具体活动的实施方案

在每项公共关系具体活动开展之前，活动项目的负责人以及参与实施者都"应根据公共关系目标的要求和变化了的客观环境的要求，对公共关系活动的时间安排、地点选择、对象确定、过程控制、内容构成、行动布置以及人员分工、经费开支等详加斟酌，并认真修订或拟制具体落实方案，以确保公共关系计划实施的可靠性、准确性和有效性"。①

四、发挥具体实施人员的主动性和创造性

在公共关系计划或方案付诸实施之前，活动项目的负责人应首先向将参与实施的人员全面、完整、清晰地交代和说明该计划或方案的全部内容，并提出详尽的具体要求，然后向他们征询意见，并把这

① 王伟主编：《公共关系学》，青岛海洋大学出版社，1991年，第121页。

些意见整理出来，供修正计划或方案时参考。一旦计划或方案付诸实施后，就要信任具体实施人员，鼓励他们放开手脚，在各自负责的工作岗位上充分发挥他们的主动性和创造性，遇到意外的问题时，在不背离既定目标和不影响大局的前提下，可让实施人员相机妥善处理和解决。

第二节　选择公共关系传播渠道的基本原则

由于公共关系活动的大多数项目和主要内容都涉及信息传播，公共关系计划的实施基本上也是围绕着信息传播所开展的，即公共关系计划的落实过程主要是在双向传播的基础上，着力运用各种传播渠道或传播媒介，把组织的有关信息快捷有效地传达给对象公众，以期影响他们对组织的态度、评价和行为，进而创造一个有利于组织持续发展的良好社会环境。因此，要想获得公共关系计划实施的最佳效果，就必须保证有关信息传播的快捷有效；而要实现信息传播的快捷有效，就必须在制作高质量信息的基础上选用最合适的传播渠道或传播媒介。

在公共关系的具体实施过程中，可供选择的传播渠道或传播媒介是多种多样的，概括起来不外乎三种：一是人际传播媒介，包括人际之间的书信往来、电话联系、个人之间的会见和交谈等；二是群体传播渠道，包括座谈会、新闻发布会、联谊会、展览会等；三是大众传播媒介，包括报纸、杂志、广播、电视、互联网和移动网络等。上述各种传播渠道或传播媒介各有优点和缺点。① 为了最有效地实现组织的公共关系目标，公关人员必须在全面、深入了解各种传播渠道或传播媒介之特点的基础上，根据下列几个原则，选择最合适的传播渠道或传播媒介。

一、根据公共关系活动的具体目标来选择传播渠道

选择传播渠道或传播媒介，首先应考虑的因素或问题就是公共关系活动的具体目标。不同的目标，往往要选择不同的传播渠道或传播媒介。如公共关系目标是为了提高组织的社会知名度，那就应当多选用电视、广播、报纸和互联网等大众传播媒介，如果目标是缓解组织内部的紧张关系，那就应当选用对话、座谈会以及黑板报、内部刊物等人际传播形式和小群体传播渠道。

二、根据公众对象接受信息的习惯来选择传播渠道

任何公众都有他们自己接受有关信息的习惯渠道或媒体。因此，组织的公关活动在进行信息传播时，就要根据其面对的不同公众对象来使用不同的传播媒介。即组织的公共关系活动要想获得好的传播效果，就必须考虑其公众对象的文化背景、教育程度、职业环境、生活方式以及他们通常接受信息的习惯渠道等等，并根据这些情况去选用适当

---

① 关于人际传播、群体传播、大众传播等各种传播媒介或传播渠道之优缺点详情，请见本书第三章第二节。

的传播工具。如：对于文化程度不高的公众，宜采用广播、电视等媒体来传播有关信息；对于喜欢阅读思考的知识阶层公众，应多采用报纸、杂志、互联网等媒体传递信息；而对于诸如汽车司机们（因白天工作时间不能看电视和报纸）这样的职业人群来说，则应采用广播媒体来传播有关信息为最合适。

三、根据组织需要传播的信息内容来选择传播渠道

选择传播渠道时，还应考虑组织需要传播的信息内容的特点来选择不同的传播媒介。如组织需要向有关公众传播的信息内容比较复杂，即组织的目标公众是需要经过反复思考才能完全明白的道理等，通常应当采用文字媒介（如可反复阅读的报纸、杂志等）、网络媒介（可下载保存阅读）和手机媒体（可保存阅读），而不宜采用除网络媒体之外的电子媒介（如仅可一次性收听和收看的广播和电视等）；如果需要传播的内容是较为直白且又容易理解的事实等，则可以采用广播或电视，而不需采用报纸或杂志；而如果需要传播的信息内容相当专业且传播的面又很窄，则应采用人际传播的渠道。

四、根据组织的经济条件来选择传播渠道

使用不同的传播渠道或传播媒介，通常都需要付出不同的费用。因此，在选用传播渠道或传播媒介时，还应考虑自身的经济条件。如财力不足，就应当避免选用那些虽然传播效果好但费用较高的传播渠道或传

播媒介(如电视、报纸等)。当然,即使财力雄厚,也应当注意“效益最大化”原则,即应以最小代价获取最大效益的原则来选用有关的传播工具和传播途径,以免造成不必要的浪费。

第三节　几种常见的公共关系活动模式

公共关系计划的实施与落实,可以采用多种方法和手段。公共关系人员应根据公共关系活动的特点,对公共关系活动中将采用的方法和手段进行正确的选择,才能使公共关系活动收到事半功倍的效果。

国内外的公共关系专家在对各类社会组织的公共关系计划之实施情况进行了分析、总结和研究之后,将较为常见的各种公共关系活动的主旨要素与内在规律综合归纳为多种简化范式——即公共关系模式。这些模式为公共关系人员在实施公共关系计划时提供了可供参考和选择的各类范本。

一、根据公共关系活动性质划分的模式

1. 宣传性公共关系

宣传是一种运用各种符号传播一定的观念和知识来影响人们的思想和行动的社会行为。故此,宣传性公共关系是一种运用各种传媒和积极交流的方式来为组织进行全方位宣传和传播,并以此来影响和强化社会公众对组织的了解、理解、信任与合作的公共关系活动模式。

实践宣传性公共关系的目的是通过科学、积极的传播活动来为组织塑造一个具有良好知名度和美誉度的社会形象,进而为组织营造一个有

利于其发展的良好社会舆论环境，使组织获得尽可能多的支持者与合作者，以便达到促进组织良性快速发展的目的。

宣传性公共关系适用于所有组织。它可以运用的方法和手段很多，既可以有机组合地运用各种传播方式，如通过大众传播媒介，如报纸、杂志、书籍等印刷媒介和广播、电视、互联网等电子媒介来发布组织的新闻稿、广告和文章等；也可以通过人际（或群体）间的直面传播方式，如板报、演讲、招待会、展览会、交流会等来传播组织的经营理念、管理方法、产品质量、服务水平等。另外，组织的旗帜、徽章、服饰和建筑物等都可以成为组织向社会公众进行宣传的重要媒介和手段。

宣传性公共关系还可按实际需要运用诸如灌输、鼓动、教育、劝说和引导等具体方式来进行宣传和传播。灌输通常是将组织的有关信息系统地输入公众的头脑并不断强化，理性和系统性是其特色；鼓动一般是通过组织有关信息的不断传播来激发人们对其传播内容的共鸣和认同；而教育、劝说、引导等则强调的是其传播内容与传播过程的情理并重，耐心、真情和善于交流是其特点。灌输、鼓动、教育、劝说和引导等的目的就是使受众因此而改变态度，使其思想和行为向公共关系宣传所期望和需求的方向转化和发展。

2. 交际性公共关系

交际，即人与人之间的交往与接触，通常是指两人及两人以上通过语言、行为等表达方式进行交流意见、情感和信息的过程。据此，交际性公共关系是一种通过人际间的直面交往与接触来为组织进行内外交流和信息沟通的公共关系活动模式。

交际性公共关系的目的是通过人际的直接与接触，进行适时的情感联络与信息交流，来为组织建立最广泛的社会关系与人脉网络，不断增进组织与社会公众之间业已形成的好感和友谊，努力营造一个有利于组织发展的人际环境。

交际性公共关系亦适用于所有组织。其运用的主要方式可以是团体交际也可以个人交往。团体交际包括各式各样的招待会、座谈会、联谊会、茶话会、娱乐活动等。个人交往则有交谈、拜访、电话通讯、信件来往、互联网或移动网络的点对点直接交流等多种方式。

交际性公共关系是一种非常有效的公共关系模式。它能使人际间的情感交融和信息交流处于直接、即时和近距的境地，使组织与公众之间的关系进入"相近"、"相亲"和"相信"的层面。另外，交际性公共关系还具有灵活、坦率、深入等特征，使组织与公众之间的关系更密切、更深化、更牢固。不过，需要特别注意的是，在开展交际公共关系中，一定要坚守公共关系的原则，摒弃诸如行贿、欺骗等不正当行为，还要恪守"欲人施于己者，必先施于人"这一交际原则，同时还须明确，社会交际只是公共关系的一种手段，绝不是公共关系的目的，更不要把私人间的诸多个人交际活动混同于组织的公共关系活动。

3. 服务性公共关系

服务是一种具有无形特征却可给人带来某种利益或满足感的可供有偿转让的单一或系列活动。由此，服务性公共关系是一种以提供优质服务为主要手段来满足公众需求的公共关系活动模式。

服务性公共关系的目的是组织通过自己的实际行为来为公众提供最佳的超值服务，进而获取社会公众对它的好评来建立组织的良好社会形象。在现代社会里，商品的价值已超越了它的使用品质，服务已成为商品信誉的新的重要要素。因此，对于一个社会组织（包括企业）来说，为社会公众提供全面、真诚、精细、超值的服务等已成为现代组织形象的关键一环，没有一流的优质服务，任何类型的公共关系活动都仅是空中楼阁或是说话巨人而最终一事无成。

"服务性公共关系绝不仅限于专门的服务部门或服务行业，社会上任何一类组织都要以自己强烈的服务意识和个性化的服务方式来向公众提供必要的优质服务”,如企业的品质服务、事业单位的便捷服务、政府部门的管理服务以及商业和服务行业的超值服务等。“各类组织向公众提供的服务,其质量的好坏将直接影响到组织在公众心目中的形象,因此,开展优质服务是各类组织的一项重要的公共关系工作。”①

服务性公共关系的最大特点是它主要是通过服务这一特殊媒介来连接和密切组织与公众之间的利益关系。优质的服务需要组织的长期坚持,需要公共关系部门的不懈工作,更需要组织的所有部门和所有员工的共同努力来实现。可以说,服务性公共关系是组织全体成员共同参与的一项集体性公共关系活动。

4. 社会性公共关系

社会泛指由于共同物质条件而互相联系起来的人群,即是由共同生活在一起的人们通过各种各样社会关系而联合起来的集合,其最主要的社会关系包括家庭关系、共同文化以及传统习俗。据此,社会性公共关系是一种组织利用举办各种具有社会关系意义的活动,如文化活动、公益活动、教育活动等来开展公共关系活动的模式。

社会性公共关系的具体实践形式有集会活动、慈善活动、社区活动、会展活动、环保活动、救灾活动等。在这些活动中,公共关系人员应利用一切机会来主动积极地开展与公众的互动工作,扩大组织的社会影响,提升组织的社会声誉,赢得公众对组织的支持,进而为树立组织良好的社会形象创造条件。

社会是人类生活的共同体,社会性公共关系通常具有公益性特征,因此,积极开展社会性公共关系,即标志着一个组织的成熟,也为组织的社会形象塑造提供一个非常重要的现实平台。

---

① 王晓进等编:《公共关系实务大全》,北京工业大学出版社,1993年,第68页。

5. 征询性公共关系

征询的词义是征求与询问。顾名思义，征询性公共关系是一种以提供信息服务为主要内容的公共关系活动模式。这种模式通过有关信息采集、舆论调研、民意检测、意见反馈等工作来了解和知悉社会舆论和公众态度，从而为组织的管理、经营的决策提供必要的数据依据和信息支持，使组织的行为尽可能地与国家利益、市场规律、社会要求和公众意愿一致起来。

征询性公共关系可采用的形式很多，如开展社会调查、分析文本资料、访问目标用户、征询公众意见、建立信访制度、设立监督电话（或邮箱）、开设专门网页（或网站）、创建电子信息库……另外，“征询性公共关系还应把预测工作作为它的重要内容，对组织发展的社会环境、市场前景、消费趋向、政府管理、社区关系等进行全面分析和预测，供组织管理者决策时参考”。①

征询性公共关系的特点是要求从事这项工作的公关人员应具有多维的社会视域、广博的专业知识、稳定的心理素质、创新的思辨智慧和良好的工作方法，能通过各种方法获得方方面面的支持和配合，从而能够不断为组织的征询提供有完整、充分的信息，使组织眼明耳聪，并能根据公众要求随时修正组织的行为，不断改进组织的管理与经营水平，保证组织与社会环境的协调和平衡，进而促进组织的良性快速发展。

二、根据组织不同时期的公共关系活动划分的模式

上述我们从公共关系活动性质的这一视角将公共关系活动划分宣

① 王晓进等主编：《公共关系实务大全》，北京工业大学出版社，1993 年，第 72 页。

传性、交际性、服务性、社会性、征询性五种模式，实际上我们还可以从组织处于不同时期或阶段的公共关系活动特点将其划分为下列五种公共关系活动范式。

1. 建设性公共关系

“建设”含有建立、建树、建造的涵义，据此，建设性公共关系是指组织在其初创时期或其新政策、新方针、新产品、新服务首次推出时为迅速被其内外公众所了解、认知和理解，并为组织在社会公众心目中积累并创建良好社会形象所进行的公共关系活动模式。

建设性公共关系的目的是使组织所有“新”的事物通过公共关系传播迅速进入内外公众视野，进而在不断增强组织内部凝聚力的同时，迅速提高组织的社会知名度和加速积累组织的社会美誉度。

开展建设性公共关系的工作重点是运用各种媒体进行传播和交流，尽力向社会公众介绍自己，尽量使尽可能多的公众知道自己、理解自己、接近自己，进而为取得尽可能多的公众对组织产生信任、支持与合作，为组织的发展建立并奠定一个良好的形象基础，这应是组织开展建设性公共关系的本意所在。

2. 维系性公共关系

“维系”一词的本意是维持并联系。由此，维系性公共关系是指组织在其正常发展阶段，为保持和巩固已建立起来的良好社会形象而实践的一种公共关系活动模式。

维系性公共关系的目的是通过持续的、不间断的传播和公关工作，使组织的良好形象在公众心目中始终保留和积淀，并不断加深组织在社会公众心目中所已有的良好形象，使公众始终拥有对组织的认可度和支持度。

维系性公共关系工作可以通过各种媒介和传播活动，把组织的各种正面信息持续不断、潜移默化地传递给有关公众，使组织的良好形象始终保留在公众的记忆之中，使公众一旦有需要就会在其第一时间首先想到或考虑到的该组织的信誉、服务、产品或其他，其结果是给本组织带来公众对其长期支持和合作的忠诚度。

3. 防御性公共关系

“防御”一词按其字面可解释为防备和抵御两个概念，防御一般具有“被动”的含义，但当防备和抵御成为影响胜负的关键时，防御往往也起决定性的作用，从这点上说防御的性质某种程度上应该是积极的。按此，防御性公共关系是组织为防止自身的公共关系失衡或失误而采取的一种主动而又积极的预防性公共关系活动模式。

防御性公共关系通常用于组织与外部环境出现了不协调迹象或与公众的关系可能发生某些不和谐因素的时候。其特点是预防与疏导同步进行。

在开展防御性公共关系中，有两个层面需要注意，即战略防御性公共关系和战术防御性公共关系。战略防御性公共关系要求组织制定长期的预防机制来应对宏观意义上的各种不协调迹象和不和谐因素。战术防御性公共关系则要求公关人员应及时洞察和发现各种可能的问题与矛盾，一旦通过调查发现组织发展中存在的问题和潜在的危机，一方面应及时向组织决策层和各业务部门提供预警提示、咨询建议和改进方案，并协助组织决策层和各业务部门启动预警程序并及时做好修正和改进工作。另一方面，可提前通过及时调整组织自己的方针政策、经营方式、产品质量、服务水平或传播方法等，以适应环境的变化和公众的要求，以防患于未然。当然，还可通过公共关系部门的自身努力，充分利用各种有利的时机或场合来为组织控制、抵御可能出现的各种矛盾和问题，为组织的顺利发展提供前置保障。

4. 矫正性公共关系

矫正性公共关系又被称为危机公共关系（但与危机公共关系还是有

较大区别），它是组织遇到危机事件或负面问题时所采用的一种纠错性的公共关系活动模式。

矫正性公共关系通常是在组织遇到突发事件或棘手问题，并使组织的社会形象受到严重损害时所采用的。其主要特点是“及时”，即它能够“及时发现问题，及时控制事态、及时纠正错误，及时改善不良形象”，“在组织形象受到损害时，公共关系人员应立即采取有效措施，尽量减轻损害造成的后果，做好善后工作，配合组织的其他部门以该事件为契机而重新建立组织的新形象，挽回组织的声誉”。① 其具体做法是：一旦危机与问题出现，公关部门应迅速启动应急机制，全力控制舆论，尽快查明原因，迅即制定应对方法，立即采取处置行动，诚实面对新闻媒体，及时将外界舆论准确反馈给决策部门，并提出消除危机的办法和纠正错误的措施。与此同时，公共关系人员还需运用和通过各种公关活动来尽快消弭危机问题对组织造成的不良影响，并千方百计地将组织形象重新恢复和重新建立起来。

5. 进攻性公共关系

进攻性公共关系是组织与周围环境发生矛盾或冲突时所采用的一种主动介入的公共关系活动模式。这种模式，“要求组织运用一切可以利用的手段，密切关注周围环境的变化，抓住一切有利的时机和条件，以积极主动的姿态调整自身的行为，改变周围环境，创造有利于组织发展的新局面”。这种模式的最大特点是“主动”，即它始终是“以一种进攻的姿态开展工作”。② 进攻性公共关系要求公关人员充分发挥自己的主动精神和聪明才智。但是，在从事这类公共关系工作时应特别注意：绝不

① 王晓进等主编：《公共关系实务大全》，北京工业大学出版社，1993年，第76页。

② 王晓进等主编：《公共关系实务大全》，北京工业大学出版社，1993年，第77页。

能只顾本组织的利益而不顾大局并损害广大公众的利益。

上述这些模式为公共关系人员提供了诸多可供借鉴或选择的参照范本，这些模式范本中所呈现的方式和方法对我们今天公共关系计划的具体实施具有一定的指导意义与参考价值。但须注意的是：世界上任何事物的发生和发展都不会是一模一样或一成不变的。因此，上述的任何一种模式的参考和选用都必须充分考虑到组织所处的客观现实的个性特点，决不能生搬硬套或教条照用，而应该根据组织的客观实际、组织发展的特定要求和组织所处的社会环境等所呈现和提供的具体条件以及其目标公众的不同类型和不同要求，融会贯通和创新性地参考和选用不同的公关活动模式，或在原有的模式基础上创造出更新、更有效的公共关系工作的方法和典例来。

第四节　公共关系专题活动

公共关系专题活动是社会组织围绕某一明确的目标而开展的专门性活动，它是一项操作性、应用性和技术性很强的工作。在日常的公共关系工作中，为达到组织的预期目标，公共关系人员经常要设计并实施各种各样的公共关系专题活动来为树立组织良好形象。常见的公共专题活动有各种庆典和会议、各种展会与参观、各种公益事业与传播活动等。

一、各类庆典和会议

庆典是组织围绕重要节日或自身重大值得纪念的事件而举行的各种仪式、庆祝会和纪念活动的统称，它包括节庆活动、纪念活动、典礼仪式等。通过庆典活动，可以引发社会公众对组织的关注，扩大组织的知名度和美誉度，提升和强化组织的形象力和影响力。下面仅以开业典礼为例，概述庆典的主要内容。

(一) 开业典礼

开业典礼(又称开张庆典)是一个组织其开张庆典之际所进行的一种自我展示和宣传的活动，它对于提高组织初创时期的社会知名度、树立组织的良好社会形象具有很好的传播作用，公关人员应精心安排和策划好这一活动。

开业典礼的通常做法是：

1. 合理确定时间和地点。开业典礼是组织创业正式启动的日子，其时间通常选在节假日或双休日，这是因为节假日一般都具有浓厚的喜庆气氛，组织借此可以烘托其开业典礼的隆重和喜庆，而双休日则会使应邀宾客(包括政府主管、行业同仁、社会公众等)可在不影响其正常工作的情况下准时出席典礼。自然，开业典礼的地点在不违法有关规定或影响他人的情况下一般应选在组织能够对外展示其最佳形象的地方，因为这是组织第一次向社会公众进行传播的绝好机会。

2. 精心拟定宾客名单。开业典礼出席宾客的代表性和数量等往往决定着该典礼的社会影响度。开业典礼一般邀请的宾客有政府部门负责人、社区负责人、知名人士、社团代表、同行业代表、业务合作伙伴代表、媒体记者、员工代表等。对邀请的宾客要全方位考虑，尽量不要有疏漏，并提前发出正式邀请。

3. 慎重拟定典礼程序。典礼程序是典礼活动内容执行的先后次序，它是典礼活动有序进行的必要保证。典礼程序一般包括典礼开始、宣读重要来宾名单、宾客代表致贺词、宾主代表致答词、宾主共同剪彩等。开业典礼既要符合典庆礼仪规定的程序，又要突出本组织的文化特色，同时也要提倡简洁、典雅的个性风格。

4. 事先确定致贺词、答词的宾客名单，并为本单位负责人拟定答词。贺词和答词是开业典礼的重要一环，它是社会评价和组织理念通过贺词和答词向社会直接传播的“媒介”。因此，无论是宾客代表的贺词还是组织代表的答词都应言简意赅，真诚朴实，起到沟通感情、增进友谊、易于传播的作用。

5. 确定剪彩人员。剪彩是一种国内外约定俗成的文化现象，其目的是对某一隆重事项的举行讨一个吉利和祝福。由此，参加剪彩的除本组织负责人外，还应邀请来宾中地位和声望较高者共同剪彩，已显隆重和尊重。

6. 安排各项接待事宜。接待事宜是庆典活动必不可少的事项，公共关系人员应事先周密安排签到、赠程序表、接待引导、拍照摄影、会间茶歇等服务人员，这些人员要在典礼前进行简单的礼仪培训并按时到达指定位置。

7. 组织喜庆节目。如有可能，开业典礼还可以组织一些歌舞、礼花、锣鼓等节目，以造成热烈、隆重、欢快的喜庆气氛。

8. 安排参观访问。典礼仪式后，可组织来宾参观本组织的一些事先安排好的展示场所，如企业的生产设施、工艺流程、服务设施、产品或商品陈列等；也可举办小型座谈会，广泛征求意见，并进行互动交流，以进一步增进了解与感情。

9. 来宾食宿安排。如果参加开业典礼的宾客有食宿需求，公共关系部门一定要提前确定和妥善周到安排，还要注意来宾，特别注意少数民族和国外来宾的生活习惯和饮食禁忌。

以上我们概述的仅是举办开业典礼活动的主要内容和具体要求，但实际上所有的庆典活动（包括各种节庆和纪念活动等）都可举一反三地参照和模仿上述开业典礼活动的主要内容、基本要求和主要程序，还可创造性地增设一些更符合社会文化价值要求的形式和内容，使我们的庆典活动为组织的发展创造更大的形象力和传播力。

(二) 记者招待会

记者招待会或称新闻发布会，是组织与新闻界联络、并通过新闻媒介与公众交流的一种重要方式。一般来说，它是组织根据自己的某种特殊需要而邀请有关新闻单位的记者来宣布某一消息，并接受记者提问的一种特殊会议。记者招待会的形式通常比较正规、隆重，其信息的传播由于记者出席而变得敏感和快捷。由此，记者招待会是组织与新闻界联络与互动的重要形式，是一种极具社会影响的公共关系活动。

1. 召开记者招待会的准备工作

(1) 确定时间。与庆典通常选在节假日或双休日举行以借此增加喜庆气氛不同，记者招待会应尽量避开节假日和有重要社会活动的日子，以免本记者招待会受到其他重要新闻事件或新闻发布会议的冲突和影响。

(2) 选择会议地点。与所有的社会活动一样，活动地点选择的合适与否会直接影响到该活动的质量。因此，记者招待会的选址主要考虑给记者创造最方便采访的条件，如到达会场的交通要方便，会场的周围环境要安静，会场的硬件(座位、温度、灯光、电源、电话、宽带等)要齐全、合适，以利于记者拍照、记录、参访和发送信息。

(3) 择定记者范围。在大众传播成为组织传播的主要媒介之时，组织的记者招待会应尽量邀请本地所有各类有关媒体(如报社、电视台等)的记者，不能厚此薄彼或疏漏，并适时发出正式邀请，并提前说明本次记者招待会的主题和基本内容，还要提前联系和确认各媒体出席本次会议的人数情况和有关要求。

(4) 确定主持人和发言人。由于记者招待会是一种组织与新闻界在较高层次上进行实时联络与直接互动的重要形式，因此，招待会的主持人应有主持、驾驭会议的能力和水平，发言人应是组织的领导或主管。

主持人和发言人都需具备思维敏捷、逻辑严密、反应迅速的综合能力，具备较高的文化修养和专业素养，同时也要有较好的语言表述能力。

(5) 准备发言和报道提纲。举行记者招待会前，有关人员应全面收集和整理好有关资料和文档，根据该会主体提前写出准确、生动的发言稿供发言人熟悉和参考。同时要预先充分准备各种资料和文档以备记者可能的提问。还要写出报道提纲，以便在会上发给记者作为其采访报道的参考文本。

(6) 准备宣传辅助材料。宣传辅助材料也是组织召开记者招待会所不可或缺的事项，它主要是围绕本次记者招待会的主题，提前准备好有关的实物、模型、照片、音像等，以便发言人在发言时或发言人在回答记者提问时，作为证据或直观附件来使记者加深了解和加深印象，目的是增强发言内容的说服力和记者招待会的传播效果。

(7) 做好组织记者参观的准备。即俗话所说"百闻不如一见"，会后组织记者进行实地参观和采访等，会大大加深记者对本次会议的认识和理解。因此，会务组织人员事先应安排好组织、接待、介绍、讲解等工作。

(8) 预做记者招待会的经费预算。经费预算也是记者招待会准备工作的重要环节。它应该本着朴素节俭的原则并根据所举行的记者招待会的规模、规格以及包括场地租赁、会场布置、音像器材、文具用品、交通运费等进行预算。其目的是该记者招待会在做到量入为出，并留有余地的情况下，拥有可靠的物力支持。

2. 记者招待会中的注意事项

记者招待会，同所有的其他各类会议一样，是项"系统"过程，除了涉及上述的一系列准备工作之外，它在会议进行时，还有许多需要特别注意的事项。

(1) 会议主持人应充分发挥主持和组织的作用，控制整个会议进程，积极推进会议议程，适时活跃会议气氛，合理引导记者提问，把握提问关键问题，正确回答有关问题，真诚与记者互动。

(2) 主持人或有关人员应始终遵守和保持文明得体的行为举止。会议期间，主持人或有关人员的整装修饰、言语举止都需文明礼貌，尤其是在互动阶段，主持人或有关人员不能随便打断记者的提问，也不能以各种举动、表情和语言对记者的“不友好”或“刁钻”提问表示不满，更不能用过激的话语来纠正和反驳记者的提问。

(3) 会议主持人或发言人遇到回答不了的问题，不能简单地用“不清楚”、“不知道”或“无可奉告”等来敷衍搪塞，应采取灵活、迂回和通情的办法给予回答，对于不愿发表或不能透露的信息或事情，应婉转的向记者做以解释，切忌吞吞吐吐、含糊不清或不懂装懂、问此而言他地引起记者的失望、不满和反感。

(4) 所发布的消息和数据必须准确无误，若一旦发现错误或问题应及时通报有关记者或通过有关媒体进行纠正和澄清，切不可隐瞒、坚持或欺骗。

3. 记者招待会后的工作

(1) 尽快对记者招待会上主持人、发言人和记者的讲话、发言、提问和回答等进行整理、总结和归档。

(2) 尽快搜集和统计记者招待会后记者所发稿件的数量、内容和倾向等逐一进行梳理、综合和分析，以便以后举行记者招待会时作为参考和借鉴。

(3) 若有负面报道，要及时调查原因，分清原委，一旦确认报道属实，但不利于本组织形象的，应通过该报道机构向公众表示虚心接受并致歉意，以真诚的态度来挽回组织声誉，而不能一味怪罪报道的记者，但对不正确或歪曲事实的报道，应立即向报道机构提供事实、说明真相、提出更正要求，以有理有据有节的方式来积极维护组织的利益与声誉。

(三) 文艺演出及电影招待会

文艺演出及电影招待会不仅是社会公众喜闻乐见的一种文化活动，

也是组织进行公共关系活动的一种重要方式，因为它不仅可以让社会公众获得艺术享受，而且还可以加深社会公众对组织文化的了解，增进组织与公众之间的感情与信息的互动交流。一般来说，组织文艺演出和电影招待会应按照以下程序：

1. 选定节目。选定演出节目或放映影片是“公共关系文化活动”的重要内容。由于社会公众都会受到自身文化（即他们在一定时期内所形成的思想、理念、行为、风俗、习惯及由此辐射出来的一切活动）的深刻影响和“制约”，因此，节目选定要考虑公众的文化背景、文化程度和兴趣爱好，也要考虑本次公共关系活动的目的、经费等因素。以便使该项文化活动能够受到公众的喜欢，进而使该公共关系活动达到举办的目的。

2. 发出邀请。文艺演出及电影招待会一般都是具有一定人数规模的群体性活动，为此，组织者都需提前向有关被邀公众及时准确地发出信息（如请柬、通知、电子信件等），邀请的公众数量要考虑场地的容量和自己的接待能力。

3. 做好安排。精细安排是文艺演出及电影招待会活动的又一重要工作。由于该项活动具有一定的人数规模，因此，看节目的座位排列，一般要根据客人的身份、年龄等事先做出适当、周详的安排。中间贵宾座位一般应安排给主要客人，老弱病残的客人还应有专人陪同。

4. 准备节目说明书。各种文艺演出应备有节目说明书或节目表，这需要有关部门提前设计和印制，并在入场时分发给入场公众。有时，这些说明书上还可印上组织需要传播的有关简短信息，使这些说明书也成为组织即时传播有关信息的中介和媒体。

5. 入席退席。专场演出，可安排一般观众先入座，主宾席客人在开演前由专人陪同入场。演出结束后，需要安排贵宾先离场，一般观众而后再离去，以保持整个活动的有序结束。

(四) 交际舞会

交际舞会与上述的文艺演出及电影招待会一样同属于文化传播类公关活动，它的特点是组织通过举办交际舞会这种形式，来加强其与公众之间的友好关系和感情联络。公关人员在组织交际舞会时应注意的具体事项是：

1. 被邀请男女客人在人数上要大体相等；对已婚者，一般要邀请夫妇。若是组织的内部舞会，则可根据出席的人数和男女比例状况，适量邀请其他单位人员参加。

2. 较正式的舞会要发请柬（包括电子邀请信函），请柬上要写明舞会的地点、开始与结束的时间，客人可在其间任意到场或离场。

3. 舞会场地应宽敞，邀请总人数要与场地面积相适应，人员过多会显得拥挤，太少又会造成冷场。这是主办人需要特别注意的。

4. 舞池地板要清澈洁净，但要防滑。舞厅内的灯光要柔和适中，音乐要符合大多数人的要求，如有乐队伴奏更好。组织舞会者应在场地、灯饰、舞曲等方面提前做好精细安排，以便舞会进行时顺利、流畅和热烈。

5. 如有必要和条件，可准备些茶水、饮料和点心，以便客人随时饮用和食用。

二、各种展览会与参观活动

(一) 展览会

展览会（包括博览会、展销会、展评会等）是一项信息高度聚合并密集扩散的综合性传播平台，因此举办展览会是组织通过这一媒介来宣传自身形象、展示产品，提高知名度、扩大美誉度的良好方式。展览会一般具有三大优点：① 展览会通常使用多种媒介进行交叉集中传播，它所聚合使用的文字、图片、实物、模型、幻灯、影像等，能立体、生动、直观、充分地展示组织形象及产品特质，给公众留下深刻的印象。② 展览的场地通常都设置意见簿、咨询台、网络间、洽谈室等，能及时、直接、详细地了解公众的意见，使组织与公众之间建立起通畅的双向沟通关系。③ 展览会一般能吸引专业公众的注意和参观，并能得到新闻媒介的关注和报道，这非常有利于提高组织在目标公众中的知名度与美誉度。因此，展览会是组织公共关系传播活动的重要媒介。

1. 展览会的类型

(1) 按展览的性质来分，一般有商业展览会和非商业展览会。商业展览会展出的主要是产品，目的是促销商品和获取市场(如广交会等)。非商业展览会举办的目的是宣传某一思想、理念、史实、人物、事件等(如雷锋事迹展、八路军抗战历史展等)。

(2) 按展览的内容来分，一般有综合性展览会和专业性展览会。综合性展览会主要包括全行业或数个行业的展览会(如工业展、轻工业展等)。专业展览则主要展示某一行业或某一项产品的展览会(如钟表展、珠宝展等)。专业展览会的主要特征是其常常同时举办讨论会和报告会，用以介绍新产品和新技术。

(3) 从展览的规模来分，有国际型展览会(如世博会等)、国家型展览会(如中国图书展销会等)、地区型展览会(如西安兵马俑展览会等)、地方小型展览会(如烟台苹果展销会等)以及单个公司的独家微型展览(如育才中学学生摄影展等)。大型综合性展览会往往有专门的展览机构主办，有关组织报名参展；小型展览会可由组织自办，展出本企业产品等；微型展览通常指橱窗展等。

(4) 从展览举办的场地来分，有室内展览会和露天展览会。室内展览会不受天气影响，长短皆宜，但布置复杂，费用较高。露天展览比较简便，费用较小，但受天气制约。

(5) 按展览的时间来分,有定期展览会和不定期展览会。定期展览会一般较有规律,有的一年一次、有的一年两次(如春季广交会、秋季广交会等)。不定期展会则是视需要和条件举办,在时间上比较灵活。

2. 举办展览会应注意的事项

(1) 明确展览会的主题和目的。

(2) 提前确定参展单位、参展项目和展会类型。

(3) 策划招展的信息传递方法。可采取广告(包括网络广告)、海报(包括网上海报)和专门邀请信(包括电子邀请信)的方式来告知和吸引有关组织参展。

(4) 选择展览会的地点。要考虑交通方便、辅助设施容易配备等因素。

(5) 提前培训有关工作人员。培训的内容包括专业知识的培训和公共关系能力和方法的培训。

(6) 成立专门对外发布新闻的机构。

(7) 准备展览会所需的各种宣传资料。如影像、图片、小册子、目录、说明书等。

(8) 预算展览会经费。

(9) 在展会入口处预设咨询台,贴出展览会平面图和各项指示标志。

(10) 提前准备展览会纪念品等。

(二) 对外开放参观

组织为了更好地与目标公众实现相互沟通,可积极开展对外开放参观活动,邀请目标公众(如消费者、社区公众或新闻记者等)到本组织实地参观。在组织公众参观时,一般应注意以下事项:

1. 确定主题。最常见的主题是:进取的经营理念、个性的和谐文化、文明的工作环境、先进的环保意识、积极的公益事业等,以展示和表明组织是社会和谐的一员，是具有正确经营方向的单位，是主动承担社区责任的社会公众。

2. 确定参观项目。组织一般开放参观的具体项目有：组织的成就展览室，组织的生产设备和工艺流程，员工的教育设施和培训方法，组织的环保与卫生措施，组织的福利与物质条件，组织的对外交流与合作等。

3. 确定时间。开放参观的时间最好安排在一些公休日或节假日，这一方面可以不影响组织自己的正常工作，另一方面也有利于公众有时间来参观和访问。

4. 做好宣传工作。参观时，要将事先准备好的简明易懂的说明书发给参观者，参观中或放映自制影像片或幻灯片等对参观者进行直观介绍，或由引导员陪同参观者按事先安排的参观线路参观和介绍。

5. 做好接待服务工作。对参观者要热情周到，注意安排休息场所和准备茶水饮料，尤对老人和体弱者更要关心和照顾。

（三）参观游览

组织客人参观游览也是公关人员的经常性工作。组织参观游览应注意事项基本与上述的对外开放参观应注意的问题相同，在此还需强调是：

1. 提前选定项目。要根据来访者的目的、性质、兴趣和当地的实际可能，应提前选择好有针对性、客人感兴趣的项目。

2. 精细安排参观。应事先安排好参观游览的路线，预定参观时间，根据情况确定每次参观的人数。

3. 陪同和讲解。公众参观时，一般要有专门人员陪同，并一路耐心讲解。

4. 介绍情况。介绍情况要符合实际，数字材料要确切，可事先发给书面材料。

5. 摄影。通常可以参观的地方都允许摄影,不准摄影的场所应树立标志,并向参观者做出解释。

6. 后勤保障。组织参观游览时要考虑参观者用餐的时间、地点,若需住宿则事先预订好房间。参观前要注意检查车辆和参观中要注意安全。

三、其他活动

(一) 赞助活动

对社会事业提供赞助是一种有效的公共关系手段。通过赞助活动,组织可以在社会公众心目中树立起其关心社会公益事业、承担社会责任的良好形象。组织因其无私的赞助而被社会广而传之,进而由此大大增强组织的社会知名度、美誉度和影响力是组织实践赞助活动的意义所在。

赞助活动一般有赞助社会慈善事业、赞助体育运动、赞助文化生活、赞助教育事业、赞助各种社会公益活动等。

实践赞助活动的主要步骤和基本程序如下:

1. 调查研究。由于赞助是组织的一项向社会奉献的公共关系活动,因此,在实施赞助活动前,要在组织的经营理念和组织的公共关系目标的基础上,深入调研社会公众目前所需要赞助的公益事业之具体情况,然后来制定本组织准备赞助的方向和原则。

2. 制定计划。在经过调查研究和确定准备赞助的方向和原则后,组织可以制定其具体的赞助计划。赞助计划一般包括赞助对象、赞助金额、赞助形式等。在制定赞助计划时,要反复审核和评定该项赞助的必要性、可行性和效益性。需要特别指出的是,组织还应根据自己的实际情况(包括经济实力)来确定赞助的金额或有关物资,以免赞助太多,组织不能承受，导致组织不能履行自己的赞助承诺，这将对组织的信誉形象造成极大伤害；赞助太少，会形成组织未尽社会责任而损害组织的社会形象。

3. 实施赞助。组织在具体实施赞助的过程中，一方面要将组织的赞助落在实处，另一方面组织的公关部门应借助赞助活动来扩大组织的社会影响，提高组织的知名度、美誉度。

4. 评估测定。每次赞助活动结束后，都应调查、评估和总结该项赞助活动的效果，为以后的赞助活动提供经验和启示。

5. 值得注意的是一旦组织宣布了某项赞助，就不能随意撤销或不履行自己做出的赞助承诺，否则，这将对组织的社会信誉造成不可挽回的损失和伤害。

6. 实施赞助活动一般应遵循下属原则：一是所赞助的活动应有积极的社会意义、广泛的社会影响和有良好的社会效应。二是实施的赞助活动应有利于提高组织的知名度和美誉度。三是实施赞助必须考虑组织的经济承受能力。四是对各种不良的征募者，组织应策略性地给予拒绝。

（二）广告活动

广告作为一种主要运用大众媒体来对社会公众进行信息传播，并试图影响公众态度和倾向性的传播活动，已渗透在我们的政治、经济、文化和社会生活的方方面面，成为我们生活中不可分离的一部分。因此广告已成为现代公共关系活动不可或缺的工具之一。

公共关系广告与商业广告有着本质区别，商业广告的目的主要是推销产品，而公共关系广告主要是塑造组织的社会形象。公共关系广告的类型很多，其大致可分为公益广告、赞助广告、形象广告、响应广告四大类。

1. 公益广告（Public Welfare Advertisement）。公益广告的主题常

常是“一般社会大众所关心的问题”①，其本质是一种旨在通过各种媒体向社会公众进行宣传和教育，以期“维护社会道德和正常秩序”、“实现人与自然和谐永续发展”②的非商业性广告。公益广告“具有说服力，但也是一种十分特殊化的沟通形式”，它是一种“可以把公共议题相关的资讯传播给大众”的公关广告活动。③ 如前些年中央电视台黄金时段播出的“广而告之”节目就是典型的公益广告。

2. 形象广告(Image Advertising)。形象广告是指组织向社会公众传播和展示其经营理念、社会责任及其“软”“硬”实力的广告，它使公众对组织的真实品质和总体面貌有更清晰认识，使公众更好地了解组织的优点、长处和特色。当组织整体形象还未被广泛了解的时候，形象广告就显得尤其重要。用广告形式向公众展示组织之魅力的“实力广告”、选择组织的经营理念、经营政策和服务水平等内容来进行设计和传播的“信誉广告”、通过真实感人的创意来与公众进行心灵沟通的“情感广告”等都属于形象广告范畴。

3. 赞助广告(Sponsorship Advertising)。赞助广告是指组织在自愿的情况下，有计划、有目的地向某些有益于社会公益的项目和活动提供资金或物质的赞助，而被赞助单位则通过给予赞助单位以一定的广告传播作为补偿。其通常有两种形式：一是接受赞助的单位以出资组织的名称或其产品名称为所举办的活动冠名，或通过一定的媒介形式向社会公众宣布赞助者的组织名称。二是在活动中受助单位使用赞助者的产品或作为奖品，以扩大赞助者的影响。如奥运赞助商(TOP)取得奥运会期间其公司商品被奥运会唯一使用即为一个典型事例。

---

① 孙秀蕙著：《公共关系理论、策略与研究实例》，中国台湾，正中书局，1998年，第191页。

② 潘泽宏著：《公益广告导论》，中国广播电视出版社，2001年，第4、6页。

③ 潘泽宏著：《公益广告导论》，中国广播电视出版社，2001年，第4、6页。

4. 响应广告(Response Advertising)。响应广告是组织为表示其与社会公众拥有一种关联和共同价值观的传播形式。其内容可以是观念认同取向的、或感情联络性质的,也可是社会合作性的,“这种广告一方面显示组织关心、参与社会与公众生活、向公众或其他组织表达善意和好感;另一方面也借助于社会主题的影响或借助于对方的传播机会来扩大本组织的影响”。① 如祝贺某一组织重大活动的广告、支持某一单位重大举措的广告、赞同某一部门重大方针和政策的广告、认同某一企业提升其产品信誉的广告等等。响应广告是组织广结良缘、提高本组织的知名度和声望度的一个重要手段。

除上述四类公共关系广告外,向公众说明、告知或解释某项事件的“说明广告”,以新闻报道、专题报道、消息综述、报告文学等形式出现在有关媒介上“新闻广告”,向公众征询各种意见和建议并借此吸引公众对组织注意力的“征询广告”等都属于公共关系广告范畴。

公共关系广告的主要特点是商业化痕迹轻,在当代社会它更容易被公众所接受。公共关系广告的操作程序是:① 确定广告的必要性,即在组织公关传播调查的基础上确定开展本项广告项目是否必要。② 确定广告的性质,即本项广告是公益广告、赞助广告、形象广告还是响应广告。③ 确定广告的目标,即确定本次广告所要达到的基本目标和传播效果。④ 制订广告的计划,即本项的广告规模、广告任务、广告预算、媒体策略(即根据本项广告目标、内容和经费预算,选定广告媒体,制定广告媒体组合策略)、设计方案。⑤ 推进广告的实施,即本项广告在媒体上的发布和传播,广告的实施需注意与组织整个公共关系活动的有机组合和时机上的把握。⑥ 落实广告效果的评估,即对本项广告的社会效果、经济效果、传播效果等进行客观全面的分析、评价和结论。(具体评

① Google—检索“形象广告”—MBA 智库百科。

估的方法参见本书第七章公共关系评估法）

（三）宴请活动①

为庆贺、表彰、答谢或接待等事由，公关人员常常要组织宴请活动，这是一项十分繁杂的工作，需要公关人员认真对待。

宴请分许多类型。正式宴会规格较高，要排座次，席间要致辞、祝酒。便宴较随便，可以随意就座，不做正式讲话。冷餐会以冷食为主，也可用热菜，宾主可自由活动，自取食物，自由入座。酒会以招待酒水为主，略备小吃，不设坐椅，仅设小桌，可以随便走动，形式活泼，便于广泛接触交谈。茶会是请客人品茶交谈，设茶几、坐椅，不排座次，对茶叶、茶具的要求较高。

组织宴请应注意以下事项：

（1）确定目的、名义、范围和形式。宴请的目的可以是庆祝、表彰、交流或答谢等。宴请可以组织名义发邀请，也可以个人名义发邀请，这要根据主客的身份而定。宴请范围是指邀请哪些方面人士出席，要根据宴请性质、主客身份、惯例习俗等多方面因素而定。宴请形式要根据活动目的、邀请对象及经费情况而定。人数少、规格高的以正式宴会为宜；人数多则以冷餐会或酒会为宜。

（2）确定宴请的时间、地点。宴请应选择对主客双方都合适的时间，最好事先征询主宾意见。宴请地点要按活动性质、规模大小、宴请形式及实际可能而定。

（3）发出邀请。各种宴请一般均发请柬。请柬一般要提前1至2周发出。需要安排座次的宴请，往往要求被邀请人提前几天答复能否出席。

---

① 宴请活动参考王晓进编《公共关系实务大全》，北京工业大学出版社1993年版第119—127页内容，本文作了删节与整理。

（4）订菜。宴会的酒、菜应根据形式和规格来选择安排，同时要考虑主宾的喜好和禁忌。

（5）桌次席位安排。正式宴请一般均排桌次和席位，有时也可只排主桌席位；非正式宴会一般只排桌次，自由入座。无论采取哪种办法，都要事先通知出席人，使其心中有数，现场还要有人引导。

（6）实施宴请程序。主人一般在门口迎接客人。视宴会重要程度，还可有其他主要人员陪同主人排列成行迎宾。主宾到达后，由主人陪进休息厅与其他客人见面。到时后，主人陪主宾进入宴会厅，全体人员落座，宴会便开始。上菜一般先上冷盘，再上热菜，最后上甜食、水果等。如有正式讲话，我国习惯通常安排在上热菜之后、甜食之前进行，主人先讲，嘉宾后讲。宴会结束后，通常主人应将宾客送出宴会厅。

思考题：

1. 实施公共关系计划的基本要求是什么？
2. 选择传播渠道的基本原则是什么？
3. 怎样理解上述介绍的几种常见的公共关系活动模式及这几种模式之间的有机联系？
4. 除上述的公关专题活动外，你还参加或主持过哪些公关专题活动？
5. 在各种各样的公关专题活动中，在哪些方面它们具有共性问题，在哪些方面它们具有特殊性问题？
6. 试模拟实践某一具体的公共关系专题活动。

第七章　公共关系评估

公共关系评估是公共关系工作程序的最后一步，它是根据特定的内容和标准，对公共关系调查、公共关系计划、公共关系实施等进行系统的检测和评价，以判断其成败与得失。随着现代公共关系的发展，公共关系评估工作在整个公共关系运作体系中占有十分重要的地位，可以说，公共关系评估影响着公共关系活动乃至整个公共关系体系的进步和发展。

第一节　公共关系评估的内容和标准

根据美国著名的公共关系专家斯科特·卡特李普和艾伦·森特等对其多年公共关系实践的经验及他们对公共关系评估的总结，我们可从公共关系传播职能的视角来对公共关系活动进行评估的主要内容和基本标准作出下列概述。

一、对公关活动准备阶段评估的内容

公共关系活动的准备阶段主要指公共关系活动具体实施之前的公

共关系调查和公共关系计划这两部分内容，从公共关系传播的视角看，对公关活动准备阶段所进行的评估主要有下列4项内容：

1. 公关调查所获取的资料是否充分和准确。公关人员首先应检查和评估公共关系活动初期所展开的公共关系调查的程序是否规范？调查的方法是否合理和正确？调查的方式是否合适和恰当？所获取的信息资料是否充分和全面？信息的来源是否权威和可靠？等等。

2. 公关调查后的信息处理是否科学和缜密。公关人员接着需要检查和评估公关调查后对有关资料和数据的量化是否准确？对有关静态信息或动态信息的分析是否精细？对重要信讯的分析与推断是否客观？对文献资料的梳理和研究是否深入？有无被遗漏的或忽视对整个公关活动有影响的信息与数据？根据调查资料对组织或公众方面的诸多判断和假设是否有误差？等等。

3. 公关计划的信息传播渠道是否合适和有效。公关人员还要检查和评估公关计划（包括策划）所选择的传播渠道和传播媒介是否最优？传播的信息内容是否有助于解决问题或取得预定的目标？针对目标公众所进行的信息传播是否准确、及时、有效？传播的方法和途径是否适宜？公关活动或传播的信息是否会产生某些负面作用？等等。

4. 公关计划的信息表达形式是否合理和艺术。公关人员在此还需要重点检查和评估公共关系传播活动中有关宣传材料（包括新闻稿、广告、板报、网页等）的写作和设计是否创新和艺术？能否引起公众的注意和兴趣？能否给公众以深刻印象和记忆？能否给公众以联想与好感？等等。

二、对公关活动实施阶段评估的内容

公共关系活动的实施阶段主要是指在完成公共关系调查和公共关系计划之后开始具体执行和落实公共关系计划的实践过程。而从公共关系传播的视角来对公共关系活动实施阶段所进行的评估主要有下列 3 项内容：

1. 公关实施中的有关信息被主流媒介所传播的数量是否充足。公关人员应着重检查和统计在公共关系计划的实施过程中，组织的有关稿件被传播媒介采用的数量是多少？电视、广播、报纸和网络等媒体发布的有关组织的新闻稿件、情况报道、宣传资料的数量是否达到预期要求？等等。

2. 公关实施中收到组织有关信息的目标公众的数量是否达到预期。公关人员需要分别检查和评估在公共关系传播活动后，接收到信息的各类公众的绝对数量是多少？接收到信息的主要目标公众的数量是多少？主要目标公众接受信息的主要途径和渠道是什么？影响主要目标公众接受信息的障碍是什么？等等。

3. 公关实施中注意到组织信息的目标公众的数量是否增加。公关人员还要检查和评估有多少目标公众在阅读、收看、收听到本组织的信息后注意到了组织发出的有关信息？有多少目标公众通过组织传播的信息对组织有了新的认知和理解？这些目标公众的数量比实施公共关系传播活动前增加了多少？等等。

三、对公关活动实施效果评估的标准

实践公共关系活动的目的是提升组织的良好形象，提高社会公众对组织的了解和理解的程度，为组织与公众之间的相互信任与合作创造最优条件。因此，对公关活动实施效果的评估标准就是基于这些目标，它主要包括下列 4 项内容：

1. 实施公关活动后，改变观点和态度的公众数量是否上升。公关人员在该阶段主要检查和评估经过公共关系活动后的一定时间内，公众对组织的观点、倾向和态度是否有了正面的转变？是哪些信息导致公众的观点、倾向和态度实现转变？改变观点和态度的这些公众的具体数量是多少？比实施公共关系传播活动前增加了多少？这是评估公共关系实施效果的重要指标和标准之一。

2. 实施公关活动后，实现组织期望行为的公众数量是否增加。公关人员还需着重检查和评估在实施公共关系活动之后，有多少公众已按照公关导向而采取了与组织合作的行为？其与组织合作的时间和程度如何？这些与组织合作的公众的数量比实施公共关系传播活动前增加了多少？这是评估公共关系活动效果的又一个重要指标和标准。

3. 通过公关活动，是否达到公共关系计划的预期目标和解决了公共关系计划预期解决的有关问题。公关人员在此特别需要重点检查和评估的是经过公共关系活动后，其结果是否达到了公共关系计划所设计的预期目标和解决了公共关系调查中所急需解决的有关问题？这是公共关系活动效果评估的主要指标和标准。

4. 实践本次公关活动对社会的发展产生什么积极影响。公关人员不仅要检查和评估公共关系活动对组织的方方面面影响，还要检查和评估公共关系活动对社会所产生的近期或长期的各种影响。虽然本项的检查和评估通常是公关人员力所不能及的，但是，公关人员一般还是能够基本判断公共关系活动对社会经济与文化发展所具有的各种影响和作用的。这也是公共关系活动效果评估的一项不可忽略的重要指标和标准。

第二节　公共关系评估的依据、方法和作用

一、公共关系评估的依据

公共关系评估主要是以大众传播媒介对组织的传播情况、组织内部

的状态和有关资料的反映情况、组织外部的状态和有关资料的反映情况为依据来进行评价和总结的。

(一) 依据大众传播媒介对组织的传播情况来评估

通过观察新闻媒介对组织有关信息的报道情况,可以分析出组织的形象、测量出公共关系活动的效果。分析和评估大众媒介传播情况的主要内容有:

1. 报道的数量。大众传播媒介报道组织有关信息的次数越多、篇幅越大、频率越高、时间越集中,引起公众对组织有关事项的关注、兴趣和记忆之程度就越高。

2. 报道的质量。大众传播媒介对组织工作的成就、经验、发展情况报道得越多、报道的越深,影响公众的效果就越好,其结果就越有利于塑造组织的良好形象。

3. 报道的媒体。一般来说,发行量大、覆盖面广、收视率高、权威性强的大众传播媒介,其社会影响力一般都较大。因此,在这类媒体上报道组织的新闻能事半功倍地提高公关活动效果。但需注意的是这类媒介的受众群是否主要面向本组织的目标公众。

4. 报道的效果。大众传媒对组织有关信息报道的数量固然重要,但报道的效果更为关键。由此,有关大众传媒对组织是正面报道还是反面报道,是全面报道还是简要报道,是重点报道还是一般报道,是醒目的版面还是次要的版面,是黄金时间还是一般时段……这些差别均会使报道的效果产生差异,从而影响到公关活动的效果。

5. 报道的时机。新闻媒体对组织的有关报道的时机是否及时、适时,即这些报道是否是组织最需在该段时机报道的等,都会影响组织公关活动的效果。

(二) 依据组织内部的状态和有关资料来评估

通过组织内部的有关现实信息,可从一个侧面来分析和检测公共关系活动的效果。分析和评估组织(以企业为例)内部状态和有关资料的主要内容有：

1. 组织领导层和管理人员从组织的实际经营管理过程中来考察和评价其公关目标所达到的程度与效果。

2. 组织内部成员从自身工作及整体的组织行为在不同方面的反应和变化来对公关活动的成效做出评价。

3. 营利性组织的业务人员及产品销售第一线的人员通过自己的经营销售情况的变化来对公关工作的效果进行评价。

4. 企业或公司的股东往往对企业或公司的发展十分关注，他们对企业的公关活动的效果会有较客观的评价。

5. 组织内部的各种资料，如统计报表、财务活动分析以及公众的来信来访记录、企业各种会议记录等，都是检验、分析和评价公共关系效果的重要资料。

(三) 依据组织外部的状态和有关资料来评估

同样，通过组织外部的有关现实信息，亦可从另一个重要侧面来分析和检测公共关系活动的效果。分析和评估组织(亦以企业为例)外部状态和资料的主要内容有：

1. 消费者与用户的信息反馈。对营利性组织来说，消费者与用户是公关活动的主要对象，公关目标都直接或间接地与消费者和用户相联系。因此，消费者和用户的反映应是评估公关活动的重要资料。

2. 其他组织的信息反馈。组织在生产经营中有许多经营伙伴，如原料供应者、产品经销者、金融机构、代销商等，他们与组织交往频繁，与组织的生产经营密切相关。这些相关组织的信息反馈也是评估公关活动的重要资料。

3. 上级主管部门的信息反馈。通过上级主管部门对组织行为支持程度的信息反馈，可以反映出公共关系对政府部门的沟通效果。

4. 社区公众的信息反馈。社区公众是组织的左邻右舍，组织与社区公众由于地域上的接近而关系密切，易相互了解，组织可从社区公众那里得到有关组织形象的信息反馈，这也是评估公共关系的重要资料。

二、公共关系评估的方法

公共关系评估的方法，概括地说，就是调查研究的方法，其主要有以下几种具体方法：

（一）民意测验法

选择一定数量的调查对象，用问卷、访问等方式，征求他们对某一问题的意见、态度、倾向，再加以综合、分析、统计、说明等来评估公共关系活动的效果。

（二）专家评估法

由业界或学界的专业人员会同公关人员组成一个专门评议组，对公共关系活动进行客观论证与多向评估，并接受质询。其具体步骤为：

1. 由主持人拟定调查项目并给出评估标准。

2. 评议组由公关、管理、心理、传播等方面的专业人员组成，总人数不宜过多。

3. 请被邀专业人员以不记名方式，独立地发表意见。若意见分散，则将上一轮意见汇集整理，反馈给每一位专业人员，请他们重新发表意见，直至意见趋于一致。

4. 分析、研究专业人员的意见，得出能代表他们大多数人意见的结论，作为专业人员集体对公关活动效果的权威性、结论性的评估。

（三）观察法

公关评估者以当事人或旁观者的身份与其他公众一样接触各种公关活动，借以观察、评估公共关系活动效果。

(四)访谈法

访谈法分为个别访谈和集体座谈两种。个别访谈的优点是谈话深入、受外界干扰小,缺点是费时、费力。集体座谈相对省时间、信息来源较广、涉及范围也较大,但座谈者往往易受他人发言观点的心理影响。自然,访谈法也是一种通过对公众的访谈来分析和评估公关活动效果的有效方法。

(五)数据比较法

数据比较法是根据公共关系活动前后有关数据的变化与比较来评估公共关系效果的一种直观方法。以企业为例,其销售额及利润在一定时期内借助公共关系活动而发生的变化就是公共关系效果。例如,某企业的知名度和美誉度较低,虽有优质产品,但其销路不佳,加强公共关系活动之后,该企业的销售额迅速上升,这时就可以该企业这段时期销售额和利润的变化来说明公关活动的效果。

三、公共关系评估的作用

公关人员在策划和实施公共关系活动之后,只有通过公共关系评估,才能了解和掌握公共关系活动是否达到了预定目标,才能总结经验来不断提高公共关系工作水平。具体说,公共关系评估有下述作用:

(一)及时反馈信息,调整公关传播策略。公共关系评估的过程,也是信息反馈的过程。在公关计划实施中,公关人员常运用传播手段直接作用于公众,引起公众的情感、态度及行为等方面的变化。但是,公众的情感、态度、行为等方面具体变化的实际情况如何,公关传播活动是否实现了预期目标……这些都必须根据公众反馈回来的信息来回答。在公共关系活动过程中,公关人员应及时注意收集有关的反馈信息,并根据这些反馈信息进行适时的梳理和总结。如果反馈回来的信息不佳,公关人员应及时调整传播策略，以期宝贵的人力、物力和财力能够发挥最佳效应。

（二）总结经验教训，不断提升公关水平。通过公关关系评估，公关人员可以总结成功的经验，发现存在的问题，分析失败的原因，汲取失误的教训，制定改进的措施等，以此来为进一步提高组织的公共关系水平提供诸多可供借鉴的资料和数据。公关人员可通过公共关系的评估，来积累经验，增长知识，丰富才干，拓展思路和提高自身素质。

（三）通过实际效能，获取决策层支持。公共关系评估的一个重要作用，就是通过评估来促使组织的领导者看到公关活动的作用与效果，认识到公关活动对塑造组织的社会形象、增强组织内部的凝聚力、提升组织外部的竞争力、促进社会的进步具有不可替代的作用，从而使领导层进一步理解和支持组织的公共关系活动。

（四）激励组织内部成员。公共关系成果，特别是社会媒介对组织成就的宣传、报道和社会公众对组织各方面的积极评价，在组织的各个部门和所有员工的心目都会产生一种难以形容的自豪感、荣誉感和归属感，因此，掌握和整理这些新闻报道和公众反馈信息，不失时机地向组织内部成员转达和传递这些报道和信息，将对组织内部成员起到一种鼓舞士气、激励斗志的巨大作用。因此，这种评估非常有利于加强组织的向心力、凝聚力和创造力。

思考题：

1. 怎样对公共关系实施的不同阶段进行公共关系评估？
2. 怎样理解公共关系评估的内容、标准、依据和方法？
3. 公共关系评估的作用和意义是什么？

下篇

公共关系案例与案例分析

公共关系学是一门应用性极强的学科，而应用性学科的一个十分重要且非常有效的研究方法，就是通过具体的典型案例来对有关理论和问题进行经验性、实证性的深入分析和学理研究，以求在直接或间接的事实与证据的基础上，找出具有普遍意义的内质规律和治事范式。对典型案例的深入分析和学理研究，在国内外的许多应用学科领域（如医学、法学、管理学、工程学、军事学等学科）中已被证明是一种行之有效的学习和研究方法。公共关系案例与案例分析在公共关系学科体系中占有重要的位置。

一、公共关系案例的涵义

"案例"一词的英文是"case"，亦可译成事例、实例。在不同的学科领域中，该词有不同的译意：医学上译为病例；法学上译为判例；军事上译为战例；管理学上译为实例……①

公共关系的"案例"，其涵义与上述诸多学科的译意相通相近。关于公共关系案例的确切定义，学界至今还没有一个被普遍公认的提法和解释，但在各种不尽相同的提法和解释中，其主要的内容目前已基本趋于一致，即公共关系案例是对某一特定的公共关系活动的基本背景、主要内容、时空条件及整个活动过程进行客观的描述或介绍，其主要包括：公共关系互动的主体和客体；公共关系活动的目标与策划；公共关系活动的过程与方式方法；公共关系活动的效果与总结等等。

---

① 《英汉多功能词典》，外语教学与研究出版社、建宏出版社（中国台湾），1998年，第235页。

二、公共关系案例的构成要素

公共关系案例是由一系列要素所构成。根据公共关系学科本身的特点，公共关系案例的要素基本上可分为两个方面：一是案例本身所必备并反映公共关系内涵的“人”、“事”、“物”，即公关案例的内在内容要素；二是案例展现的书面形式或格式，即公关案例的外在表现形式。

（一）公共关系案例的内在内容要素

同所有矛盾体的构成一样，一个完整的公共关系案例必须具备主体、客体、中介、客观环境等内容要素。

1. 公共关系案例的主体要素——组织。由于组织在公共关系活动中始终起着组织、策划和实施等主体和主导作用，这就决定了组织在公共关系中的主体地位。公共关系案例是公共关系的具体表现，组织也就成为公共关系案例的主体要素。

2. 公共关系案例的客体要素——公众。由于公众是公共关系活动的唯一对象，在整个公共关系活动中始终处于“被动”的状态和地位，由此，公众自然是公共关系案例的必定客体要素。

3. 公共关系案例的目标要素——塑造形象。公共关系的主要职能和公共关系活动的根本目标就是在社会公众心目中塑造组织的良好形象，因此塑造形象无疑是公共关系案例的目标要素。此外，公共关系活动的策划是决定公共关系活动能否成功的核心因素，是公共关系活动之所以有计划、有目的、有创意的本源，因此策划与形象一样，也是公共关系案例的基本要素之一。

4. 公共关系案例的中介要素——传播媒介。公共关系也是一种沟通和传播的活动。传播媒介是组织这一主体与公众这一客体之间实现沟通和联系的中介纽带，是信息交流的载体。公共关系活动的成功，在相当程度上取决于传播方法或传播方式的使用及传播媒介的选择。因此，在公共关系案例中，传播媒介成为不可忽视的必须深入分析和研究的重要要素。

5. 公共关系案例的客观要素——环境要素。客观条件的环境要素指的是任何一个公共关系活动都不可能离开处于特定的时间和空间的社会政治、经济、文化等客观环境而存在，也不可能不受到其所处的客观环境的影响。社会环境的差异和历史背景的不同，都会使公共关系活动的内容、形式、方式和目标有所不同。所以，公共关系案例的分析和研究不能不包括特定环境这一要素。

（二）公共关系案例的外在表现要素

公共关系案例的外在要素是指案例的文字书写、内容编排、体例结构等的形式要素。形式一般应适应和服从内容的要求，而内容通常则需要通过合适的形式得以展现。公关案例的本身是丰富多彩、各种各样的，由于编写者的风格和目的又会因人、因事、因物而不尽相同，这就造成公关案例编写的形式或格式不可能统一，但一般来说仍有一些约定俗成的规范和普遍采用的习惯方式。下列是通常所用的公共关系案例体例：

1. 案例标题，即单个公共关系案例的名称。由于公共关系案例的特殊性，公共关系案例的标题一般都涉及该项公共关系实务活动的具体组织的名称、关键问题的归纳、核心内容的概括与提炼等。公共关系案例标题要求简洁明了，使读者一开始就能够对该案例有一个明晰的大概了解并产生阅读兴趣。

2. 案例正文。正文是公共关系案例的主旨内容，它包括公共关系主客体互动的整个情节的产生、演变、冲突、发展及解决的方法及结果等，它还包括诸多客观的背景资料，以便能更客观、更深刻地解释和揭示该案例的真正内涵和其内在的逻辑与规律。当然，公共关系案例的内容材料要真实、客观，内容的写作上要简要、生动和准确，具有可读性。

3. 案例分析。案例分析是公共关系案例的核心要素，也是公共关系理论与原理的实践展现。它包括对该案例进行科学合理的理论阐释，这一过程需要清晰地梳理事实、阐释理论、提出问题、指出得失，得出令人信服的结论。

4. 案例结尾。公共关系案例的结尾一般是对整个案例分析的归纳和精简性的总结，它能给读者以深刻的思考与举一反三的启示。

公共关系案例的书写形式也应该是丰富多彩的，不应墨守成规或教条照搬。自然，在此需再次强调的是，公共关系案例的写作必须把握的原则是：真实、准确、完整、简洁，还需逻辑、艺术和文采。①

三、公共关系案例的类型

公共关系案例的类型可根据其篇幅和内容来进行简单的划分。

1. 按案例的篇幅大小可分为短篇公共关系案例和长篇公共关系案例。

短片案例篇幅短小，所展示的矛盾单一，问题简洁而不复杂；长篇案例篇幅较长，包含的矛盾较多，层叠复杂，难题头绪及涉及的范围和内容较多。

2. 按案例所涉及的内容，可将其分为专题性公共关系案例和综合性公共关系案例。

专题性案例一般是对公共关系活动的某一单向性活动与单一问题进行描述与分析的案例。综合性案例一般则是以组织的诸多公共关系

---

① 公关案例的构成要素参见熊源伟主编：《公共关系学》，安徽人民出版社，1990年，第306—307页。本文作了较大部分的修改。

活动为对象来综合性描述与分析其中众多问题的案例。综合性公共关系案例是较复杂的案例，而专题性公共关系案例则是较简单的案例，实际上，两者在具体内容的阐释上并没有严格意义上的界限。

公共关系案例的类型无论怎样不同，其目的只有一个，即提高学习公共关系的分析能力、理解能力、判断能力和应用能力。

四、公共关系案例分析和研究的意义

公共关系案例的分析和研究是从另一个角度——即实践的角度来学习和探究公共关系学的。即它是通过具体的公共关系活动的经典实例来由面到里、由浅入深地揭示公共关系理论和实务的一般规律及公共关系内在的各种有机联系。它对于全面系统地掌握公共关系科学具有重要意义。

（一）提供公共关系理论学习的深化方式

公共关系的理论来自公共关系活动的实践，公共关系案例中的“实践”反映，验证、丰富和发展着公共关系的理论。公共关系案例的分析和研究就是将蕴含在“实践”中的个别的公共关系原理发掘出来，再加以整理、归纳、综合和延伸，再从中推导出一般的具有普遍指导意义和内在规律性的公共关系原理。这种从个别到全部、从具体到一般来研究和解释公共关系原理的过程，就是深入学习公共关系理论的过程，也是公共关系案例研究的根本目的。这种方法既区别于传统的一般从理论到实践的研究方法，也不同于非常枯燥的从理论到理论的抽象思维方式。公共关系案例的分析和研究方法与那种就事论事、照搬教条的方法截然对立，它是一种由浅入深、从实际联系理论、再由理论指导实践的不断深化的学习过程和学习方法。

（二）提供公共关系模拟实践的现实机会

公共关系学是一门实践性极强的学科。公共关系的实践是公共关系学理论学习的目的，也是公共关系学存在的生命。但如何将公共关系原理与公共关系实践结合起来？如何弥补书本知识与实际操作之间的距离？如何将公共关系知识转化为公共关系技能？公共关系案例研究为此提供了一个非常实际和十分有效的方法，即通过一个已发生过的现实直观的公共关系活动的环境和氛围，让案例使用者以公共关系主体角色的身份深入其境，去理解案例、分析问题、找出症结、具体策划、“实际”操作，还可自我“评估”。它是一种理论与实际结合、知识与操作并用的主动实践模拟活动。这种活动在激发人们的学习和研究兴趣的同时，也为日后的实际公共关系活动做了必要的“模拟”或“演习”准备。

（三）提供公共关系示范、引导和借鉴的实证范式

公共关系案例的选择一般都具有典型性，因此分析和研究公共关系案例就具有普遍性和示范性的意义。从公共关系案例中归纳和总结出来的原理、思路、方法、经验和教训，既可反映出特定的公共关系活动的规律和哲理，也具有普遍的示范和指导作用，并可达到举一反三效果，还可在以后的公共关系实际活动中作为一种深刻启示与有益借鉴。

公共关系案例分析和研究的目的，“不仅在于把案例的本质内涵科学地揭示出来，更重要的是给予读者一种知道如何去发现、分析和研究案例，并以此来深化、丰富和拓展自己的公共关系理论知识和掌握公共关系工作的基本技能与方法”，创新性地去“提高自己的理论水平和工作能力，（进而）促进我国的公共关系事业不断发展”，①无疑是具有重要理论意义和实际价值的。

① 熊源伟主编：《公共关系学》，安徽人民出版社，1990年，第368页。

第一章　组织形象的塑造

——公共关系的基石

当今世界经济正日益从狭小的地方经济、区域经济发展成全球一体化的国际性大经济，企业的竞争也从局部的产品竞争、价格竞争、技术竞争、资金竞争、人才竞争、信息竞争等发展到企业的整体性竞争，即企业形象的竞争。谁能将优质、鲜明的企业形象展现在公众面前，谁就能在激烈的市场竞争中脱颖而出，稳操胜券。根据2006年英国品牌价值咨询公司Brand Finance发布的全球品牌价值的评估数据，美国百威啤酒的品牌价值102亿美元，日本丰田的品牌价值202亿美元，IBM的品牌价值315亿美元，美国微软的品牌价值308亿美元，而可口可乐的品牌价值竟达327亿美元……在这些天文数字品牌价值的后面，是企业形象的巨大震撼力！

公共关系学是一门新型的综合性学科，是从管理、传播等学科中逐步分化出来的一种具有特殊管理职能与双向传播功效的交叉性新兴科学，它全面、科学、艺术地运用各种沟通方法（包括人际、群体、大众传媒及其他各种沟通方法），在以人为本的前提下，以真诚的态度、创新的意识、缜密的计划、完整的信息、持久的努力来使组织与其内外的各类公众进行双向交流，在交流中促成组织与公众之间相互了解、相互理解、相互信任与相互合作，并在塑造组织形象的同时，达到组织利益、公众利益与社会利益三者间的协调与平衡。组织形象是公共关系的核心，一部公关史实际上就是一部以塑造组织形象为主线的发展史，组织形象的塑造是现代公共关系的基石。

组织形象（包括企业形象）是公众对组织的总体评价，是组织的表现与特征在公众心目中的集中反映。这种总体评价与反映是主客体的统一。第一，形象是一种总体评价，总体评价是各种具体评价的总和，具体评价构成局部形象，总体评价组成总体形象；第二，形象的确定者是公众，公众是形象的评判者；第三，形象源于组织的表现，公众对于组织的印象不是凭空产生的，而是基于对组织的所有表现与作为的总结和评定。以现代企业为例，良好的组织形象对现代企业一般具有如下几个方面的正面作用：

——良好的形象能为企业赢得市场。发达的商品经济是伴随产品及服务的卖方市场向买方市场的转化而出现的。当买方市场已成为制约企业经营活动的关键性因素时，形象原则也就自然成为现代企业经营的核心信条。良好的企业形象可以使消费者对企业及其产品或服务产生信赖感，这种信赖感的背后就是企业赖以生存与发展的市场。

——良好的形象能为企业吸引更多的优秀人才。市场经济的本质是竞争经济，企业间的竞争说到底是人的竞争，是人才的竞争、人的总体素质的竞争。“人往高处走，水向低处流”，良好的企业形象造成企业“软”环境的优化，“有了梧桐树，不愁金凤凰”，优质企业不会缺少吸引优质人才的魅力。另外，良好的企业形象也必然会增加内部员工的向心力和归属感，会激励士气、鼓舞斗志，使员工倍感本企业是可以信赖的。

——良好的形象能为企业吸引更多的股东及资金。良好的形象使企业具有良好的发展潜质和发展前景，由此，股东自然乐于购买本企业的股票，银行及政府亦愿意提供给本企业优惠的贷款，优则越优的“马太效应”的结果是企业获得加速良性发展的动力和机会。

——良好的形象可以使企业易于化解危机和东山再起。任何一家企业在其经营和发展中，不可能不遇到危机与问题，但具有良好形象的企业常常比其他企业更易于化解危机和东山再起。如，可口可乐公司的老总曾这样自负地说道，如果它遍布于全球的工厂在一夜之间被大火化为灰烬，那么第二天全世界主要媒体的头号新闻不是它被烧光的新闻，而是各大银行巨头们纷纷向它大量贷款的新闻，因为凭借"可口可乐"这张价值连城的形象品牌，它会在危机中立刻东山再起。

一、组织形象的构成①

组织形象的构成要素主要有以下三个方面的内容：

(一) 组织的总体特征与风格

组织的总体特征是指组织的最为显著的能代表其整体情况的主要特点，是公众对组织及其总体行为的概括性认识。组织的总体特征与组织的其他形象要素相比，具有如下特点：组织总体特征的形成需要有较长时间，比较抽象、概括，能比较全面反映组织的基本情况；组织总体特征的信息比较广泛，一般不强调针对具体的某类公众；组织总体特征具有一定的时续性和稳定性，对公众的影响力也更持久一些，并具有相对的独立性，即一旦形成以后，可以相对地脱离其他形象要素而存在，并产生作用。

组织总体特征一般可以分为两部分：一部分是其内在的总体特征与风格，另一类是其外在的总体特征与风格。

1. 组织的内在总体特征与风格。它是构成组织形象的"软件"(或

---

① 此部分和下面组织形象的特征部分主要参考并引自熊源伟主编《公共关系学》(安徽人民出版社 1990 年版)第 7　10 页内容，本文做了部分修改。

为“隐形”)部分,其主要内容包括:

(1) 组织的理念、精神与风格。如大庆的“说老实话、办老实事、做老实人”的“三老”精神,青岛海尔的“真诚到永远”的经营理念,美国 IBM 的“尊重每一个人”的个性价值观,等等。

(2) 组织的凝聚力。即组织内部具有共同的价值观,员工具有较强的认同感与归属感等,这是组织形象的内在动力。

(3) 组织的实力。它包括组织运作过程中所具有的资金实力、技术实力、人才实力,以及企业的等级等。

(4) 组织的管理水平。即组织、机构和工作人员的严谨、认真、高效的工作作风,上下左右的协同与配合的团队精神等,这是组织形象的内在表现。

(5) 个性化的经营风格。根据组织的实际状况来选择、确定适合自己企业个性化发展的经营风格,这是组织形象的内在创新力。

2. 组织的外在总体特征与风格。它是构成组织形象的“硬件”(或为“显形”)部分,其包括:

技术设备的状况、卫生及环境条件、员工的仪表、着装与态度,以及组织的视觉识别系统(VIS),例:组织的建筑式样与装饰,办公用品及设施中独特的色彩元素与标识标志,企业的厂旗、厂徽、厂歌,特有的产品包装、装潢等。外在的特征使公众在视觉上产生认知和记忆,并在公众的头脑中形成鲜明持久的印象。

内在特征、风格与外在特征、风格两者相辅相成,互为依存。组织的内在特征与风格是其外在特征与风格的支撑与根据,它决定了组织外在特征与风格的选择与取向,但比较含蓄。而外在特征与风格是其内在特征与风格的直接体现,它很直观,易造成第一印象,使公众迅速知道和了解组织的特征与风格。因此,塑造组织形象时,两者不可偏废。

(二) 组织的知名度与美誉度

评价组织形象的基本指标有两个，即组织的知名度与美誉度。

知名度是指一个组织被公众知晓和了解的程度。它是评价组织被社会公众认识程度的客观尺度。

美誉度是一个组织获得公众信任和赞许的程度。这是评价组织社会影响好坏程度的定性指标。

知名度与美誉度分别是从量和质的两个方面来评价组织的形象。

知名度与美誉度是一对矛盾的两个方面，两者往往不一定成正比，即知名度高的组织，其美誉度不一定高，反之亦然。因此，一个组织若想树立良好的社会形象，就必须同时把知名度与美誉度共同作为自己追求的目标。

(三) 组织形象的定位

组织形象定位是组织根据自身客观特点与形象目标，以及根据同类组织情况和目标公众的情况，来确定自身应在公众心目中所处的特定形象位置。

二、组织形象的特征

组织形象的构成决定了组织形象具有自己的个性特征，它主要包括下列三个方面：

(一) 组织形象的客观性

公众心目中的组织形象不是凭空想象的，也不是他们头脑中固有的。组织形象是组织的所作所为在公众心目中的投影与反映。根据统计学上的“大数定律”，评价的人多了，主观的偏见就会自然减少，因而组织形象是较客观的。

(二) 组织形象的多维性

由于组织自身的构成具有多样性，它必然会向社会发出各种各样的信息。从形象的构成要素分析看，比如从时间和空间上、人员素质和设备上、内在精神与外在风格上等等,都可以反映出一个组织的形象。

(三)组织形象的差异性

由于组织形象的评判者是公众,而公众经常是由不同的个体或群体所组成,他们往往都具有自己的文化背景、价值取向和判断标准,因此,组织的同一行为在不同的个体或群体的心目中常常会有不同的评价,即组织的表现与特征在不同的公众心目中会产生不同的差异化的评价。

(四)组织形象的相对稳定性

由于众多因素的影响,使组织形象始终处在一个动态的变化过程中,但是,组织形象一旦形成,就具有一定的相对稳定性。形象的变化不会是不可捉摸的、瞬间即逝的,像中国的"百年老店"所塑造起来的良好形象至今令人不能忘怀即是实例。所以,不论作为"硬件"的外在形象、建筑风格、个性标志,还是作为"软件"的组织精神、传统风格,往往会伴随一个组织生命的全过程,并会在一定的时空条件下、在一定的公众群体中形成概念化的东西,造成一种具有一定时间长度的心理定势。

第一节　现代政府组织的形象塑造

【案例】

"北京奥运"

——向世界传播中国形象的公关平台

2008年8月的北京,碧空蓝天,阳光灿烂,飘扬的彩旗,醒目的横幅,洋溢着盛夏激情的古城北京,在经过7年的精心准备与艰辛努力之后,正张开骄傲的双臂，迎接着举世瞩目的第29届奥运会在中国的北京隆重举行。

历史注定2008年8月的世界“属于”中国，因为中国的北京成了世界的中心：

——世界204个国家和地区的2万多名世界顶级的运动员和教练员从五洲四海汇聚北京；

——全球所有的新闻机构，包括美联社、路透社、塔斯社、法新社、NBC、BBC、NHK等世界级大牌媒体的3万多名记者争先涌向北京；

——世界80多个国家和地区的首脑自8月7日起就已从地球的各方云集北京参加8月8日晚上的开幕式。

……一时间，世界的目光已迫不及待地转向中国、焦聚北京。也在此时，中国政府借助北京奥运这一国际平台，展开了一系列令人眼花缭乱、赞叹不已的向世界展示中国形象的国际公共关系活动。

8月8日中午，中国国家主席胡锦涛在北京人民大会堂，专设午宴欢迎80多位国家和地区的元首与政要。11点30分，胡锦涛及夫人刘永清在铺满红地毯的大厅里笑迎鱼贯而入的各国贵宾，并同他们一一合影留念。当80多位各国首脑与政要伴着“中国欢迎曲”在胡锦涛引领下步入盛大宴会厅时，全场响起经久不息的掌声。在欢迎午宴上，胡锦涛主席将拍自己肩膀以示亲密的美国布什总统、微笑恭谦的日本福田首相及踌躇满志的国际奥委会主席罗格夫妇安排在了主桌上，同时将朝鲜和缅甸这些存在核问题和人权问题并与西方大国格格不入的国家政要安排同坐另外一桌……当胡锦涛发表的热情洋溢的祝酒词刚一结束、宴会大厅还在频频举杯之时，各国记者就迫不及待并情不自禁地以最快速度向全世界进行全程报道：由中国主导和营造的“国际融和气氛”的宴会，显示了一个和平崛起大国的国际地位、国际责任和国际气魄……日本《读卖新闻》的记者则更感慨地在其报道中这样说道：中国的这场盛大欢迎午宴，早在“各国首脑为等待与胡锦涛握手而在人民大会堂排起了长队”时，“胡锦涛主席就在各国首脑面前显示了国际协调的姿态……（毫无疑问）这是中国奥运外交达到巅峰的瞬间”①。

8月8日晚上8时，万众期待的第29届奥运会正式揭幕，80多位国家元首与领袖齐聚新建的中国国家体育馆——“鸟巢”，10万名现场观众和超过40亿（全世界共约70亿人）通过电视屏幕观看开幕式的世界各国民众，在这一时刻聚焦“鸟巢”精彩绝伦的开幕式文艺表演，共同见证这一激动人心的历史时刻……北京古城的时尚现代、“鸟巢”的宏伟辉煌、礼花的绚丽多彩、文艺节目的精彩绝伦、中国领导人的神韵风采、中国观众的热情豪迈……都一一通过强大的无线电波即时传遍了世界的每一个角落，传到了世界每一个人的心田。“中国的魅力之夜倾倒了世界”，全球媒体纷纷给予北京奥运开幕式以最美好的评语和贺词。路透社报道：开幕式“展现的丰富的中国文化让世界为之动容和感动”；香港《新报》的社论说：奥运开幕式的精彩，使“中国成为今届奥运会的最大赢家”。

……

中国政府通过举办举世瞩目的北京奥运会而全力开展了一场史无前例的“奥运外交”，向世界展现了新中国的魅力和气派，并让整个世界由此而真正地了解和读懂了中国。

【案例分析】

运用重大事件来为国家利益服务是国际公共关系的一种重要方式。中国北京申办和举办奥运会即是这种由国家组织和实施的国际公关来为国家利益服务的杰出一例。由于篇幅所限，上述案例仅是整个北京奥运举办过程中的几个公关活动片段，但透过这些片段，我们还是可以从

① 《参考信息》2008年8月10日第8版。

中得到许多有益的启示。

一、塑造国家形象是政府公关的第一原则

2001年7月13日中国北京以绝对优势获得了第29届奥运会的承办权，并于2008年8月8日至8月26日成功举办了第29届奥运会——即北京奥运会。

北京举办奥运所产生的巨大而又深远的影响远远超过了举办奥运本身。北京通过举办奥运，运用现代的公关沟通与公关传播等手段，向世界充分地展示了中国数千年的灿烂文明、强大的综合国力以及中华民族空前团结走向世界的坚强决心，从而赢得了世界的理解、尊重和支持。

北京在举办奥运的过程中，以前所未有的公关意识和公关行为，在世界人民面前塑造和宣传了新中国的良好形象和良好愿景。

近代中国的历史是一部充满心酸和屈辱的历史，"东亚病夫"、"华人与狗不得入内"、"贫困落后"……它是铭刻在中国人民心中的过去。新中国建立后，在苦难中站起来了的中国人民背负民族的希望，挺起不屈的脊梁，在中国共产党的领导下，迎着困难，走过曲折，埋头苦干，历经险恶，终于再造了中华民族的辉煌。然而，由于长期敌视新中国的反动势力的封锁、阻挠、造谣、诽谤和歪曲，新中国的形象，尤其是改革开放后的中国形象还不完全被世界所真正认识，甚至时常被曲解。在这种情况下，中国要走向世界，要让世界真正了解新中国，就需要利用一切机会，借助一切平台，使用一切手段，最大限度地与世界进行有效沟通，向世界传播有关新中国的信息，最大限度地宣传新中国的实际情况，即在国际活动中利用一切可行的公关手段来直接或间接地影响世界。

举办奥运，举办城市不仅要向国际奥委会兑现申办时的所有承诺，接受国际奥委会派出的考察团的详细严格的审核。而且在举办奥运期间，要以自己无可挑剔的实际行动向世界证明自己的硬实力与软实力，特别是由于举办奥运过程历来是世界新闻媒介注重的热点和焦点，因此举办奥运必将使全世界都能在这段时间内通过各种传播媒介的报道，来最密集、最快捷、最有效地直观了解北京、了解中国，从而关心中国、理解中国，其中的公关效应是不言而喻的。

（一）借举办奥运之机展开公关，让世界真正了解和看到新中国的伟大成就和强大国力。

毫无疑问，经办奥运会不仅是一场综合国力的体现，更是一场综合国力的考验。翻开前28届奥运会的举办历史，举办者无一不是世界的强国或富国。仅从经济角度看，举办奥运，需要强大的经济实力。以体育设施这一项为例：北京在经过成功举办第11届亚运会后，已经拥有了34个比赛场馆、46个练习场馆以及使北京市容市貌大为改观的市政工程和浩繁的市政建设，然而按国际奥运会的规模及国际化都市的要求，北京现有的比赛、训练场馆只能满足奥运会70%的需求量。由此，要举办2008年北京奥运会，北京至少还要兴建10多个大型奥运会设施：其中包括一个10万座的奥运会主会场（后取名为“鸟巢”）、一座万人座的网球场、一座万人座的游泳馆（后取名为“水立方”）、一座万人座的体育馆、一座木地板自行车室内运动场、一座人工水上运动场、一座马术场、一个能容纳3万人的奥运村、一个现代化的电视广播中心、一个高清晰电视墙的新闻中心……这还不包括这些体育设施配套的现代化通讯网络、交通网络、兴奋剂测试中心、饭店、娱乐场、购物中心等等。如此浩大的工程，如果没有一个强大的物质基础和经济实力，要想成功举办奥运会是不可能的。

然而今天，曾被帝国主义、殖民主义和封建主义压迫过100多年，曾被西方称为“东亚病夫”的中国，在中国共产党的领导下，仅仅用了不到60年的时间，就使一个贫穷、落后、愚昧的旧中国变成了一个充满生机、充满活力，具有强大实力的新中国。今天，中国敢于向世界提出申办并成功举办2008年奥运，其本身就是一次伟大成就和强大国力的显示，而世界各国运动员、教练员和其他官员们的亲临北京，更是一次让事实来说话、让事实来验证的最好机会。从公关角度讲，让世界真正了解中国的伟大成就和强大国力没有比他们的亲眼目睹更有说服力的了。

（二）借举办奥运之机展开公关，让世界了解和领略新中国的古老文明和现代魅力。

中国具有五千年的文明史，是世界四大文明古国之一，中国曾诞生过一大批古今圣人，曾创造出众多世界级的发明，曾向世界奉献出无数的文化瑰宝……中国在西方人眼里是充满神秘的国度，是世界最具魅力的国家，也是世界上最优秀的民族之一。通过举办奥运，通过世界各国运动员、教练员和其他官员们的亲临北京，掀开蒙在西方眼前的面纱，让世界目睹和领略礼仪之邦的风采和虚怀若谷的胸怀，看看新中国的文明、进取与和谐，并让东西方文化来一次交流、映辉和融汇……这对世界文化和奥林匹克的历史将是一次空前的巨大的推动，这对世界更深层次地了解中国将是一个崭新的台阶。

（三）借举办奥运之际展开公关，让世界看到中国改革开放、走向世界的坚定决心和信心。

改革开放、走向世界，这是中国人民经过曲折奋斗所得出的历史结论，是不可逆转的历史潮流。如果说改革开放、走向世界是中国跨向21世纪的交响乐，那么举办奥运会是交响乐中让世界看到中国人民走向世界不可动摇的决心和信心的奏鸣曲。举办奥运，使中国人民走向世界的炙热激情得以喷薄释放：从天山到黄海，从黑水到五指山，从城市到僻乡，从军营到学校……只要置身于中国人中，都会感到一股强劲的热流，感到一股不可抗拒的中国走向世界的澎湃涌潮。难怪路透社报道：由10万名现场观众参与的北京奥运会开幕式所“展现的丰富的中国文化和走向并融入世界的信念让世界为之动容和感动”。

二、运用激励机制达到“内求团结”，这是公共关系的一种有效手段

在国际活动中实施公共关系战略，首先表现在影响本国公众，通过与本国公众的沟通和激励来赢得公众对本国参与国际事务的理解和支持,并上升到对本国政府的支持。

中国举办奥运,其巨大而又深远的意义不仅仅是在世界上塑造和树立了新中国的形象,也不仅仅是让世界了解了中国,从更深层次的意义上来讲,举办奥运激起了整个中华民族的民族自尊心、自信心和自豪感,使世界上所有的炎黄子孙都空前地团结在五环旗下。

中华民族是一个古老而又伟大的民族,但近百年来也是受尽屈辱的民族。炎黄子孙,无论是国内的还是海外的,谁不期望祖国强盛,谁不热盼民族兴旺。北京举办奥运,这是多少中国人的梦想和夙愿,是多少中国人长久苦苦的企盼。北京举办奥运,就如同一声春雷向世界宣告:中国人民站起来了。北京举办奥运,它使每一个中国人无不为之动情,无不为之扬眉吐气,无不为此自豪、骄傲。北京举办奥运,就像一块巨大的磁铁,将五大洲的炎黄子孙都吸引到五环旗下。人们只要稍加留意就会发现:在世界上任何一个地方,哪里有炎黄子孙,哪里就有支持北京举办奥运的呼声;哪里有华夏儿女,哪里就有支持北京举办奥运的援助之手……在五环旗下,人不分东西,地不分南北,凡是中国人都在以不同的方式表达着一个共同的心声,都在以自己的良知为民族奉献着一份赤心,都在用可歌可泣的动人事迹编制者象征中华民族腾飞、祖国走向辉煌的"奥运五环"。旅美北京联谊会主席巴特尔曾深有感慨地说过:"中国人民是最团结的民族,中国人民有一个特点,那就是在民族危亡,在遇到重大困难,或办一件十分有意义的大事时,能表现出空前的团结,能众志成城。"中国北京举办奥运的最深层次的意义恐怕就在此,即伟大的民族再一次被激励起来,为着民族的复兴而紧紧携手。一个在奥运五环旗帜下空前团结起来的民族必然走向更加成熟。

三、总结经验,找出差距是公关的一大方法

举办奥运,没有失败者,但中国在举办奥运中也找到了自己的差距:

中国的经济还不发达，中国人的生活水平还未达到小康，中国的管理水平还需大大提高，中国的城市市容还待改善，中国的环境污染仍然很严重，中国人的整体文化素质还待提升，中国公关水平更需普及和强化……中国在走向世界的路上，前面还充满了荆棘和曲折。

但不可否认的是，北京奥运已获巨大成功，而这段激动人心的举办历程，更是至今令人难忘。尤其是从公共关系意义上讲，北京奥运的成功举办已在客观上向世界展示了新中国的良好形象，而中国的公共关系也借此走向国际大舞台。可以说，借助北京奥运树立新中国国际良好形象的这一典例在中国公关史上留下了光辉的一页，也留下了许许多多值得我们深思和回味的启示。

思考题：

1. 北京申办奥运的意义在什么地方？
2. 为什么中国需要在世界上树立自己的良好形象？
3. 为什么说塑造国家形象是政府公关的基本旨向？

第二节　现代企业组织的形象塑造

【案例】

麦当劳快餐连锁店成功的秘诀

——企业形象的冲击力

麦当劳快餐连锁店是当今世界餐饮行业的龙头大亨。今天的麦当劳快餐店遍布世界大多数国家和地区，其总数达 9 530 家，而它在中国大陆的第一个连锁店的营业额破了世界纪录，第二家又破世界纪录，第三、四家还破世界纪录……麦当劳快餐店的金色拱形“M”标志同可口可乐一样，不但在西方而且在东方也都成为不用说明即可懂得的大众文化……麦当劳快餐店的这一辉煌成果无疑与其成功运用现代化管理手段，不断塑造麦当劳优良、鲜明的企业形象有着重大关系。

一、麦当劳的经营理念：QSCV

麦当劳集团的创始人雷·克洛克创业伊始，就设立了 4 个经营信条：高品质的产品(Quality)、快捷微笑的服务(Service)、清洁优雅的环境(Cleanliness)、物有所值(Value)的享受，这就是麦当劳著名的具有战略意义的 QSCV 经营理念，也是麦当劳向全世界的承诺。

Q：北京麦当劳于 1992 年 4 月 23 日开业，但早在 1964 年底，美国麦当劳总部就派出专家对中国河北、山西、甘肃等地的上百种马铃薯进行考察，最后培育出了麦当劳专用马铃薯。麦当劳对原料的标准要求极高，比如：面包不圆、切口不平都不使用，奶浆的温度超过 4℃就要退货；一片小小的牛肉饼要经过 40 多项质量控制检查；生菜从冷藏库拿到配料台上，超过 2 个小时的保鲜期就要废弃；炸薯条超过 7 分钟、汉堡包超过 10 分钟还未售出，就要扔掉。有人认为，这太浪费了，但麦当劳认为，顾客花了钱就应该享受到品质最新鲜、味道最纯正的食品，从而建立起顾客对其的高度信用。当然，麦当劳也有自己的一套管理办法，即在保证顾客吃到最好的食品同时，麦当劳的食品消耗或浪费量又能够保证最低。

S：微笑是麦当劳的一大特色，所有的员工都面露微笑、活泼开朗地和顾客交谈、工作，让顾客百分之百的满意。员工一进入麦当劳，就接受系统训练。全体员工实行快捷、准确和友善的服务，顾客在柜台前等待不得超过 2 分钟；顾客点完所要的食品后，要在一分钟内拿到食品。同时，餐厅还提供多种服务，如：小朋友来了，麦当劳提供精美的高脚凳、高脚椅，并会得到一份小礼物；餐厅长期举办各种活动，为小朋友过欢乐生日，为团体提供订餐和免费送餐服务等，麦当劳强调的服务理念是："不一样的享受在麦当劳"。

C：在麦当劳员工规范中，有一项条文是"与其靠墙休息，不如起身打扫"，全世界上万家连锁店的所有员工都必须遵守这一条文。员工上岗操作前须严格用杀菌洗手液洗手消毒，规定两手揉搓至少 20 秒钟再冲洗，再用烘干机将手烘干。如果在工作中接触了任何不干净的东西如头发、衣服等都要重新洗手。各岗位的员工在工作期间，不停地用各种清洁工具清洗餐厅，保持整个餐厅整齐干净；所有制作食品的机器，晚上都要拆除、刷洗、消毒后，第二天早上重新装上；地板、墙脚砖都会在打烊后彻底清洗，餐厅门前也要保持清洁。麦当劳强调的工作信条是："从清洁开始，从清洁结束。"

V：麦当劳的食品营养都要经过科学配比，营养丰富且价格合理，让顾客在微笑和清洁的环境中享受快捷的营养美食，合起来就叫"物有所值"。现代社会逐渐形成高品质化的需要水准，而且消费者的喜好也趋于多样化。故此，麦当劳强调的 Value，就是要创造和附加新的价值。

二、麦当劳的行为规范

麦当劳有一套准则来保证员工的行为规范：OTM（Operation Training Mans，即营业训练手册）；SOC（Station Operation Checklist，即岗位检查手册）；QG（Quality Guide，即品质导正手册）；MDT（Management Development Training，即管理人员训练）。麦当劳把每项工作都标准化，即"小到洗手有程序，大到管理有手册"，以保证 QSCV 的贯彻。

OTM：雷·克洛克认为快餐连锁店必须标准化，保证每个餐厅都提供标准服务且持之以恒，才能成功。因此，在第一家麦当劳餐厅诞生的第三年，麦当劳公司就编写出第一部 OTM，详细说明麦当劳的各项政策，餐厅各项工作的程序、步骤和方法。成为指导麦当劳运转的“圣经”。

SOC：麦当劳把餐厅服务组的工作分成20多个工作段。如煎肉、烘包、调理、管理、大堂等等，每个工作段都有一套 SOC，上面详细说明各工作段事先应检查的项目、步骤及岗位职责。进入麦当劳后，员工将逐步学习每个工作段，在各段表现突出的会晋升为训练员，训练新的员工，训练表现好的，可以进入管理组。麦当劳强调你的资历、学历都不重要，重在你的能力与表现。

QG：麦当劳管理人员人手一册，详细说明各种半成品的接货温度、贮存温度、保鲜期、成品制作温度、制作时间、原料配比、保存期等各种与产品质量有关的数据。

MDT：麦当劳依靠餐厅经理和员工把 QSCV 传递给顾客，因此很重视对餐厅经理和员工的训练。麦当劳的训练系统很完善，所有的经理都从员工做起，一方面学习《管理发展手册》，共有四级本；另一方面还有一整套训练课程，循序渐进。经理学完《管理发展手册》第三册后，升任第一副经理后，将有机会被送到美国麦当劳总部的汉堡包大学学习高级营运课程。高一级的经理将对下一级的经理和员工实行一对一的训练。通过这样系统地训练，麦当劳的经营理念、行为规范就深深地渗透到了麦当劳员工的行为之中。

麦当劳除了有一套严格的标准体系外，在内部还特别强调在员工中建立起“麦当劳大家庭”式的工作环境。公司内部上至总经理、下至一般员工都直呼其名，全体员工注重沟通与团体合作。餐厅每月召开员工座谈会，邀请最佳员工的家属来餐厅参观和就餐。每年举行岗位明星大赛，并组织明星队到其他城市的麦当劳去支持和比赛。餐厅每月公布过生日的员工名单，并以一定的形式祝贺他的生日。麦当劳的招聘广告是“欢迎你加入麦当劳大家庭”。

麦当劳的门面是金黄色的双拱门（麦当劳英文首写字母 M 的造型），象征着美味。QSCV 如同磁石一样将大家吸引进这座欢乐之门。①

【案例分析】

麦当劳是当今世界最成功的快餐连锁店，现在几乎平均每 13 小时就有一家新店在地球上的某个地方开业，而在 1955 年与麦当劳同时创立的诸多快餐店都先后失败了或未能大规模地发展。究其原因，主要是麦当劳从创业开始，就坚持不懈地创立标准形象。台湾 CIS 大师林盘耸说：我们参观了麦当劳，大陆完全能生产出同样质量的产品，但缺乏形象冲击力与之抗衡。良好的形象是打开市场、占领市场的法宝和通行证。麦当劳是现代管理中运用 CIS 的成功典范。

CIS 是"Corporate Identity System"的英文缩写，意为组织形象战略体系，就企业而言，亦称企业形象识别系统，它是由企业的理念识别（Mind Identity，简称 MI）、行为识别（Behavior Identity，简称 BI）、视觉识别（Visual Identity，简称 VI）三者组合而成，是现代企业新的、全方位的公共关系战略措施，是现代企业与公众沟通和传播的有效手段之一。企业形象识别系统为现代企业塑造了个性形象，并使之深入人心，使社会公众容易清晰识别企业特征及深切感受企业个性形象的冲击力和震撼力。CIS 自 20 世纪 60 年代"创立"以来，经由欧美日等各大企业的充分实践与广泛运用，至 20 世纪 90 年代后，又延伸出企业的服务识别（Service Identity，简称 SI）和企业的环境识别（Environment Identity，简称 EI）系统。就这样，今天的 CIS 已包括 MI、BI、VI、SI 和 EI 五大子系

---

① 本案例的资料来源：http：//info. china. alibaba. com/news/detail/v5003013 -d6109843. html《麦当劳快餐连锁店成功的秘诀：企业形象的冲击力》；本文做了部分修改和删节。

统，并已成为现代企业经营发展的必备“工具”和竞争市场的先锋，是提高企业形象的最佳途径之一。麦当劳就是通过其理念识别(MI)——具有战略意义的QSCV经营理念、行为识别(BI)——严格的行为规范(OTN、SOC、QG、MDT)、服务识别(SI)——快捷微笑的服务(Service)、环境识别(EI)——清洁优雅的环境(Cleanliness)、视觉识别(VI)——没有人不认识的金黄色双拱门这三者的有机组合与实践而成为一个具有自己个性的世界级企业的。

一、树立企业形象，重在内部和谐

企业的内在精神特质是构成企业理念的核心要素，离开此，谈企业形象是无源之水、无本之木。麦当劳紧紧抓住这一点，在其创业伊始就确立了QSCV理念，在苦练“内功”的同时，极为注重内部的公平与和谐。在回顾麦当劳的发展历史时，雷·克洛克说：“我感到非常骄傲，我们在一开始时，就有准确的经营原则，即使是很穷的时候，我们在任何方面，在质量方面、卫生方面、服务方面、价值方面，或者是提供给雇员的机会方面，决不无谓地节约。”

麦当劳在企业内部始终营造着一种积极进取、和谐凝聚的精神风貌。麦当劳的用人原则是不唯学历、资历，重在表现。麦当劳连锁店的全世界分店每年都要举行各地岗位明星比赛，经理必须从普通的员工做起，这一方面增长了管理人员的真才实干，另一方面又给了最基层员工以实现自身价值的机会。

麦当劳的激励机制是精神胜于物质。在麦当劳，表现好的基层管理人员会被送到芝加哥汉堡大学，系统地学习作为一个经销商或餐厅经理经营餐厅的专门技术知识……这对一名员工或基层管理者来说，没有比这样的“前途”更有鼓劲的动力了，而反过来，员工素质的不断提高，基层管理人员经营才干的不断增长，又都是组织无形的巨大财富，它保证了组织持续发展的生机与活力。

麦当劳还在员工中努力营造一种“和睦大家庭气氛”的文化。在麦当劳内部无长幼尊卑之分，所有的员工都互称名字，记住每个员工的生日，并根据员工的情况以一定的形式给予祝贺，员工在麦当劳有一种不是家庭胜似家庭的归属感，这种和谐氛围导致员工工作的主动性与积极性的不断提高。

重在表现的用人原则、学习技术的精神激励、和睦相处的工作环境，这些貌似“简单”的内在精神风格在其企业内部所蕴发和产生的强大凝聚力自然是不言自明的了。

二、树立企业形象，需严格行为规范

为保证 QSCV 经营理念的实现，麦当劳制定了切实可行的行为规范，有营业训练手册（OTM）、岗位检查手册（SOC）、品质导正手册（QG）、管理人员训练手册（MDT），小到洗手消毒，大到连锁店的管理，均有规矩可循。麦当劳的 QSCV 塑造了自己内在精神特征与个性风格，但仅此还不够，组织形象是由内在的精神风格与其外在的行为方式统一组成的，内在的精神风格决定外在是行为方式，外在的行为方式是内在精神风格的具体体现，即一个组织，它有什么样的内在精神风格，它就有什么样的外在行为方式。由于组织内在的精神风格比较“含蓄”，所以，它一般通过外在的精神风格的表现才更加直观，才给社会公众一个直接的强烈的第一印象，使公众迅速了解组织的形象特性。那种“酒好不怕巷子深”、“桃李不言下自成蹊”在今天已是一种十分迂腐的观念了。

由此，良好的形象对两者均不可偏废，麦当劳注意到了这一点，在内在理念与精神的支持下，快速高效的服务、顾客在柜台前等的时间不超过 2 分钟、顾客点完餐后 1 分钟内拿到食品……而整洁优雅的用餐环境亦更是体现了麦当劳的外在工作风格，其工作环境“从清洁开始，从清洁结束”，所有制作食品的机器晚上都要拆除、清洗、消毒后，第二天重新装上，地板、墙脚砖晚上都要彻底清洗，这与我们某些餐饮企业“眼不见为净”、“萝卜快了不洗泥”真是天壤之别。难怪麦当劳的餐厅几十年来总是每天顾客盈门，因为在公众眼里，麦当劳是真正的优质快餐。

三、树立企业形象，应立足长远

形象的树立绝非一朝一夕之功，是连续多年持之以恒的结果。麦当劳创店 50 余年，至今它的分店已有 9 500 多家，遍布 50 多个国家和地区，无论何时何地，麦当劳的每一个餐厅都提供同一种品质、同一种服务、且价格适中的食品。

麦当劳对儿童情有独钟，今天的“小顽童”就是未来世界的主人和麦当劳未来的潜在“客户”，所以麦当劳对此特别关照，小朋友到麦当劳用餐，会被提供精美的高脚凳、高脚椅，并会得到一份礼物，餐厅长期举办各种活动，为小朋友过生日，免费参观，在其幼小的心灵上早早打下了“麦当劳”的良好印象，麦当劳的这种立足长远的做法真可谓高瞻远瞩。

四、树立形象，要勇于承担社会责任

麦当劳创始人雷·克洛克相信这样一句经营哲学：“我们必须向为之服务的社会返还一些东西。”雷·克洛克曾以个人名义将几百万美元捐给了社会；麦当劳还于 1984 年成立了“麦当劳叔叔基金会”，至今已向世界各地帮助儿童的慈善机构捐赠了近 1 亿美元……2008 年 5 月 12 日中国汶川大地震，麦当劳（中国）有限公司即刻捐款人民币 100 万元，用于对四川地震灾区的救援工作。此外，由麦当劳（中国）有限公司与中国宋庆龄基金会合作成立的“中国麦当劳叔叔之家慈善基金”将捐款 50 万元人民币帮助中国贫困儿童。除了慈善事业之外，麦当劳连锁店还积极参加社会公益，经常到公园参加美化，到地铁维持卫生，到社区搞卫生，参加这些活动大大提高了麦当劳的知名度与美誉度。当问到许多顾客为什么光临麦当劳时，儿童说麦当劳有趣而令人兴奋、食物很好吃；少年则说麦当劳是与朋友聚餐的好地方，成年人则说就是喜欢麦当劳，麦当劳已成为他们生活的一部分。

五、树立形象,还要有自己的个性化识别标志

金黄色的双拱门、全球所有连锁餐厅内的标准化装饰、所有员工的统一着装、所有餐具的统一样式样……都是麦当劳的视觉识别标志系统,它象征着在琳琅满目的商品世界中麦当劳所具有的鲜明个性。在这鲜明的标志后面,尤其是在它那极具个性化的识别标志——金黄色的双拱门商业标志后面,人们一看到它,就会想到麦当劳那永不改变的真诚微笑服务、清洁优雅的用餐环境、物有所值的高质量的美味产品,即使大字不识的人也知道它就是麦当劳。麦当劳的员工说,金黄色的双拱门象征着麦当劳的慈祥和友善,象征着麦当劳永远是大家的好朋友,它随时准备为社会贡献一份自己的力量,麦当劳就像一块巨大的磁石将社会公众吸引到这座快乐之城。

麦当劳是美国经营最成功的企业之一,正是麦当劳的这套以 QSCV 为核心的经营理念及由该理念所营造的经营方式,使它在社会公众心目中树立了非常良好的企业形象,并由此而使它创下了世界最大连锁体系而没有一家分支机构经营失败的记录,成为一个拥有十几亿美元资产的商业巨子,虽然数亿只麦当劳汉堡包已被吃掉了,但顾客们对麦当劳汉堡包的食欲丝毫没有减弱。几十年前就有人预言麦当劳的市场已经饱和了,但无论在美国、英国、日本,还是在中国、墨西哥,甚至在俄罗斯、印度和阿联酋,麦当劳连锁店依然风光无限,正如麦当劳的一份广告说的:"现在正是美味的麦当劳的大好时光。"

麦当劳的成功,已使其当之无愧地成为这一领域的标杆企业,也值得中国的企业细细品味与学习。①

① 本案例分析是根据本案例的资料来源及 google 网上有关麦当劳的资料编辑而成。

思考题：

1. 什么是企业形象？任何理解企业形象与市场竞争力的关系？
2. 企业形象构成的基本要素有哪些？
3. 何为 CIS？其要素之间的内在关系是什么？
4. 麦当劳快餐连锁店的成功事例对你有何启发？

第二章　市场营销与公共关系

——企业成功的必由之路

企业营销指的是市场营销，它是现代化大生产与市场化经济的产物，也是现代企业获得成功和发展所必须深入研究的一项重要课题。

市场营销，顾名思义，它是以市场为中心、以满足社会的现实需求或潜在需求为目标所进行的从流通领域的产品销售到整个社会再生产领域的整体性经济活动。它贯穿于经济活动领域的生产、交换、分配和消费的所有环节。市场营销所从事的主要活动是：市场的调查与预测，目标市场的选择，市场营销环境的研究，市场信息的获取、处理和传达，消费者购买行为的分析，新产品的开发、设计和定价，分销渠道的选择，促销措施的运用，营销与售后服务的落实，消费者信息的反馈等等。

市场营销学作为一门完整的学科在中国大地兴起并受到普遍重视，主要是在改革开放后的今天。中国社会主义市场体制的确立，为市场营销学在中国的兴起奠定了先决条件和物质基础。

随着市场经济体制的确立、世界经济一体化的形成和中国加入世贸组织，中国的企业不以自己意志为转移地被推入世界大经济的市场海洋。面对着“优胜劣汰、适者生存”的竞争法则，面对着全新的经济环境，中国的企业必须更新观念，树立现代国际大市场的营销意识。

1. 现代市场营销意识不是旧有的那种以生产为中心、以产品为出发点的传统观念，而是以市场为导向、以创新为动力、以消费者为出发点的新的营销观念。

2. 现代市场营销意识不是旧有的那种简单的生产规模的扩大，不是那种单一的商品信誉的制作和宣传的营销观念，而是全方位、整体性（或立体性）的营销传播，它注重产前的市场调研，注重企业各部门以市场营销为中心的相互配合与协调，生产规模的扩大和产品质量的提高都是建立在满足市场需求的基础上的营销观念。

3. 现代市场营销意识不是旧有的那种通过“量”的扩大来获取利润，而是通过满足消费者对商品内在的各式各样（包括对产品的内有文化和消费心理）的需求来获得长期的丰厚利润，即通过“质”来获取超值利润的营销观念。

现代市场营销意识可以说是企业运用科学的知识和艺术的手段来不断创新的超前意识，是企业在市场经济中扬长避短、发挥整体优势，获得最佳社会效益与最大经济效益统一的指导思想。

而现代企业要想真正树立现代市场营销意识，就必须引入现代公共关系。这是因为：公共关系是一门集科学性、艺术性和实践性为一体的具有特殊管理功能和双向传播职能的现代管理与传播的科学。它与市场营销学一样，是在商品经济高度发展的条件下形成的一门新兴学科。

对现代企业而言，公共关系学是塑造并传播企业的良好形象，全方位主动争取公众，在内求团结、外求发展方针的指导下，积极开展与公众的双向沟通，取得公众对企业理解、信任与支持的科学。它能为企业的经营与管理进行环境监测，为企业的决策层提供决策依据和决策咨询，能为企业的有关活动提供设计、策划和组织，能为企业与公众之间建立和谐、融洽的合作关系，能为企业在突发事件中迅速处理问题和消弭危机，能为企业在市场中把握主动、把握机遇、把握趋势……

总而言之，公共关系是企业进行有效的管理与传播、经营与销售、服务与创新的科学，是企业搏击市场、创造良好的经营环境的艺术，是企业在现代市场上“赢”的利器。

现代市场营销离不开公共关系，这是由市场营销的内容与公共关系的特质所决定的；而公共关系促进市场营销，这是因为公共关系和市场营销的总体目标是一致的，即为企业创造最佳的社会效益和最大的经济效益。

现代市场营销和现代公共关系来自市场经济，服务于市场经济，已经走向市场的中国企业需要现代市场营销科学和公共关系科学，这是客观现实的必然。

第一节　顾客是企业首要的外部公众

【案例】

两家不同企业的成功之道

——超值的服务赢得超值的信誉

成功策略之一：

2005 年 12 月 14 日，《今晚报》“蹊跷事”专栏刊登了一篇题为“美丽动人的‘YY’”的文章，诉说了天津市大港区赵连庄乡新房子小学刘某饱受冻人的“YY”牌防寒服带来的苦恼。这立即引起了“YY”牌防寒服的生产厂家——江西共青羽绒厂驻津办事处人员的注意。16 日，他们在报上查询到刘某的地址后，马上用电话同刘某取得联系。17 日，刘某携带防寒服到办事处。经鉴定，刘某穿的“YY”防寒服既无生产厂名、地址，又无产品规格、货号，商标图案也不清，含绒量远远低于共青羽绒厂生产的“YY”牌防寒服，刘某买的“YY”牌防寒服纯系他人冒牌的伪劣产品。

本来，事情到此，共青羽绒厂已无半点责任，就此可结束对这件羽绒服的处理。但是，该厂驻津办事处人员认为尽管该事件厂方无任何责任，但报纸的报道客观上无疑已给厂方带来了消极的影响，若不妥善处理，势必会影响“YY”防寒服的销售，使企业蒙受无谓的损失。所以，他们表示，尽管刘某所购防寒服非该厂所产，但出于对顾客热爱“YY”品牌的心情，决定在承担刘某往返办事处的汽车路费外，还负责将假“YY”寄回江西厂里，进行加工整理，给刘某一个真正美丽动人的“YY”。

这一处理结果，大出刘某意料之外，也引起了今晚报社的再次关注，进行了追踪报道，于是 12 月 19 日在同一版面的位置上刊登了题为“美丽冻人的‘YY’原系假冒”的文章。广大读者都为江西共青羽绒厂驻津办事处人员宽宏大度的优质服务所折服，在天津城一时传为佳话美谈，从而美誉鹊起的“YY”防寒服的销售又出现了一个新的高潮。

成功策略之二：

美国纽约的一天，一位陌生的顾客走进豪华的花旗银行营业大厅，仅是要求换一张新的 100 美元钞票，准备当天下午作为礼品用。花期银行是世界最大的银行之一，每天的营业额高达数亿美元，业务十分繁忙。但接待这位陌生顾客的银行职员微笑着听完这位陌生顾客的要求后，请这位陌生的顾客稍候，立即先在一沓沓钞票中仔细翻找，又拨了两次电话，5 分钟后终于找到了一张这样的钞票，并把它放进一个专放钞票的小扁盒子里递给了这位陌生顾客，同时在钞票上面附上一张名片，上面写着：“谢谢您想到了我们银行。”时隔不久，这位偶然光顾的陌生顾客又回来了，这次来的目的是在这家银行开了个账户。在以后的几个月中，这位顾客所工作的那个律师事务所在花旗银行存款 25 万美元……

【案例分析】

江西共青羽绒厂驻津办事处和美国花旗银行是两家不同类型（生产型和服务型）、不同规模（国内一般规模的厂家和世界顶级跨国大公司）、不同性质（地方集体企业和国际金融巨头）的企业，但在“顾客就是上帝”这一相同的现代企业经营信条下，以真诚对待顾客、全心全意服务于顾客、设身处地想着顾客、千方百计满足顾客的自觉行动，使企业与顾客之间，在商品化浓浓的现代社会中，融进了丝丝的人间情感，从而赢得了顾客的信赖、支持与合作。上述两则案例给我们留下了许多值得回味和借鉴的启示。

一、“顾客至上”，这是现代企业树立良好形象、赢得顾客的不可动摇的公关原则

在现代社会中，“顾客”的涵义从广义上讲，主要是指所有的物质产品、文化产品、服务产品的购买者和消费者。顾客与生产者之间的关系不仅仅是一种简单的买卖关系，而且还是一种良好的信息交流关系和相互合作关系。

在我国走向社会主义市场经济、卖方市场转变为买方市场的今天，一切企业的“衣食父母”就是它们的顾客、它们的消费者。在市场经济中，企业间的一切竞争都表现为对市场的竞争、对社会公众舆论的竞争。顾客已成为企业赖以生存和发展的生命线，顾客的要求已成为推动企业活动的方向标和旋转轴心，“顾客第一”的观念已成为现代企业经营的核心理念。江西共青羽绒厂驻津办事处处理伪劣“YY”羽绒服案例和美国花旗银行处理陌生顾客调换 100 美元新钞案例从不同的侧面极其生动地说明：在以消费者为主的买方市场经济中，谁能将顾客放在首位，谁就能赢得顾客；谁赢得顾客，谁就赢得市场，赢得自身生存和发展的机会。那么，怎样才是真正做到将顾客放在第一位呢？上述两则公关案例已经告诉我们：

（一）真正将顾客放在第一位，就要想顾客所想，急顾客所急。

想顾客所想，急顾客所急是企业赢得顾客的最起码的条件。想顾客所想就是要主动积极地满足顾客的需求，尽最大力量来提供顾客所需要的产品和服务；急顾客所急就是将顾客的困难当作自己的困难，尽自己最大力量来为顾客服务。

江西共青羽绒厂驻津办事处得知顾客所买的“YY”牌羽绒服有质量问题的信息之后，立即通过报社找到这位顾客，当确认这件伪劣产品非本厂制作后，并没有撒手不管，而是承担顾客来回的交通路费，及时帮助顾客，甚至超出自己责任范围来帮助顾客的“利他”精神，自然赢得出色的声誉。同样，美国花旗银行职员面对一位极为普通的顾客要求换一张100美元新钞作礼品这一小小的额外要求，完全有理由推托或敷衍了事，但该银行职员想顾客所想，急顾客所急，给予这位普通顾客以最满意的接待和满足，其结果自然是得到了超值的回报——不但是这位顾客，还有这位顾客的同事对花旗银行的信任和支持。

（二）真正将顾客放在第一位，就要全心全意为顾客服务。

优质服务是与企业组织的形象连在一起的。由于服务在企业的生产经营活动中所占的地位越来越重要，顾客往往把一个组织提供的服务作为评价这个组织的重要标准，组织提供的服务往往成为顾客对这个组织的第一印象。

作为一般的常规服务，江西共青羽绒厂驻津办事处完全可以在确认顾客所购买的这件羽绒服属假冒产品后即已完成自己的服务，然而它没有这样做，而是给顾客以一种超水平的关切，既给这位顾客报销来回路费，又承担这件羽绒服的重新加工的义务；花期银行完全可以给这位陌生顾客换一张新钞票后就已满足了顾客的要求，然而花旗银行也没有这样做，而是再提供一只小盒放这张100美元的新钞，更令人赞叹的是还再递上一张令人温馨不已并难以忘怀的名片。上述两例中的服务已不是一般意义上的服务了，而是一种全心全意的服务，一种对顾客尊重与关怀的服务，一种使企业与顾客之间心与心沟通、情与情相融的服务。在这种服务质量的背后怎么能使顾客对企业不产生一种情感、一种信任和一种支持呢？

（三）真正将顾客放在第一位，就要甘做顾客的仆人。

企业与顾客，两者的位置泾渭分明：无论顾客的身份高低、地位尊卑，他们都是企业的"上帝"，是企业的"衣食父母"；无论企业有多大，名气有多响，它们永远不能失去顾客，永远是"上帝"的"仆人"。

江西共青羽绒厂是个大厂，美国花旗银行是世界一流大公司，但它们的职员并没有因为自己企业地位的高大而随意漠视或怠慢哪怕是一位极普通的顾客，哪怕是一个小小的要求，哪怕甚至是超出业务范围的要求。正是他们摆正了自己与顾客的位置，才能时时处处想到顾客，才能在极平凡、极细小的事情上都真心实意地去为顾客服务，替顾客排忧解难。也正是他们的这种"公仆"意识，才真正打动了顾客的心，赢得了顾客的心。

二、"利益转换"，这是现代企业正确处理企业利益与顾客利益的公关原则

所谓利益转换，即组织对公众的"利他行为"转化为公众对组织的"利他行为"，也就是社会组织在"利他行为"的过程中达到"利己"的效果。因此，公共关系中将这种行为称为组织与公众之间的互惠互利原则——即所谓的"利益转换"原则。

谁也不能否认，企业的经营是以盈利为目的的，但企业在获取经济利益的同时，必须遵循一个重要原则——以社会效益为基础、为前提，以公众利益为基础、为前提。企业只有履行自己的社会职责，担负起应尽的社会义务，真诚地为社会、为社会的每一位公民、为企业的每一位顾客尽心尽责，企业才能获得社会的赞许和支持，才能获得顾客的理解和信任。而在这种赞许和信任的背后，无疑是企业的经济效益。因此，我们可以这么说，企业的经济效益是建立在企业的社会效益之上的，企业只有创造社会效益，才能最终真正获得自己的经济效益。那种只顾企业经济效益而不顾社会效益、不顾公众利益的企业是不会有社会信誉的，一个没有社会信誉的企业怎么会有生存与发展的生命力呢？

江西共青羽绒厂和花旗银行可说深谙利益转换之道。他们的职员全心全意为顾客服务，在顾客利益与企业利益发生冲突之时，将顾客的利益放在首位，甚至超出企业的职责范围来为顾客服务，这种“利他”行为必然会转化为“利己”效果。江西共青羽绒厂美誉鹊起和“YY”防寒服的销售出现了一个新高潮，美国花旗银行的客户中又增加新的开户群，就是这种“利益转换”的生动写照。

三、强化全员公关意识，这是现代企业树立良好形象、赢得顾客的必备条件

“内求团结”和“外求发展”是公关的两大主题。企业要想“外求发展”，就必须首先“内求团结”，即全员参与、全员支持。

从公关角度讲，企业要取得发展，就必须在社会上树立其良好的正面形象，在社会公众心目中有着美好的印象。企业给社会公众留下的印象大致可以分为三大类：真实形象、想象形象和暗含形象。其中，对企业来说，最重要的是真实形象，即存在于企业全体员工言行之中而产生的社会公众的评价。可以这么说，完美的企业形象和卓越事业成就的取得，来源于企业全体员工的精诚团结、不懈努力和全员的公共意识。

江西共青羽绒厂驻津办事处的工作人员对《今晚报》的报道反应迅速、联系及时、了解到的事实真相清楚，有效地遏制了事态的发展，并通过承担顾客来回路费、免费为顾客加工整理伪劣羽绒服等来消除新闻媒体报道给企业带来的不利影响；花旗银行的职员微笑地倾听顾客的要求，从一沓沓钞票中寻找，打了两次电话，找到后又附上一个装钱的盒子，递上一张名片，写上一句感人的话……这些无一不是充分地显示了江西共青羽绒厂和花旗银行这两家企业的企业精神和公关意识已深深地融入到每一个员工的内心，内化成一股强烈的服务意识、形象意识、公众意识和信誉意识，并将这种意识转化成自己的自觉行动，从而为自己的企业在社会公众中树立起美好的形象。

四、从点滴做起，这是现代企业树立良好形象、赢得顾客的经营思路

任何一个组织形象的塑造和树立绝非一朝一夕之事，它是组织的长期战略和终极目标。组织形象无论是树立还是毁损，都有一个从量变到质变的过程。“不积跬步，无以至千里”。现代企业在经营过程中，在为实现企业经营目标而开展的活动中，都应从点滴做起，兢兢业业，防微杜渐。

共青羽绒厂和花旗银行都可以说是大企业，但在日常的业务往来中，哪怕是为了获取一位极普通、极微不足道的顾客的信任，其职员都尽心尽责，全力去做好，甚至做得比顾客要求的还要好。正是这种“不以事小而不为”的敬业精神和努力工作的点点滴滴的积累，才会使共青羽绒厂和花旗银行在公众心目中形成深刻而又牢固的声誉。

五、感情的沟通，这是现代企业树立良好形象、赢得顾客的重要基础

在商品经济迅速发展的情况下，社会的整个环境发生了根本转变，企业与顾客之间的关系也出现了全新的变化。企业与顾客之间已不仅仅是一种经济利益关系，在很大程度上也是一种信息交流关系、一种情感沟通关系。如果没有融洽的感情沟通，企业就不可能得到顾客的心理认同、理性信任和行为支持，企业的经济目标也就难以实现。尤其是在现代社会中，顾客实施购买行为，不仅仅是一种物质需求的满足，也是一种情感要求的满足。因此，与顾客建立情感沟通的关系，增进与顾客之间的感情沟通，是企业获得顾客好感和信赖的重要手段，也是企业获取经济效益的重要基础。

共青羽绒厂驻津办事处通过为非本厂生产的伪劣羽绒服进行重新

加工这一超值的服务质量使顾客大为感动，也使天津城的广大公众为之动情；花旗银行的一个装钱盒、一张小小的名片和一句温馨感人的致谢词使顾客的心与之相交相融，也使这位陌生顾客所在的律师事务所为之感动……在这一件件平凡而又细小的事情中，顾客和广大公众看到了企业的一片真诚、一片爱心。正是这种"情感效应"使企业与顾客之间架起了一座信任和合作的桥梁，为企业树立了一个良好的形象，为企业的经营创造了一个良好的氛围，为企业的经济带来了良好的效益。

思考题：

1. 通过上述两则案例，说说为什么"顾客至上"是现代企业树立良好形象、赢得顾客的信条。
2. 怎样理解企业与顾客之间的关系？
3. 为什么要树立全体员工的公关意识？举例说明。
4. 怎样理解组织与公众之间"感情沟通"的作用和意义？

第二节　信息是企业无形的财富

【案例】

一张照片后面的巨额利润

——靠信息制胜的三菱重工财团

这是一个发生在20世纪60年代的真实故事，虽然时间距今已过去了很久，但是它深刻的内涵和意义至今仍在给予我们以诸多的启示、借鉴与思考。

1963年，《人民画报》的封面刊出这样一张照片：大庆油田的“铁人”王进喜头戴大狗皮帽，身穿厚棉袄，顶着鹅毛大雪，手握钻机刹把，眺望远方……在他背景远处错落地矗立着星星点点的高大井架。几乎同时，《人民中国》杂志撰文报道说，以王进喜为代表的中国工人阶级，为粉碎国外反对势力对我国的经济封锁和石油禁运，在极端困难的条件下，发扬“一不怕苦，二不怕死”的精神，抢时间，争速度，不等马拉车拖，硬是用肩膀将几百吨采油设备扛到了工地。不久，《人民日报》报道了第三届全国人大开幕的消息，其中提到了王进喜光荣地出席了大会。

当时，由于各种原因，大庆油田的具体情况对外是保密的。然而，上述几则由官方对外公开刊发的旨在宣传中国工人阶级伟大精神的照片和新闻，在日本三菱重工财团信息专家的手里变成了极为重要的商业信息，他们对这些信息进行了分析和研究，揭开了大庆油田的秘密：

1. 中国找到了新油田（后取名为大庆油田）。其证据是根据中国政府新闻发布的惯例，只有该单位（或企业）做出了成绩或成果，大众媒体（当时几乎都是政府办的）才会刊登其有关消息。《人民画报》、《人民中国》、《人民日报》均是中国当时重要的官方媒体，它们刊登油田“铁人”王进喜的消息，自然可以肯定是中国找到新油田了，不然王进喜是不会当上全国人大代表的。

2. 新油田的基本位置在中国东北部。其依据是根据对照片和新闻报道的分析：唯有中国东北的北部寒冷地区，工人才需戴这种大狗皮帽和穿厚棉袄；唯有地点离铁路线不远，王进喜等大庆油田的工人们才能用肩膀将几百吨设备运到油田，由此可以断定新油田的大致位置在中国东北的北部，且离铁路线不远。所以，只需找到一张中国地图，就可轻易地标出新油田的大致方位。

3. 新油田储量巨大。其证据是根据对照片和有关新闻报道的分析,从照片中王进喜所站的钻台油井与他背后隐露的油井之间的距离和密度,再经数理技术的推算,即可基本推算出新油田的大致规模和大致产量。

4. 中国急需进口采油设备。其证据是由于当时国外反动势力对我国实行严密的经济封锁和石油禁运,中国当时奇缺石油,中国迫切需要找到并全力开采自己的油田,但根据中国当时的技术装备水平,中国还没有先进的装备来大规模进行石油深采,因此,中国要打破经济封锁和石油禁运,运用自己的力量来开采自己的石油,就必定会不惜代价大量引进国外先进的石油钻采设备。

5. 中国与日本企业合作的可能性。因为当时还存在一个重要的事实——即由于当时中国与美国、前苏联交恶,并正在经受它们的全面经济封锁,而日本与中国有着流畅的民间商贸往来,且日本三菱重工财团又是专业生产石油钻采设备的大型企业,因此,日本三菱重工财团由上而得出的一个惊人的结论:它正面临着一个千载难逢的巨大市场机遇。

于是,日本三菱重工财团不露声色地迅即集中有关专家和人员,在对所获信息进行分析和处理之后,全面设计出了适合中国新油田采油的先进设备,做好充分的夺标准备。果然不久,1963年12月周恩来总理在人民大会堂向世界庄严宣告中国在其东北地区发现了大油田,取名为“大庆”,同时,中国政府向世界市场发出寻求石油开采设备的正式信息。三菱重工财团以最快的速度于1964年2月中旬提交了完全符合中国所要求的设备设计,在没有其他任何竞争对手的情况下,获得了中国的巨额订单,稳稳地赚了一笔巨额利润,而此时,刚获知中国准备大量采购采油设备信息的西方石油巨头的诸多跨国公司则目瞪口呆,还根本不明白这是怎么回事呢。

【案例分析】

在市场经济中，信息已成为一项宝贵的资源，是企业提高竞争力和创造经济效益的关键性因素，是企业的无形财富，这已成为当今社会的共识。

当今世界的竞争，归根到底是经济实力的竞争。在激烈的竞争中，谁拥有信息(即新知识、新消息、新情报、新意识)，谁就拥有竞争力和主动权。日本作为一个地域面积不大、经济资源并不优越的岛国，但它依靠对信息的敏感和强烈的信息意识，创造出经济飞速发展并一跃成为世界第二工业强国的奇迹，令世人瞠目。信息业已成为日本名副其实的支柱产业，仅在2000年的1年中，日本信息业所创造的总产值就占其整个国家年总产值的近40%，人们从中不能不惊叹日本信息业的发达，不能不感受到信息的巨大作用和无尽价值。美国信息专家曾深有感慨地说："利用信息创业，把资料变成美元这是当今世界出现的全新现象。"

众所公认，当今的世界是"信息时代"。信息，作为构成当今科技发展的三大支柱之一(另两大支柱是新材料和新能源)，作为维系人类社会发展的三大资源之一，正在深刻地影响和改变着当代整个人类生活的方方面面。我们常说的"知识就是力量"这一名言，今天已被"对知识的认识才是力量"这一新的名言所代替。"利用知识比创造知识更重要"已成为现实世界的一个新认识。充分利用别人创造的知识来加速自己的发展，充分迅速地将科学技术转化为生产力来加速自己生产力的发展，是当今经济竞争条件下获取机遇、赢得时间、创造奇迹的有效途径。今天世界上许多在经济竞争中获得胜利的企业家和成功者，并不是某种新思想、新发明的提出者和创造者，而是最先把新思想、新发明应用于社会和生产的实践者。日本就是利用信息这一不可替代的杠杆，将世界最新的经营思想和最新的创造发明进行"加工"、"处理"后，变成了自己经济腾飞的翅膀，从而使日本仅用了不到30年的时间就走完了美、英等国花了60年才走过的产业技术发展道路。“他山之石，可以攻玉”，日本的经济奇迹和企业的成功之道给予我们太多的启示与思考。

一、树立信息意识是企业在竞争中走向成功所不可缺少的因素

信息作为一种理论产生于20世纪40年代末，作为一门科学出现于20世纪60年代初。信息一般是指具有新内容、新知识的消息，通过消息、情报、数据、信号等形式表现出来。信息是自然界、人类社会和人类思维活动中普遍存在的一切物质和事物的根本属性。

人类栖息的宇宙是一个生机勃勃、纷繁复杂、川流不息、千变万化的物质世界。宇宙间充满了信息。没有信息，我们就不会有如此多样的物质世界；没有信息，我们就不会有频繁复杂交往的人类社会。可以肯定地说，我们人类生活在一个时时、处处充满着信息的汪洋大海之中。

在“信息爆炸”的今天，任何一个组织（包括企业）的生存和发展都不能离开信息的交流和传播。没有信息，企业就成了聋子、瞎子；没有信息，企业的一切活动就成了无源之水、无本之木、无米之炊。《第三次浪潮》一书的作者托夫勒说，信息已成为“至关重要的生产要素”，深刻影响着当今社会的经济、政治和文化生活。能否有效、及时地获得信息，已成为当今企业组织在市场经济中获得成功的关键因素。

上述案例中的三菱重工财团，是世界著名企业，是日本九大商社之一。它把信息当作企业的生命，因此，它投巨资在世界115个国家和社区设立信息站，搜集、了解和处理有关的各类信息。据报道，三菱重工财团总公司每天获得的信息处理纸带竟可绕地球11周，其信息意识和信息处理技术及速度等由此可见一斑。因此，中国大庆油田的照片和报道以及与此有关的新闻，能在其手中变成珍贵的经济信息、变成巨额的经济财富的这一事实也就不足为奇了。

二、在信息的海洋中，成功的企业是善于获得信息、处理信息和运用信息的企业

树立信息意识的目的是在信息的汪洋大海中及时有效地获得信息，并经科学“处理”后最大限度地利用信息。

（一）现代企业组织通过什么途径或渠道及时有效地获取所需信息

在日益激烈的市场竞争中，广、快、精、准地收集、处理和交流信息已成为当代公共关系工作的一项重要内容。信息无处不有，无时不在，只要我们树立强烈的信息意识，就可以通过极为广泛的途径和渠道获取信息。

一般来说，信息可分为静态信息和动态信息。在获取的信息中，静态信息尤为重要。在所有静态信息来源中，最廉价、信息量最大、内容最宽泛、传播速度最快、真实度最强的莫过于新闻媒介，特别是报纸、广播、电视和互联网。报纸、广播、电视和互联网的信息大体分为两类：第一类是具体的供求信息，由于显而易见，大家都可利用，所以竞争对手多。第二类是渗透在新闻等各类报道和节目之内，读者必须仔细地捕捉、分析和研究，去“糟、杂”取“精、准”，才能从中筛选出有用的信息。但凡成功的企业家获取信息的真正技巧和本领，均是在第二类中得以充分展示和发挥的。日本三菱重工财团从《人民画报》、《人民中国》和《人民日报》这些中国主流新闻媒介所报道的新闻中捕捉到有关大庆油田的重要经济信息就是其强烈的信息意识、超人的信息敏感力、获取和处理信息的技术和本领的生动体现。动态中的信息是指在推理、考察、业务洽谈、参观展览、市场调研、听取汇报等活动中收集的信息。很多信息是人们随机发现的，关键在于人们的信息意识，在于人们对信息的主动性。只要我们树立强烈的信息意识，主动积极、手勤脑勤，信息的大门就会永远向我们敞开着。

在信息的汪洋大海中，企业该收集和捕捉哪些方面的信息呢？从一般意义上讲：首先应注意收集和捕捉国内外有关的政治、经济和文化等宏观信息，这些信息是企业进行决策、生产和销售的外部重要因素。一个不了解国内外的政治、经济和社会，不了解整个社会发展趋势，不了解党和国家有关政策、方针及未来目标的企业，怎么能谈得上争创一流，走向世界呢？其次应注意收集有关企业组织形象方面的信息，它包括公众对本企业经营方针和企业管理水平的评价，即企业的理念精神是否准确、管理人员是否称职、管理手段是否先进、管理制度是否健全、管理效率是否高强等的评价。再次要注意收集有关市场信息，了解市场、了解消费者的心理、市场购买力、市场购买环境、市场购买趋势等的变化，了解企业的产品在消费者心目中的形象，包括他们对产品在质量、价格、性能、服务、用途、包装、携带使用等方面的动态信息。日本三菱重工财团打开中国石油设备市场，就是靠其在宏观的政治、经济中看到中日两国在各领域合作的可能性和前景后，大胆将企业的市场目标瞄向中国，并通过对市场信息的敏感和洞察力，最终做出准确的决策而取得成功的。当然，收集信息，不仅要从企业外部及时收集有效的信息，也需要从企业内部获取有价值的信息。如果不了解企业内部的有关情况，不了解企业内部员工的想法、要求及有关情况，企业的许多决策和实践往往是难以获得成功的，因为企业目标的实现需要全体员工的努力，不了解企业内部情况和员工的情况，企业就无法有针对性地搞好内部公关，无法调动他们的积极性，企业的目标自然也就难以实现了。

（二）企业组织怎样科学地处理和运用所获得的信息

信息除了是自然界、人类社会和人类思维活动中普遍存在的一切物质和事物的根本属性这一一般性外，还具有下列特殊性：信息可以感知和采集；信息的载体可以转换和组合；信息可以传播和反馈；信息可以加工和优化；信息可以再现、分享和重用；信息可以储存、复制和浓缩……信息可说是无处不在、无时不有。

企业通过努力获得大量的信息，这些信息往往掺杂着许许多多的“杂质”。如果对所获信息不进行去伪存真，不进行筛选和整理，不进行分析和研究，就不能真正获得有价值的高质量、高纯真的信息。没有高质量、高纯真的信息，企业的决策就谈不上科学性和正确性。因此，我们在处理信息时，要根据上述信息的特征，考虑下列问题：① 针对性。收集和筛选信息必须针对所要解决的问题和目标，才能在浩如烟海的信息中避开干扰，集中力量捕捉到自己所需要的有价值的信息。② 完整性。要广开思路，进行多渠道、多角度、多方面的信息追踪，以期使所获的信息尽量完整，最大限度地全面反映有关问题和目标的复杂性、速变性。③ 正确性。大量的信息必须经过科学的甄别、核实、选择、加工，把那些渗透在各类信息中的有用可靠的信息提炼出来，供给决策者。④ 时效性。信息是有时效的，短暂的时间差往往会导致企业失败或成功。因此，信息的及时获得、及时处理、及时发出、及时反馈、及时掌握，对企业至关重要，“时间是一次性的财富”，“时间就是金钱，效率就是生命”的内涵就是信息的时效。上述 4 种信息处理方法，各自独立又相辅相成、互相影响，是一个完整的信息处理系统，是提高信息使用价值和信息质量的有效途径。

全面、准确、有效、及时地获取信息、处理信息和运用信息，可以客观地揭示工作对象的规律性，并据此制定方针、政策和实施方案，可以减少工作失误。同时，使信息所具有的价值和使用价值得到最充分的应用，必将为组织带来显著的社会效益和经济效益。上述案例中的日本三菱重工财团的成功充分而生动地证明了这一点。

三、追踪世界信息业的发展趋势是现代企业迎接挑战、获得成功的必备条件

如果说三菱重工财团的成功主要归功于它对信息的敏感和意识的话，不如说三菱重工财团最大的优势是它始终站在世界信息技术的前沿阵地上对最新信息科学技术的最大限度的应用。

众所周知，今天我们是处于信息时代，然而当我们正在全力追赶当今信息产业潮流的时候，世界一流的信息大国——美国和日本等又已开创了一场新的信息革命——“信息高速公路”。

“信息高速公路”是指一种全国性的或国际性的信息网络，它以光纤电缆为“路”，集电脑、电视、录像和电话等功能于一体的多媒体机为“车”，把全国甚至全世界的办公室、家庭、学校、图书馆等连接起来。就像20世纪50年代美国州际高速公路对加速商品经济和劳务的流通、推动全国经济发展的作用那样，这个网络的建成，使信息通讯朝着声音、图像以及数据并举的多媒体信息传递方向发展。组织的数据传送将实现高速化、大容量化、无边际化和个性化，家用电脑将提供更多的携带方便的移动通信服务。信息互联网的建成，已是建成国在世界全方位的竞争中获取胜利的利器，并为建成国提供了巨大的经济效益。这场信息革命还将在未来的岁月里深深影响到整个建成国的经济、政治和文化，甚至包括社会、家庭或个人的思维方式和生活方式。

因此，日本邮政省认为“21世纪最有希望获得发展的将是以多媒体为代表的信息通信产业”。为此，日本邮政省就信息通信产业未来的发展绘制了极为宏伟的蓝图：到2010年市场规模将超过120万亿日元，建立起遍布日本列岛的光纤网络，并放宽限制，全力实施资金筹集和技术开发。而同时，美、英、法、德等工业化强国也在集中力量全力发展新的“信息高速公路”的设想……一场技术更新、影响更大的新一轮信息革命的时代已经到来。

差距意味着危机，面对着世界高速发展的信息产业，面对着国外先进企业先进的信息理念，中国企业必须有清醒的认识并奋起直追，争取在不长的时间内让信息革命与互联网成为中国企业腾飞的翅膀。

思考题：

1. 结合案例，说明为什么信息是无形的财富。
2. 为什么说当今的时代是“信息时代”？
3. 通过案例，怎样理解“利用知识比创造知识更重要”？
4. 为什么说树立信息意识是现代企业走向成功所不可缺少的因素？
5. 怎样看待“互联网”这一新的信息革命，中国的企业该怎么办？

第三节　新闻媒介是企业信息交流不可缺少的载体

【案例】

红楼梦酒厂创造奇迹的奥秘

——了解新闻媒介，巧用新闻媒介

1990年9月，中国即将在北京举办世界瞩目的第11届亚运会。富有眼光的企业家们立即意识到这是一次难得的宣传企业、宣传产品的机会。于是，各种名目的赞助、各种各样的广告申请像雪片一般飞向北京第11届亚运会组委会。四川省宜宾县红楼梦酒厂这一厂非大厂、酒非名酒的小企业也想通过赞助亚运会来扬扬厂名、扬扬酒名。厂领导带了500盒礼酒到北京捐赠给亚运会，并且要求亚运会组委会接见，报纸刊发消息。然而，对当时的亚运会组委会来说，它每天都收到全国、甚至全世界的大量捐赠，红楼梦酒厂的这区区不足1万元的酒实在是太微不足道了。没有达到目的的红楼梦酒厂的代表在万般无奈的情况下，找到了曾任中华国产精品推展会秘书长的铁流，请他出面帮助。铁流接手此事之后，审时度势，斟酌再三，选择新闻媒介为达到目的的突破口。他联想到古代将士出征前必饮酒壮行的动人场面，如果以“壮行酒”的名义赠给即将出征的中国体育代表团，这无疑将是一份难得的礼品，也是一个难得的新闻。

于是，铁流向中国体育代表团说明了红楼梦酒厂的打算，尤其特别郑重地表示了“千里送鹅毛，礼轻情义重”的诚意和心意，因为只有突出“情义重”，才能使不足万元的500盒礼品酒超越其价值，超越其物质的天平。中国体育代表团自然欣然接受。随即，铁流精心策划了“壮行酒”的赠酒仪式。

赠酒仪式设在引人注目的亚运村梅地亚中心一楼大厅出口处的右边，场面非常隆重，气氛肃穆庄严，当红楼梦酒厂代表赠上千里迢迢带到北京的酒，动情地祝福中国体育健儿不负乡亲父老的重托，努力为国争光等等时，闻讯赶来的记者们为此大受感动，纷纷举起照相机、摄像机，摄下并记录了这动人的一幕。

原本毫无新闻价值的事件，在铁流的导演下却变得如此感人和富有新意。中央电视台、北京电视台当晚就播放了这一“新闻”。第二天，全国40多家报纸报道或转载了这一事件。

红楼梦酒厂由此打出了“壮行酒”的牌子，壮行酒与亚运健儿在第11届亚运会上取得的辉煌成绩连在一起。提到亚运会健儿们的成功，谁能不联想到出征前那激动人心的壮行酒？1990年11月，在石家庄订酒会上，3 600万元的“壮行酒”全部销出。红楼梦酒厂厂长发自内心地说：“这是我当企业家以来，花钱最少、收效最大的一次公关活动。”

【案例分析】

同样的捐赠品——500盒酒，同样的捐赠对象——第11届亚运会组委会，同样的目的——传播宜宾酒厂的商业信息，但由于使用两种不同的方法，得到的却是两种截然不同的效果，其中的根本原因是什么呢？上述案例给了我们很多的启示，值得我们细嚼和回味。

一、了解“新闻媒介”的特点是我们开展公关活动的一个前提

公共关系是一种信息传播的活动，只有保持组织与公众之间的信息沟通和双向交流，才能使组织及时把握公众舆论，使公众理解和支持组织的发展。而这一传播活动所必不可少的就是新闻媒介。

新闻媒介（主要是由报纸、杂志、广播、电视、互联网、移动网络等传统媒体和新媒体所组成）①是当今各种信息传播（如人际传播、群体传播、实物传播和大众传播）中运用最多最广泛的一种传播媒体，它具有手段技术化、受众社会化、内容大众化等特点，能借助现代科学技术力量，突破时间和空间的限制，大容量、高速度地制作和复制信息，并能将信息在瞬间内传达到地球的任何地区和国家，从而产生巨大的影响和作用。

新闻媒介的另一个特点是它作为新闻的传播者这一本身，就决定了它并不随意地传播社会上的每一件事，它所关注的焦点是新发生的有报道价值的事和人，尤其是有价值的新闻。对于价值高的新闻，各新闻机构会主动前去了解、采访和报道，甚至会连续跟踪和深度报道。

红楼梦酒厂想通过赠酒让亚运会组委会接见来达到请新闻媒介加

---

① 所谓媒体，是指传播信息的介质，即信息宣传的平台，能为信息的传播提供平台的就可以称为媒体。一般而言，报刊、图书、广播、影视为传统意义上的媒体，而所谓“新媒体”则是相对于传统媒体而言的。清华大学的熊澄宇教授认为：新媒体是一种“在计算机信息处理技术基础之上出现和影响的媒体形态”，它包括互联网和移动网络媒体。新媒体是一个不断变化的概念，在新技术不断发展的条件下，新媒体形态还在不断地延伸和扩展。

以报道的目的，实际上红楼梦酒厂忽视了新闻报道的新闻性，忽视了新闻所必备的条件和价值。微不足道的500瓶酒，毫无新意的赠送由头和形式，既构不成有价值的新闻，也不会引起新闻机构的关注和兴趣，其失败是自然的。而铁流深谙新闻媒介的特点和作用，所以他从新闻的广角来衡量和考虑达到传播信息的有效途径，将毫无新闻价值的酒赋予崭新的内涵，从而构成了一个极有价值的新闻热点而获得成功。铁流的成功告诉我们：了解新闻媒介的特点是我们开展公关活动所必须具备的一个基本技能。

二、"制造新闻"是一种创造性的信息传播方式

"制造新闻"是指社会组织为吸引新闻媒介报道并扩散自身所想传播出去的信息而专门策划的活动。

（一）"制造新闻"是一种积极主动的传播方式。作为一般的新闻报道都带有一定的随机性，被报道者一般均处于被动的地位。而"制造新闻"是以社会组织充分认识新闻媒介的地位、作用和特点为前提的情况下，寻求扩大知名度和美誉度的机会，抓住一切可利用的契机"制造"新闻，以激起新闻媒介采访、报道的兴趣，从而达到使新闻媒介自觉不自觉地为组织做宣传的一种积极主动的创造型的新闻媒介公关活动。

（二）"制造新闻"是一种最为有效的传播方式。作为一般的新闻媒介所作的新闻报道、专题通讯或记者采访等都具有客观性、公正性和可信性，它比一般由组织自己或借用新闻媒介所传播的直观的商业信息（如广告）来说更容易被公众接受、相信和牢记。因此，"制造"新闻，将组织所要扩散和传播的有关信息用新闻的方式传递给公众的效果，肯定要比王婆卖瓜式的直观商业信息（如广告）传递给公众的效果要好得多。

（三）"制造新闻"是一种最经济的传播方式。由于"制造"出来的新闻具有可采访和可报道性，具有报道价值，所以被各媒体主动采访和报道，这种报道是免费的。而社会组织想借用新闻媒介来专门扩散和传播自己的有关信息（如刊登广告）是要付费的，而且费额一般是很贵的。

综合上述三点，我们可以说“制造新闻”是一种主动、有效、经济的创造性传播方式。铁流为红楼梦酒厂所精心策划和实施的新闻媒介公共关系活动以及这一活动的成功已充分说明了这一点。铁流抛开红楼梦酒厂那种消极被动的新闻媒介关系，审时度势，主动出击，以新闻媒介为突破口，抓住亚运会这一历史契机和传播平台，“制造”出赋予政治和文化涵义的“壮行酒”这第一个新闻热点，再进行精心策划，在引人注目的最佳地点——梅地亚中心一楼大厅“制造”出感人至深的壮行酒赠送仪式这第二个新闻热点，从而使新闻媒介的记者必然看见并主动前来采访、报道，红楼梦酒厂随着这“壮行酒”仪式的举行和报道而名扬天下。试问，红楼梦酒厂用其他的传播媒介、用其他的传播方式能取得如此有效、经济的结果吗？当然，各种传播媒介具有其自身的优点，需要根据所要传递的信息的特点和受众的特点进行选择和使用。但就主动性、有效性和经济性而言，“制造新闻”有着不可替代的优点和作用。

了解新闻媒介传播的特点，科学而又艺术地运用新闻媒介，是现代组织走向成功的翅膀和法宝，也应是现代企业刻意追求的一个目标。

思考题：

1. 为什么说了解新闻媒介的特点是我们开展公共关系活动一个前提？
2. 为什么说“制造新闻”是一种主动、有效、经济的传播信息的方式？
3. 本案例中最为成功的公关活动是什么？

第四节　创新是企业永恒的主题

【案例】

上海钢琴公司创造市场的启示

——创新是公共关系的灵魂

20世纪90年代中期，国内随着经济的迅速发展，曾兴起一股“钢琴热”，即许多厂家见生产钢琴利润丰厚，便纷纷上马生产钢琴。顿时，在中国的钢琴生产线上出现了前所未有的热潮。

然而进入2000年后不久，市场经济规律使众多盲目上马生产钢琴的厂家在经历了几年的“拼搏”之后便尝到了苦果，大批钢琴卖不出去，导致大量资金沉淀，诸多厂家被迫转产，有的甚至倒闭，就连以生产“聂耳”牌钢琴而闻名于国内外市场的老牌企业——上海钢琴公司(原上海钢琴厂)也面临着产品销路大跌，钢琴大批积压，资金周转不灵的严重困难局面。面对这种形势，上海钢琴公司的决策者们没有怨天尤人，也没有消极观望和等靠。他们走出厂门，来到市场，进行了科学而又详细的调查，他们从上海这一具有一千七百万人口的东方大都市的实际出发，对整个市场的各种因素进行科学的提炼和分析，从而得出这样一个结论：长三角地区的钢琴市场的“饱和”只是表面现象，随着人们物质生活水平和精神追求档次的提高，钢琴消费的潜在市场是非常大的，关键是怎样大力普及钢琴文化，创造出一种特有的钢琴销售氛围，变钢琴消费的潜在市场为钢琴消费的现实市场。于是，改变与其他企业在上海和长三角地区“竞争钢琴市场”，为自己独辟蹊径在上海和长三角地区“创造钢琴市场”的这一新的营销思路就应运而生了。

围绕“创造市场”这个主题，上海钢琴公司的决策层们苦思冥想，精心策划，先后有计划地推出了一系列别有新意的营销公关活动。首先，他们依靠自己地处上海并与上海艺术类高校有着广泛联系的优势，聘请了几位上海音乐学院的年轻钢琴教师，先后创办了“非非艺校”、“星海艺校”、“歌舞艺校”、“音乐学院聂耳钢琴业余学校”等 4 所学校共 15 个教学点。上海钢琴公司先在那里开办钢琴启蒙班，每周六上午教 3 小时，对准备学钢琴并具备学钢琴条件的学龄前儿童进行免费的早期启蒙教育，由于上海钢琴公司和上海音乐学院在社会上的知名度和良好声誉，加之启蒙钢琴教育的非营利性(不收学费)，上海许多家长纷纷领着孩子前来报名，甚至许多原本不想让孩子学钢琴的家长也加入报名行列。一时间，报名人数远远超过预计的人数。最后，经过测试合格的一批儿童被录取为钢琴启蒙班的正式学员。这时，正式学员的家长购买钢琴已是自然，而众多未被录取而对钢琴教育有所了解的孩子家长也开始有意向购买钢琴，上海钢琴公司的钢琴消费的“小市场”终于启动了。仅 2001 年的下半年，先后有 2 300 多名儿童参加了上海钢琴公司和上海音乐学院举办的钢琴启蒙班，有 2 000 多名家长为自己的孩子购买了钢琴，当然，这其中绝大部分是购买上海钢琴公司出的钢琴。

“创造市场”第一炮打响之后，上海钢琴公司的决策者们并没有沉醉在首战告捷的喜悦之中，而是在巩固和稳定已开拓出来的上海钢琴市场的同时，将开发新的钢琴市场的触角伸向了极具钢琴消费潜力的苏州、常州、南京、杭州等 10 多个上海周边的大中城市。他们也在这些城市举办一系列公益性质(免费)的儿童钢琴启蒙班，使这些城市也掀起了学钢琴、买钢琴的“钢琴旋风”，大批订单纷至沓来，上海钢琴公司进一步拓宽了市场。

为使自己创造的钢琴市场持续稳定和升温，上海钢琴公司再造钢琴文化氛围，强化钢琴消费的市场期待。他们先后在上海、温州、宁波、广州、青岛等钢琴较为普及的城市和地区举办各种形式的钢琴演奏赛和大奖赛，引起社会很大反响，上海钢琴公司也就在这社会很大反响的效应中名声大振，上海钢琴公司的钢琴因此也格外受到钢琴消费者的青睐。2002年在其他钢琴厂家销量普遍不佳的情况下，上海钢琴公司的钢琴销量高达12 500架，仅12月份1个月就销出1 484架，创公司最佳业绩。

上海钢琴公司并未因此成绩而停止前进，随着日本、德国等著名品牌钢琴纷纷进入中国，中国钢琴市场上的竞争越来越激烈。逆水行舟，不进则退，上海钢琴公司正在继续不断地开拓着新的钢琴市场，一个以"创造市场"踏上辉煌之路的上海钢琴公司必将会步入一个良性循环的轨道之中。

【案例分析】

独特的营销观念和新颖的营销行为是当代企业在激烈的市场竞争中脱颖而出，把握主动并赢得市场的制胜法宝。

在商品经济发达、信息传播快捷的现代社会，企业的产品和服务已汇成波澜壮阔的商业海洋，企业的产品和服务要为人所知，企业要想给人以深刻的印象并以此来获得宝贵的市场，其最有效的办法就是企业在全力塑造和推销自己良好形象的同时，努力突出自己的经营特色，创造出一种与众不同的营销风格和营销行为，营造出一种有利于企业发展的营销环境和营销氛围。

上海钢琴公司以不断进取的精神、富有创新的意识，为自己打造了一个崭新的、别致的企业形象，创造了一个独一无二的别人难以模仿的营销风格，从而使企业在激烈的市场竞争中脱颖而出，夺得先机，为企业"创造"了市场。这一案例确实使人耳目一新，同时给我们带来了许多新的有益启示。

一、树立创新意识是客观现实对现代企业的要求

当今的世界是充满竞争的世界。随着中国社会主义市场经济体制的确立，随着中国经济被融入世界经济的一体化之中，中国的企业被推向了市场，被推向了世界经济的大循环之中。面对着复杂多变的全新经济环境，面对着前所未有的严峻挑战和机遇，中国企业要想生存，要想发展，要想立足于世界经济之林，那就必须更新我们原有的在长期计划经济体制下所形成的旧思维和旧观念。

上海钢琴公司在新的激烈的市场竞争中，当一哄而上的"钢琴生产热"猛烈冲击着钢琴市场、企业面临严重危机之时，以一种强烈的进取精神和创新意识，冷静地审时度势，迎着困难和挑战，走进市场，调查市场，从而得出"市场饱和只是表面现象……长三角地区的钢琴市场潜力很大"的正确判断，并以此为依据，运用自己科学的头脑和艺术的构思，寻找市场的"空白点"，终于创造出"创造市场"这一充满创新概念的营销方式，从而使企业摆脱了困境，走向顺利发展的道路。

二、富于创新是现代企业获取市场信息的有效手段

公关的一项重要任务是为企业的经营决策提供科学、准确、丰富而又有价值的市场信息。

从某种意义上讲，市场信息（仅微观层面而言）是由消费者信息、购买力信息、购买趋向信息和商品（或劳务）信息等诸要素组成的，它是企业进行营销决策、组织并从事市场营销活动所必须深入研究的重要内容。那么，怎样在错综复杂的市场经济中为企业的市场决策提供科学的依据和可靠有用的信息呢？其根本的一点取决于公关人员的创新精神。

从上海钢琴公司的市场调查所获得结论的背后，我们可以看到该公司正是运用公关的市场调查原理，从市场信息构成的四要素的调查和分析中获得该公司营销决策所需要的信息的。

1. 从消费者因素看，消费者作为市场构成的主体，消费者数量的多

少直接影响消费市场的大小。作为上海，毫无疑问是中国人口最多、人口密集程度最高的大都市，是中国最大的商品消费市场。

2. 从购买力因素看，如果说人口的多寡和人口的密集程度还不足以科学地说明消费市场的真正规模的话，那么再通过对消费者购买力大小的调查，基本就可以得出一个城市（或一区域）的实际消费市场的大小了。上海是中国乃至远东最大的工业、商业和金融中心之一，其人均年收入之高在中国屈指可数，它是中国市场购买力最强的城市。

3. 从消费欲望因素看，唯有某一商品被一定数量的有一定购买力水平的消费者认可并产生购买该产品的欲望从而实施购买行为时，该产品（或生产该产品的企业）才算有了真正的消费者市场，有了现实市场。换句话说，有购买力而无购买欲望的仅仅是潜在的市场。当然，消费还有层次之区分，消费的层次是由消费者的经济和文化层次所决定的。从钢琴这一高层次商品的消费角度来看，上海不但是中国的工业、商业和金融中心，而且也是中国的文化中心之一，其整体人口素质和文化水平在中国可说是名列前茅的。虽然许多上海市民暂时还未产生购买钢琴欲望，但从市场角度看，上海是一个蕴藏着巨大潜在钢琴市场的城市，因为市场调查证明它拥有众多的人口、强大的购买力和购买钢琴的文化环境，关键是怎样把这种购买钢琴的消费欲望激发出来，变潜在市场为现实市场。

透视上述整个案例，可以说上海钢琴公司正是从上述几个方面通过科学和创见性的市场调查和分析，才正确客观地得出"钢琴市场饱和只是表面现象，随着人们物质生活水平和精神生活水平的提高，钢琴市场的潜力还很大"的结论，这无疑就为上海钢琴公司的市场决策提供了科学的、准确的、有价值的市场信息，由此普及钢琴文化、创造钢琴销售氛围的设想也就自然而生了。

三、富于创新是现代企业营造市场的利器

市场是现代企业的生命线，是现代企业追求的最终目标。那么，企业怎样才能获得市场呢？买方市场的本质决定了谁拥有消费者谁就拥有了市场，于是一个“以市场需要为生产导向”的经营观自然也就成为当今大多数企业的座右铭。人们一般认为，市场需要什么企业就生产什么，如此必然稳操胜券。然而，现实使众多企业困惑的是：市场犹如变色龙，说变就变。不久前还是畅销的货，转眼已成积压。企业好不容易掉过头来投入批量生产，却是生产越多、亏损越大。由此，一度受人推崇的“以适应市场、满足市场为导向”的经营观念看来有些问题了。因为这种观念是建立在“跟随市场”基础之上的，因而也就时时处于被动的地位了。反之，上海钢琴公司提出“创造市场”这一具有创新思维的市场观确实摆脱了由“适应”、“满足”等概念所编织的束缚，代之以主动积极地引导消费，以各种钢琴培训班和钢琴大奖赛等有声有色、丰富多彩的公关活动，创造出一个从企业跟着市场走变成了顾客跟着企业走的独有销售氛围，创造出一个企业不但能拥有市场，而且还可以人工地“营造”市场的新型路径。

四、不断创新是企业获得成功的必由之路

在生产力高度发达的今天，企业的产品和服务都逐渐趋于同一水平。国内外众多成功的企业，面对产品和服务的日趋同质化，几乎无一不在努力塑造着自己鲜明的独特形象和经营方式，它们从影响企业形象的各种因素(物质的、精神的、文化的因素)中寻找表现企业特色的机会与可能，或将组织的各种要素通过某种形象符号，或通过某个富有社会意义的公关活动等来加以最充分的展示和传播，每一种方式无不体现着组织的个性特色。譬如在我国国内市场上美国 IBM 公司的蓝、麦当劳的黄、可口可乐的红等几乎成为“固定色”；再譬如上述案例中的上海钢琴公司的“钢琴启蒙班”和“钢琴大奖赛”等一系列既独特又富有社会意义的公关活动，都在潜移默化地影响和引导着公众，并在公众心里逐渐内化为一种对上海钢琴公司具有良好印象的心理定势。它们从影响企业经营的各个环节中寻找表现企业经营特色的最佳契合点和创新点(即新、奇、特)，它们或是将组织的公关活动以新的策划、新的形式、新的技巧展现和实践，使人耳目一新、留下深刻记忆；或是将组织的公关活动以新奇的构思、独有的方式来唤起公众的兴趣，保持公众的记忆，激发公众的好奇心与消费欲望，取得以奇制胜、事半功倍之效；或是将组织的公关活动给人以意外之惊奇，使公众备受感染……独特的形象风格和创新的经营方式已被实践证明是企业脱颖而出、获得成功的制胜武器。上海钢琴公司以自己的超前意识，不为前人所限，敢于开拓，勇于创新，以公关的形象与传播手段，将钢琴销售与钢琴文化结合起来，为自己创造出了一种新的营销模式，产生了新的营销效应。这一成功案例以及许多其他成功的事实都已充分地证明了这一点。有必要指出，不同的时间和空间有不同的客观存在，不同的组织有自己不同的内质特点，这需要我们在借鉴成功公关案例经验的同时，需根据自己的具体情况来设计出具有自己个性特征和独特风格的最佳公关方案。如果不考虑具体情况而去生搬硬套别人的经验，不但谈不上创新，更会导致整个公关活动的失败。

公共关系是一门科学，也是一门艺术。在公共关系活动中没有什么清规戒律不可逾越，“思路决定出路”，因为“世界上没有做不到的事情，只有想不到的事情”，所以，在今天市场经济的大潮中，我们企盼着人们去充分地发挥自己的想象力和创造力，用自己的无穷智慧来为组织(或企业)设计和创造出更多、更精彩的公共关系活动来。

思考题：

1. 上海钢琴公司赢得市场的真谛是什么?
2. 怎样理解“创新”在公共关系活动中的作用和意义?
3. 结合本案例，谈谈“创造市场”与竞争市场、抢占市场的异同点。结合世界市场情况，你认为目前用哪种获取市场的方法最为经济和有效?根据是什么?

第三章　现代广告与公共关系

——撬动市场的无形杠杆

广告与公共关系是现代企业经营活动中不可缺少的两大“工具”。广告是为企业或企业的产品和服务所做的有计划的广大宣传，意在维持并扩展企业的形象、产品的销售或服务的范围。公共关系（对企业而言）是树立企业良好的社会信誉和形象，进而对外争取各界对企业的信任与支持，对内促进企业内部员工的团结、和谐及加强他们对企业的信赖与热爱。其目的是建立企业与各方面互信融洽的关系，为企业的经营创造一个良好的社会环境和经营环境。

广告与公共关系虽然概念不同，但两者间的关系极为密切。两者的目标相同，任务相似，并在实际运用中互为依存、互相渗透，公共关系中有广告，广告中有公共关系，有的公共关系活动的实施需要运用广告的手段来完成；有的广告的制作又需要融入公共关系的机理与手法。因而有人将广告与公共关系比喻为“一对孪生兄弟”。即使对广告抱有“成见”的世界最著名的营销专家——美国的阿尔·里斯（Al Ries）在他的名著《公关第一、广告第二》中，也这样指出：“广告的角色是公共关系通过其他方式的一种继续。”①

---

① ［美］阿尔·里斯（Al Ries）、劳拉·里斯（Laura Ries）著，罗汉、虞琦译：《公关第一、广告第二》，上海人民出版社，2004年，第199页。

从广告的角度来说，广告与公共关系之间密切关系的形成是与商品经济高度发达和市场竞争领域不断转移所分不开的。在商品经济还处于发展初期，市场上主要是产品之间的竞争，广告仅是产品的“沉默的推销员”。随着生产力水平、科技水平和信息业的高速发展，商品经济的高度发达，同类商品的数量和品种急剧增加，而其内在的品质和外在的价格等要素的差别则越来越缩小，人们购买行为的决定因素已日趋于心理的、文化的、个性的和社会的因素，产品之间的市场竞争逐渐让位于产品品牌的竞争，让位于企业形象的竞争，再加上发达广告业的广告信息对公众无时不在的“狂轰滥炸”，强制性的广告灌输使公众产生了一种厌倦逆反心理，从而对大量的广告具有一种下意识的排斥感。在这种情况下如何把需要传出的商业信息及时有效地传递给公众，如何绕过消费者对广告的心理警戒线，就成了广告业绞尽脑汁进行思考和研究的主题。于是，引进新型的公共关系这门既可塑造形象、又可沟通公众心灵的科学与艺术，并将公共关系的内质机理艺术地“嵌入”或“糅进”广告中，使广告所传递的信息不知不觉、潜移默化地进入公众的心智，就成了必然。广告与公共关系的有机结合由此形成，并随着社会和经济的发展而日益密切。

广告中引入公共关系，使广告的内涵更加丰富、形式更加多样、效果更加明显、前景更加广阔。广告中融入公共关系，充满公共关系艺术的优秀广告更能打动人心；运用公共关系的理念、方法和手段来创意和制作广告，诸如公益广告、赞助广告、响应广告、形象广告等公共关系广告，能够更巧妙地在公众心底里树立起企业的美好形象。广告与公共关系密切联系已成为现代企业经营中不可缺少的撬动市场大门的有力杠杆。

第一节　公益广告：社会得益、企业得利的公共关系广告

【案例】

“九州快镜”与“回家”

——打动公众心灵的公益广告

珠海特区塑胶工业有限公司痛感某些人的社会公德意识日益淡漠，觉得有必要参与到社会生活中去，便与珠海电视台合作拍摄了公益广告专辑“九州快镜”，每晚在黄金时间播出。该专辑以轻松、幽默、形象的艺术手法着重宣传了交通安全、卫生常识、环境保护、文明社区等公众关心的热点问题。该专辑播出之后，引起社会的强烈反响，一时成为市民最为关心的话题，成为舆论的焦点，许多市民打电话给电视台表示希望今后多播此类公益广告，以便自己多了解和学习点社会公益常识，许多网民也纷纷在网上发帖或跟帖发表自己的意见和建议。珠海特区塑胶工业有限公司自然由此而受到社会公众的一致赞誉，公司则通过该公益广告，既表达了企业对社会公益事业的良好意愿，又增加了企业在社会上的知名度与美誉度，大大提升了企业在人们心目中的良好形象。

北京地铁车门广告的唯一代理——印象广告公司于 2003 年的母亲节前夕在北京的地铁车厢里推出了一则公益广告——“回家”，令无数地铁乘客看后无不为之而怦然心动。“回家”以夕阳余晖中母亲孤独的形象为视觉主体，鹅黄色的色调温馨慈爱，表达着母亲对子女的挂念和企

盼，红色标题“回家”相当醒目，广告词的诗意更是无比动人：“曾几何时，我们因为奔波事业，陶醉爱情，照顾子女，而冷落了终生操劳的母亲。回家，看看母亲最欣慰的笑容吧！哪怕只是打个电话。”该广告没有任何的说教，却以其不可阻挡的情感震撼着每一个观者；该广告没有宣传自己企业的画面和文字，却在公众的心目中留下了对“印象广告公司”久久难忘的良好印象。

【案例分析】

珠海特区塑胶工业有限公司和北京印象广告公司在激烈的市场竞争中，不是通过商业广告来宣传自己，而是独辟蹊径，通过公益广告，通过致力于与社会公众息息相关的公益事业来获得社会的赞誉和增强自己的知名度和美誉度，这不能说不是一种出奇制胜之举。

当我们许多人对公益广告的理解还局限于电视台的“广而告之”，还局限于这类广告由于是非商业广告而应由政府有关部门或社会福利团体去做之时，中国的许多具有远见卓识的企业家们已经意识到了公益广告的不可替代的作用。这一表面上似乎是奉献性的投资，却在实际上给企业带来意想不到的宣传效果、形象效果和经济效果。

公共关系的目的是建立组织与社会各方面的亲善友好关系：对外争取各界对组织的理解、信任和合作，树立组织的良好信誉和形象；对内促进组织内部员工的融洽和团结，加强对组织的信赖与热爱。公关与广告是组织内外活动的两个既有密切联系又有区别的方面。公关活动离不开广告，广告可以借助公关达到自己的目的，上述两则公益广告，从这个意义上已给予了最好的诠释并向我们提供了诸多有益启示。

一、公益广告是企业获得良好社会形象和经济效益的有力工具

公益广告，顾名思义，是旨在为社会提供无偿服务，义务向公众进行宣传教育的非商业性广告，它一般就某些观念、规则、道德或哲理向公众进行告知、劝导和提醒。其内容大致有公共道德、文明礼貌、交通安全、环境保护、禁毒戒烟、防火防盗、慈善救灾、节制生育以及犯罪心理教育等。公益广告对公众来说,其作用在于提高人民素质,唤醒民众对社会问题的密切关注,促进社会健康发展。从性质上说,与对体育、文娱等活动的赞助一样,它同属于主要通过对社会公众或有关方面提供无偿支持而开展的公共关系广告范畴。

对营利性企业来说,广告是其推销产品(或服务)、提高企业知名度的有效手段之一,目的自然是增加经济效益。但问题的关键在于:采取什么样的广告策略来达到其增加经济效益的目的。社会上铺天盖地的商业广告司空见惯,巨额投资却效果不佳者比比皆是。为什么会出现这种情况呢?其中的一个不容忽视的原因是:许多企业只重视广告的技术投资,而忽视了广告的信誉投资;只重视广告的经济效益,而忽视了广告的社会效益。另外,目前人们生活中充斥了各种广告信息,这些广告无时不在向人们进行"信息轰炸",人们对这种强迫性的信息灌输有一种厌烦逆反的心理,一看到是广告,往往下意识地绷起一根心理防卫的弦。这样,如何突破人们对广告的心理警戒线,就成了现代广告的一道难题。美国广告大师大卫·奥格威说过:最好的广告是一种不像广告的广告,是在人们没有心理戒备的情况下达到广告的目标。珠海特区塑胶工业有限公司和北京印象广告公司的两则公益广告的社会影响对企业所产生的强大正面作用已很深刻地说明了这个问题。

在商品经济高度发达的今天,企业之间的竞争已经从产品的技术竞争转向了对"人"的竞争,转向了对"形象"的竞争。消费者对企业的接受、对产品的接受,首先取决于对企业或产品的一种心理上的、文化上的和社会价值上的认同,而这种认同的核心力是企业的社会形象。"形象竞争"已成为当今企业竞争的焦点。

公共关系认为企业形象的一个关键要素是企业是否具有社会责任

感。社会是由无数个组织组成，企业是社会的一个细胞，企业的生存和发展离不开一个良好的社会环境，离不开社会方方面面的支持和合作，而社会的良好环境和健康发展，需要企业的自觉奉献、承担责任和承担义务。企业与社会之间是一种互负责任、互动发展的关系。企业履行社会责任的程度，实质上体现了企业的整个经营理念，体现了企业的内在品质。

珠海特区塑胶工业有限公司和北京印象广告公司投资于公益广告，积极主动地投身于社会活动，自觉履行社会责任和义务，从而取得了3个效果：一是提高了社会公众的素质，唤起了人民对社会问题的关注，促进了社会健康发展；二是为广告业的进一步发展提供了良好的范式和借鉴；三是为企业本身扩大了社会影响，为企业创造了一个良好的社会关系环境和参与市场竞争的有利经济环境。

二、中国公益广告需要走出一条既有益于社会，又有益于企业的新路

中国的公益广告自20世纪80年代改革开放以来，伴随着中国广告业的兴起而日渐增多。到目前，公益广告绝大部分是由政府等有关部门来进行的。公益广告的内容相当广泛，除上面所提到的内容外，还有敬老爱幼、邻居和睦、保护名胜古迹、爱护珍禽异兽以及爱国卫生等。公益广告的主要阵地是在各级电视台的黄金时间段中播出，内容短小精悍，富有趣味感，深得观众好评，效果颇佳。

随着中国广告业的发展，公益广告也在向纵深发展。例如：早在1994年，由《北京晚报》、八达岭特区办事处、《北京日报》、《经济日报》、《工人日报》联合举办的“修我长城”赞助募捐广告宣传活动，就取得全国30多个省市自治区、港澳地区及世界上10多个国家的热烈响应，仅捐款额就达1 000多万人民币。再例如：2008年7月17日，由北京2008奥组委授权、环境保护部和联合国开发计划署联合发起的“中国环境意识项目”出资制作的八集“奥运环保公益广告系列片”在北京正式向公众发布，这是北京奥运会开幕之前，由中国官方制作的第一个以奥运和环保为主题的环保公益广告系列片。该系列广告片以“绿色奥运”为主题，涉及节约用水、绿色公交、清洁城市、绿色消费、节约能源、保护动物多样性、使用可再生能源及文明观赛等各个方面，旨在以奥运为契机，传播环保知识、提高公众环境意识。随着这八集“奥运环保公益广告系列片”开始陆续在奥组委大型活动、中央电视台、北京电视台、北京移动电视等媒体上的循环播放，迅速在北京奥运会期间掀起一股全民环保的新热潮。①

……

“修我长城”和“奥运环保”等公益广告发人深省，人们通过对这些公益广告的观看和理解，在脑海里留下深刻的印象。其结果是，许许多多热心于社会公益和环保事业的企业、公众团体、甚至小朋友们都已自觉自愿地投入自己力所能及的人力、物力和财力来支持这项造福于人类的公益活动。这项公益活动不但增强了人们的社会责任和生态环保意识，也对提高全民参与公益活动意识作出了贡献，因为它大大提高了人们的环保觉悟、也净化了人们的心灵。

社会公益广告可以有效地向社会宣传，向社会动员，健康人们的意识，规范人们的行为。同时，社会公益广告是社会良知的体现，也是社会文明的象征。它可以帮助组织树立良好的社会形象，也可以为企业带来无形的财富。然而，中国目前的公益广告还面临着两个问题：一是由于我国广告事业还不发达，加上中国的许多企业经营水平还比较落后，致使许多组织对广告的认识、尤其是对企业公益广告这类既能给社会带来好处，又能为企业树立形象，并能为企业带来经济效益的广告认识不足，

① http：//news.ifeng.com/mainland/200807/0716_17_656579.shtml

认为这类广告仅仅应该是政府有关部门或社会福利团体做的。结果在市场经济迅速发展、人们的社会意识迅速提高之时，本应迅速发展的企业公益广告之类的公关广告却严重滞后了。而且目前在我国，在大众传播媒体上做公益广告，也要像做商业广告一样，是要收费的。尽管有些企业也已认识到公益广告的社会效益和长远的经济效益，但这种广告毕竟使财力有限的企业望而却步。那么，中国的公益广告怎样走出一条既有益于社会又有利于企业的新路来呢？在公益广告与企业产品广告之间找出最佳契合点，使所做的公益广告既有公益性质，又为产品做了广告，这也许是一条新路。如吉林省某某保险公司就曾在广播媒体上做过这样两则公益广告："今天下雪路滑，提醒司机朋友注意交通安全。""汛期已到，提醒各单位做好防汛措施准备。"落款为某某保险公司。这两则公益广告碰到下雪天或下大雨天基本都播，持续了 1 年，以求长期效应，使听众熟悉。这两则公益广告的科学性和艺术力在于它既使该保险公司以此赢得了良好的社会形象效应，同时又为该保险公司取得了良好的经济效益，因为这种及时的提醒和真诚的告诫，既勾画出了保险公司对社会公众关爱的社会公益意识，又缩短了社会公众对保险公司心理沟通的距离，更使保险公司由于该公益广告的及时提醒而导致有关保险兑赔率的大大下降，致使保险公司从中获益，因为保险公司的经济效益恰恰是取决于保险额与兑赔率之间的差额。这两则体现了二元效应的公益广告真可谓是一举两得。

"社会的发展需要公益广告"，①而投资于公益广告反映的恰恰是一个社会组织的成熟。随着中国社会主义市场经济的发展，随着人们的社会意识、市场意识和传播意识的提高，随着 21 世纪中国广告事业的崛起和发达，中国的公益广告——一种社会得益、组织得利的公共关系广告

① 潘泽宏：《公益广告导论》，中国广播电视出版社，2001 年，第 332 页。

必将被更多的社会组织所认识、运用而走向兴旺。

思考题:

1. 怎样理解公益广告是社会得益、企业得利的公关广告?社会得什么益?企业得什么利?
2. 公益广告与一般商业广告的根本区别是什么?
3. 如果你是一个营利性企业的经理(或厂长),你是否会同意公关人员为你的企业设计公益广告的公关方案?为什么?

第二节 赞助广告:塑造组织形象的公共关系广告

【案例】

借助国际舞台向世界"露脸"

——名利双收的赞助广告

韩国是亚洲近三十年来经济发展最快的国家之一,而其诸多企业借助大型国际赛事来向世界展示其企业形象的公共关系"广告"活动,不乏是韩国企业得以快速发展的原因之一。

1988年9月17日,第24届夏季奥运会在韩国的汉城(现改名为"首尔")举行。东道国著名的现代汽车公司确定这是其向世界进军的难得良机。于是,公司上下全部动员起来,紧紧围绕着"为奥运服务,向世界'露脸'"这一宗旨,开展了一系列公共关系工作,利用各种手段来扩大公司的影响，提高公司的地位，塑造公司的形象，其中的一项就是投资523万美元，成为汉城奥运会期间的“独家”汽车服务商，即为汉城奥林匹克组委会无偿提供一个庞大的服务车队。该车队共有430辆汽车，其中有10辆微型面包车、100辆“超小马”牌和“疾风”牌轿车、250辆“明星”牌轿车、30辆“富丽”牌轿车和40辆“YZ型”轿车等等。车队中每一辆汽车都在显著位置贴上现代汽车公司标志图案和印有奥林匹克的五环标志，并署上“这是奥运会的专用车队”字样。在汉城奥运会期间，这支车队承担了运动会相当部分的运输任务。在每天接送运动员和有关官员、运送器械和食品的过程中，430辆繁忙的现代汽车走遍了汉城的主要街道，走遍了汉城奥运会的每一个角落，所到之处无不受到人们的关注和赞许，它的标识和影响深深地印入了每个参加和关心汉城奥运会者的脑海里，在广大公众中有力地塑造了现代汽车公司优质汽车产品的信誉和热心公益服务的良好形象。

同样也是在韩国，美国的可口可乐公司也上演了一出更为精彩的借助大型国际赛事来向世界展示其企业形象的公共关系广告活动。

2002年6月22日下午2点30分，第17届世界杯(韩日世界杯)的一场1/4决赛将在韩国的光州拉开序幕，下午2点时可容纳4万人的光州体育场已是座无虚席，这时，在主席台正对面的5号看台出现了一幅非常独特的景观——许许多多的观众头上都戴着统一式样的黄色帽子。原来，这是美国可口可乐公司专门为5号看台公众免费发放的遮阳帽，黄色的帽子非常显眼，帽子正面上印有的红色可口可乐英文标识亦十分醒目，这是可口可乐公司做的一次“公关”商业广告。

事情原是这样的，大型国际体育赛事由于收视率极高，历来是顶级跨国公司大做广告的黄金良机，韩国主办方自然不会浪费这种赚钱的机会，因此，6月22日下午2点30分的这场1/4决赛的场内球场四周每块1.5米高、3米长的落地广告牌要价8万美元。就这高价，许多公司也没有租到。大型国际体育赛事老牌广告客户可口可乐公司这回却创新策划，利用大型国际体育赛事看台的观众做一个超大型的可口可乐视觉广告。下午时分，主席台正对面的5号看台5 000名观众正面对大太阳的暴晒，可口可乐公司以每顶1美元的价格购买了5 000顶遮阳帽，每顶帽子印上可口可乐英文标识，在5号入场口分赠给该场的观众。于是就出现了前文所述的5号看台许多观众头上都带着统一式样的黄色帽子的这一非常独特的景观。

在整个下午的韩国队对意大利队的90分钟比赛时间里，占有整个5号看台的可口可乐黄帽子的出镜率大大超过了当时球场周边的任何一块广告牌，而且这场韩国队淘汰意大利队的1/4决赛，早已使“疯”了的韩国球迷们大喝特喝可口可乐，这不仅是因为可口可乐好喝，更主要的是因为可口可乐的广告给了他们太多的印象和好感。

【案例分析】

公共关系认为企业做广告，除了旨在推销商品（包括服务或劳务）外，还应是着力提高自己的知名度和美誉度。赞助广告是利用具有社会轰动效应的各类社会活动，由企业出资赞助，从中取得刊登广告，说明其是赞助单位等，以博得社会公众的好感的广告。以这种形式来进行的广告，是提高企业声誉的一种强有力的手段。由于这种广告的对象涵盖面广，形式柔和，手段迂回，效果颇佳，因此已日益被企业界所重视。赞助广告与公益广告一样属于公关广告范畴，并已在世界各地兴起，具有发展趋势。

在各类赞助广告中，对体育活动和文化娱乐活动的赞助或捐赠是最主要的一种形式，也是一种炫目的社会现象。其原因是：体育与文化活动广为人们所喜爱，特别是一些国际性的体育比赛和高水平的文艺演出，本来观众就特别多，再加上现代科学的发达，卫星传播技术的运用，使观众人数有时高达数亿甚至几十亿(2008 年全世界 60 多亿的总人口中有近 45 亿人观看了北京奥运会开幕式)。自然,在这种场合下所做的广告效果也就特别好。因此,对声势浩大的体育活动和文艺演出的广告赞助已成为国际财团和跨国大企业进行角逐的重要“战场”。

赞助广告对企业树立形象和扩大知名度起着重要的作用。而在高度竞争的市场经济中,企业的声誉就是强有力的市场“通行证”,它可以帮助企业推销产品,加强企业与消费者之间的关系,扩大企业和产品的影响。

企业赞助广告并不是直接推销产品,而是以提高企业知名度和树立企业形象为主要目标的宣传形式,目的是使消费者对企业的目标、政策、产品、技术、设备、人员素质、经营管理、服务水平及企业本身有一个良好的印象。因此,许多企业甚至不惜投巨额资金向公众展开形象宣传,通过赞助广告将企业的宗旨和特点间接地传递给公众,使与企业有关的公众理解企业、支持企业。例如,美国的柯达胶卷公司每年在世界各地要花数亿美元的广告费来做其形象广告,为了最大限度地扩大自己的知名度,它不惜工本地支持全世界各地的文体活动,仅在中国北京就举办过第一届“柯达杯”世界少年足球锦标赛、“柯达杯”北京四强足球邀请赛等几项大型体育活动。该公司采用这些企业赞助广告的形式,把“柯达”的形象牢牢地打入了公众的心中。事实证明,这种企业赞助广告增加了消费者对企业的认识度、熟知度、形象度和支持度,再加上人际的自觉不自觉地多次传播,使消费者在实施购买行为时,不但是在挑选商品,更主要的是在挑选商品的生产者,在挑选他的心理认同和价值取向认同。

公共关系强调企业树立良好形象的活动要有一个完整的战略计划,要持之以恒地做下去。做企业赞助广告也同样如此。当企业在市场上已获得很高的知名度后,企业还需要再做企业赞助广告吗?富有远见卓识的企业家的回答是:要继续做下去。这种广告战略将使企业获得一块用金钱买不来的金字招牌。例如，美国的可口可乐公司，其知名度可说是家喻户晓，然而几十年来它的触角仍坚韧不拔地伸向世界各项重大体育赛事，以至时任1988年国际奥委会主席的萨马兰奇在瑞士洛桑亲自将一枚奥林匹克勋章授予可口可乐公司主席罗相图·敦思达，以表彰可口可乐对奥林匹克所作出的杰出贡献，而从1984年至今(包括2008年北京奥运会)，可口可乐一直是奥林匹克TOP① 的忠实参与者。由此可见，企业的赞助广告是为了赢得企业声誉、建立产品信誉而做的战略性宣传，而不是为眼前利益而做的战术性传播。

在商品经济迅速发展的今天，塑造企业形象已成为企业的一项重要管理和经营目标。随着社会生产力的发展、科学技术的进步及信息业的突飞猛进，生产同一类产品的各企业所推出的产品不仅成本接近、性能接近、品种接近、质量接近、价格接近，甚至推销方法、售后服务等也接近。例如：日本许多厂家生产的日立、三洋、索尼、声宝、东芝、松下、JVC等彩色电视机，消费者很难说清楚它们之间的重要差别在哪里。但是，消费者往往在一段时间内热衷于某一厂家生产的某一牌名的商品，即使这一商品的价格比其他同类产品要昂贵，消费者仍照买不误，究其主要原因，正是这个产品的厂家早已在消费者心目中留下了特别深刻的印象与突出的良好形象。

“良好的形象是企业的无形财富”，这已是当今企业家们的一个共识，成为公共关系中的一个定律。良好的企业形象为冠有该公司名称或商标的任何产品或服务创造出一种消费信任和消费信心。也就是说，如果一个公司或一个商标为消费者所信赖，那么消费者自然地会倾向于信

① TOP是“奥林匹克全球伙伴赞助商计划”英文“The Olympic Programme”的缩写，1997年后改为The Olympic Partners。该计划于1985年开始推出，每4年为一周期，至今(北京奥运会)已是第6期了。

任这个公司或以这个商标为标记的任何其他产品或服务，真可谓“爱屋及乌”。良好的企业形象能为企业留住和吸引人才创造条件，如果说企业的竞争是科学技术竞争的话，那么人才是科技的核心，没有人才的企业是没有竞争力的企业。良好的企业形象为企业吸引社会资金创造条件，为企业寻求可靠原料和能源供应者创造条件，也为企业增进社区的理解、谅解和合作创造条件，因为良好的企业形象的本身就是信誉和信赖。

总而言之，良好的企业形象是企业的宝贵财富和稀有资源，要想树立良好的企业形象、提高企业的知名度和美誉度，企业赞助广告实际上不失为一个聪明或谓高明的举措。

思考题：

1. 通过本案例，谈谈赞助广告与商业广告的区别是什么？
2. 如果你是一个企业的领导，你是否愿意在赞助广告上投资？为什么？

第三节　广告语言艺术与公共关系

【案例】

一字重千斤

——广告语言中的公关魅力

“更快、更高、更强”(Faster，Higher，Stronger)这句充分表达奥林匹克运动“不断进取、永不满足”之奋斗精神的短短六个字，自 1913 年经国际奥委会批准、1920年国际奥委会将其正式确认为奥林匹克格言以来，已成为世界上流传范围最广、影响最为深远的广告词。正是这句言简意赅、结构精细、意境深远的格言与外宣词所彰显出来的人类崇高价值理念和行为目标指向，赢得了世界上几乎所有国家、所有民族的一致认同与不竭追求，进而使历经百年的现代奥林匹克运动成为人类迄今为止规模最大、影响最广的国际体育盛会和国际社会活动。

而“人类失去联想，世界将会怎样”则是中国著名高科技产业——联想集团的外宣广告语。在这句广告语里，“联想”是泛义的，是与人类发展密切相关的“想象”与“思想”紧密相连；而以“失去……会怎样”这样一种假设反问句，则更加暗示受众“联想”对人类的重要性。而“联想”的狭义则是专指联想集团的“联想”品牌。不同“联想”含义的暗合，使受众产生“联想电脑对(我们生活的)世界也是很重要的”的意境，这种运用联想和想象的思维方法及双关的表现手法的广告词，对于提升大众心目中的联想品牌形象十分有效，并让人对此记忆深刻！联想集团的这个广告词，不光是在IT行业，即使在整个品牌广告领域，也绝对是一句气势不凡的广告语。

【案例分析】

现代广告语(或谓外宣词)是人类语言艺术的精华，是公共关系的艺术内涵在广告中的闪光，是现代广告的核心内容之一。有位哲人说过，“语言是思维的外壳，决定语言的是思维。要想有经典的语言，就要有超人的思维。”①而现代广告语言，作为反映特定事物(包括商品)风格与特征，塑造组织(包括企业)形象的工具，同样要以超人的思维，通过公关艺术手段，以新颖的创意、时代的方式、明确的目

① 《邓小平的语言风格》，载《书刊报》2009年2月16—22日第二版。

标、精练的内容、简明的形式，来给公众以一种效果强烈、涵义深刻、意境集约的印象，使公众在自觉或不自觉中接受和认同广告所传达的有关信息，并将该信息长久地保持在他们的记忆与想往中，从而达到广告的目的。现代广告语言可以说是融汇了公关的文化、心理、传播、创意和表达等科学与艺术之内涵为一体的一种外在表现形式。上述两则广告词的经典与成功确实值得我们反复细读和认真研究的。

一、现代广告语言的文化诉求

现代广告，作为社会组织传递信息的一种传播活动，其广告语的个性特征和有效传播，已成为今天所有广告的设计、策划和发布者所刻意追求的目标。然而，广告作为一种文化存在，它的任何一次成功的设计、创作和传播都离不开它的一个主要组成部分——广告语，而广告语的核心要素则是其内在的文化品质。

文化是"人类在精神物质方面所创造的一切优秀的东西"，①社会学家和人类学家通常又把它定义为"一个社会或一些人共同承认的价值观和意义体系，包括使这些价值观和意义体系具体化的物质实体"，②即人们在日常社会实践中按照他们自己认同的价值和意义去行事，并在他们所涉及的领域留下价值观的痕迹，进而创造出物质文化来。因此，从这个意义上说，"文化实质上是人类行为选择的标准体系，(而)这些公认的行为标准就是文化"。③

① 季羡林：《东方文化和西方文化》，《东西方文化交流》，澳门：澳门基金会，1994年。

② [美]戴维·波普诺著，刘云德、王戈译：《社会学·上册》，辽宁人民出版社，1988年。

③ 黄汉强：《澳门文化、澳门精神及其价值》，《濠镜》(澳门社会科学学会学报)，1997年(总15期)。

广告，无论是公共关系广告还是商业广告，其本身和本质就是一种文化存在，而作为广告核心要素之一的广告语，则往往会因它内在所具有的深刻文化内涵而引发人们对其经久不息的记忆和遐想，也必然会因它内在所阐发的发人深思的文化品质和深邃的文化素养而激起人们对其执着的向往与追求。

如上述的历近百年的奥运格言与外宣词——“更快、更高、更强”，①就一直以它内有的一种跨国界、跨民族、跨宗教、跨时空的跨文化理念，诠释了人类数千年文明所追求的和平安宁、超越自我、摒弃歧视、强调公平、永远进取的社会精神与价值取向。也正是奥运这一格言与外宣词所彰显出来的人类崇高价值理念和行为目标指向的文化内涵，而赢得了世界上几乎所有国家、所有民族的一致认同与追求，进而演绎成了一则脍炙人口、经久不衰、催人奋进的世界经典广告语。今天，“更快、更高、更强”这则早已深入人心并得到世界公认的优秀广告语，其现实意义和实际影响力已远远超出了国际体育的范畴，已成为世界跨文化传播史上的一句最具感染力、凝聚力和传播力的人类共同的座右铭。

又如上述的中国著名高科技产业联想集团的“人类失去联想，世界将会怎样”这句国人耳熟能详的广告外宣词，虽然这句广告语不及国际奥运广告语那样具有如此广深的影响力，但它却同样以其内在那富有逻辑、充满哲理、饱含感召力、并令人思想联翩的文化内涵，不能不深深地打动着每一位读者的心绪。也同样因这句与联想集团产品品牌——“联想”这一名称一致的广告语所凸显出来的一种感悟、一种推断、一种无形的自问激励而使人们不能不为这则简洁明了、朗朗上口且回味无穷的广

① 该格言又被称为奥林匹克座右铭或外宣词，它是现代奥林匹克运动创始人顾拜旦(Baron Pierre de Coubertin，1863—1937)的密友迪东于1895年提出，经顾拜旦提议，1913年获国际奥委会正式批准，将其定为奥林匹克格言，1920年它又成为奥林匹克标志的一部分(笔者注)。

告语而感叹和共鸣。今天的联想集团正以“联想”产品与这句既给人以时代强烈启迪又包含东方含蓄文化色彩的广告语——“人类失去联想，世界将会怎样”一道，在逾越了跨世纪的市场风雨后，成为今天国际奥委会的全球合作伙伴，并进入了国际著名 IT 产业的行列。

自然，一则经典的广告语，也必然被赋予社会良知和伦理道德的文化品质。本章第一节所述的 2003 年北京久久印象广告公司于母亲节前夕在地铁车厢里做了一则《回家》的公益广告：夕阳余晖中，一位慈祥而又孤独的母亲脸上露出对子女的无限牵挂和期盼，红色标题“回家”的下面，一组广告语令无数读者怦然心动：“曾几何时，我们因为奔波事业，陶醉爱情，照顾孩子，而冷落了终身操劳的母亲。回家，看看母亲最欣慰的笑容吧！哪怕只是打个电话。”落款“某某广告公司”。这则广告语没有任何的直白和说教，但却以其不可阻挡的情感与道德冲击力震撼着每一位读者的心灵；这则广告语也没有任何宣传和赞美自己公司的语句和文字，却以它充满东方价值理念与公认伦理道德的文化共鸣，使该广告公司因此而在公众心目中留下了久久不能忘却的良好形象和美好记忆。

实际上，商业广告语也同样有着强烈的文化诉求。如浙江一家房地产销售公司的外宣广告语：“住的好，一切都好”，该广告语初读起来貌似平淡，但一加品味，即可发现这区区七个字却一矢中的地刻划出了中国人“安居”才能“乐业”的这一传统生活理念，从而在文化与心智上迎合并启迪了改革开放后刚从贫穷走向小康的中国广大公众的最一般的逻辑思考，自然也导引和激发了社会广大购房大军的最一般的行为取向。这句通俗、连贯、好记但又富有哲理的广告语，它不仅承载着千百年来中国百姓对理想生活目标——“住的好”的原始诉求，而且还是新时期富裕起来的中国老百姓对追求“一切都好”的这一厚重文化诉求的一种浓缩概括和一种最直接、最通俗的表达。自然，这则广告语也为该房地产销售公司的销房业绩起了至关重要的文化与概念认同的催化作用。

……

文化品质自然赋予广告语以活力、魅力、亲和力和穿透力；同时，经典的广告语也自然提升了该广告的整体品位和文化质量，拓展了该广告的传播空间和时间，大大增强了该广告信息的传达通道和传递效应。无疑，文化品质是任何一则经典广告佳句乃至是一则优秀广告传播的基础和不可缺少的核心要素。

二、现代广告语言的公关品质

一则经典和优秀的广告词，除了富含文化内质外，还应具有深厚的艺术品质。上述的两则广告词已使我们充分体会到了现代广告语言的公关创意与表达的艺术魅力。

在广告业市场化的今天，尤其是2005年底我国根据加入世贸组织时的承诺而允许外资在中国设立其独资广告子公司后，迅速提高我国广告的总体创作水平和传播质量，已是新时期中国广告业的一大迫切任务。为此，笔者试就提高广告的这一核心要素——广告语的文化品质问题，提出几点粗浅的建议，以供读者参考。

1. 加深知识素养是确立广告语文化品质的基础。

广告语一般是由文字或语言组成，由于广告的主客体对象的不尽相同，所以广告语的行业性质类别和所需发布的信息内容就不尽相同，同时，广告语的创作和传播的基本原则却又要求任何一则广告语都必须是文句精练、表意准确、具有个性、易于记忆和便捷传播等等。

广告大师大卫·奥格威说："广告文的难处在于精于撰写简短的文章。惯于写广告文章的人，就不会再写长文章。"可见，广告词要生动简练，即以最少的字数，畅所欲言，是任何一则优秀广告撰写者必备条件之一。

奥运格言(中文)只有六个字，联想集团广告词也只有12个字，但意义却表达得完整、清楚、明确，毫无拐弯抹角之嫌，真正做到了"言不虚发”。从公关心理学上讲,现代生活节奏导致公众要求广告文案占用其视觉的时间要短,即现代广告文案具有强烈的阅读时间要求。这就要求所有的广告语(包括商业广告语)既要简练,又要在尽可能短的瞬间抓住人心;既要简明易懂,又能高度概括其具体内容,用最少的文字传递最大的信息量,使人容易记住其中的“精华”,并产生“响应”、“认同”和“需要”的欲望。因此,广告语的每一个词都重“千斤”。

于是,这就需要广告语的设计和策划者必须尽量完善自己的知识结构、增大自己的知识存量,积累自己的实践经验、加深自己的文化素养等,来构建自己未来设计和策划优秀广告语的知识储备和文化支撑,并以此来应对和适应不同性质类别行业对广告语的越来越高、越来越苛刻的文化品质要求。

2. 培养创新思维是拓展广告语文化品质的核心。

从某种意义上说,广告语是一种“一次性消费”的文化产品,它具有独创性和不可复制性,即在一则广告中用过的词,就决不能在另一广告中使用;同样,广告语又具有创新性,任何一则优秀的广告语都不能是模仿或改良品,它必须是一则独具匠心、具有个性特征的科学创造和发明。

例如,奥运格言(中文)虽仅六个字,联想集团广告词也仅有 12 个字,但其在文句结构上,涵义连贯,读来爽口,颇具回味,易被人们接受和牢记。一般说来,广告信息是通过人们的视觉、听觉、嗅觉、触觉等被人们所接受的。而其中,大量的信息最主要的是通过视觉和听觉被人们所获得的,作为视觉和听觉的主要媒介的文字和语言,便构成了广告信息的主要因素。因此,强调语言艺术,强调语言的口语化、优美化、通俗化、精练化就成为广告信息能否有效传递给受众的一个重要因素了。奥运格言与联想集团的广告词上口押韵,优美通俗,含蓄达意,自然流传广泛,效果极佳了。

因此,吸收多元文化、突破单一思维模式,以“会当凌绝顶,一览众山小”的高宽眼界，以来源于生活、来源于实践的多元视角，以历史纵横与现实经纬的立体思维，来确立自己未来设计和策划优秀广告语的个性思维能力，并以此来应对和适应今天国内外新形势给广告业带来的全新挑战。

3. 提高艺术修养是提升广告语文化品质的客观需要。世界广告大师美国的威廉·伯恩巴克曾旗帜鲜明地指出：广告是一种艺术。由此，作为广告重要要素的广告语自然也就不是人们一般的文化消遣品，它实际上是一种通过有意识地发挥自身特殊传达功能来传递有关信息、进而影响社会公众态度和行为取向的特殊缩微艺术品。因此，广纳国内外文化表现艺术的精髓，增强文化艺术的鉴赏能力，并正确处理好广告语创作中的高雅与通俗之间、共性与个性之间、形式与内容之间的诸种矛盾，从而以一种卓越又平实、曲高却和众的辩证艺术观，来创造属于自己的未来设计和策划优秀广告语的艺术灵感，并以此来应对和适应今天数字革命与互联网普及所造成全球文化“一体化”、信息“同质化”等给现代广告业带来的其广告语的个性化、艺术化的时代要求。

4. 获得社会认同是提升广告语文化品质的重要内容。所有的优秀广告语实际上都有一个共性的特征：广告语的内核不仅要同步于时代的脉搏，更要反映时代生活与文化在社会大众心灵中的波澜和取向，即任何一则广告语要想得到最有效的传播，那么它首先就必须获得社会公众对其内容和表现的最普遍认同。换句话说，广告既然作为一种社会文化存在，又是一种“大众消费品”，那么它的广告语就必须首先得到社会公众的文化认同、心理认同和个性认同，即得到本“案例分析”开头所引述的“一个社会或一些人共同承认的价值观和意义体系”的认同。因此，用社会所共同确认的国家意志、民族精神、文化情感、心理作用和个性特征的文化价值标准，来作为自己未来设计和策划优秀广告语的基本出发点，并以此来应对和适应市场经济条件下“古典”与“时尚”、“传统”与“现代"并存的社会认同标准。

改革开放以来，中国广告业的发展已经出现了飞跃，但与世界先进水平相比，无论在"质"还是在"量"上都还存在差距，尤其是国际大牌广告公司已大举登陆中国广告产业市场的时候，迅速提高中国广告语的文化品质，已是中国整个广告产业加速提高和发展的必然要求之一。任何一个社会组织要想在新世纪、新时期里创造其广告创作与传播的永恒，就必须注重对其广告语文化诉求和广告语公关品质的科学理解与深入研究，这是当前中国公关界和广告界都需要着重思考的一项重要议题。

思考题：

1. 通过上述案例中的广告词，怎样理解创作广告词与公共关系科学艺术的关系？
2. 除了本案例所提到的优点外，优秀广告词还应具备哪些条件？

第四章　危机事件中的公共关系

——组织形象再塑造

危机事件通常是指那些影响或危及组织利益、形象、生存或发展的突发性或灾难性的事故或事件。危机事件引发的原因或是自然界的、也或是人为的。危机事件一旦发生，公关工作者应全面科学地运用自己的经验和专业技能，或释冰为水，或化险为夷。危机公关(也有人称之为问题管理)是公共关系的一项专门活动，是公共关系实务方法的全面运用，是社会组织生存与发展过程中得以顺利前行和获得成功的一个不可或缺的“工具”。因此，处理危机事件是公关工作者的一项重要工作。

危机事件往往会冲击和损害组织的社会信誉，不管该组织的规模大小和行业类别。只要一个组织具有被任何一种危机事件所颠覆的微小可能性，就应该对所有意外危机事件做好事先、事中、事后的各项应对准备。虽然危机事件具有偶然性、意外性和突发性的特点，但只要公关工作者积极预防、迅速反应、主动应对、科学处理、认真总结，大多数危机事件是完全可以制止和妥善解决的。

第一节　政府的"问题管理"与"危机公关"

"问题"与"危机"对当今各级政府组织而言，是一种已经出现了的负面事态或动向。美国公关会务工作委员会把"问题"或"危机"界定为一个组织的内部或外部的不利条件或负面压力，如果这种不利条件或负面压力持续下去，就会对这个组织的运作及其利益产生重要的甚至是决定性的影响。

"问题管理"与"危机公关"这两者具有许多相同之处，在对社会环境和公众舆论实施"监测"和"控制"的过程中，它们都是政府公关所不可缺少的一种利器，其作用与目的是消弭或阻止对抗和危机。政府组织只要科学认真地对待"问题"和"危机"，那么"问题"和"危机"不仅可以避免或消除，还可争取到社会舆论的同情和支持，进而还可借机重塑和提升组织的良好形象。反之，不管是一个并不复杂的问题还是一次事故或一场自然灾难，都会给政府组织带来严重的公共关系危机。

【案例Ⅰ】

"3·14拉萨骚乱事件"
——中国政府用事实说话来型塑大国风范

2008年3月14日，中国西藏的拉萨市发生了一场由境内外"藏独"分裂势力相互勾结而制造的打砸抢烧严重暴力犯罪的"3·14拉萨骚乱事件"，造成许多无辜平民严重的生命和财产损失。西藏自治区政府迅速组织公安、武警并依靠包括藏族在内的西藏各族人们，迅速平息了这场骚乱，维护了国家的统一和西藏的社会稳定。

然而，面对这样一场世界上任何一个国家都会遇到的性质明确、事实清楚的地方骚乱事件，一些对中国怀有误解、恐惧或敌视的西方媒体，利用他们手中所掌握的大众媒体进行大肆炒作，掀起了一股“唱衰中国”并“绑架奥运”的国际反华大合唱：美国有线新闻网络(CNN)、《华盛顿邮报》、美国富克斯电视台、英国路透社、英国广播公司(BBC)、英国《泰晤士报》、德国 N—TV 电视台、德国《柏林晨报》、德国《图片报》、法国《解放报》等西方主流媒体，自 3 月 14 日起，一直以歪曲和恶意报道“拉萨事件”为“己任”而大肆误导国际舆论、抹黑中国和“妖魔化”中国……一时间，西方媒体的反华浪潮甚嚣尘上，被蒙蔽的国际社会充满着对“藏独”的同情与支持之声，北京奥运火炬传递也由此而在巴黎、伦敦和旧金山受到严重阻挠……

面对这场突如其来的由西方媒体引发的“中国国际形象”危机事件，面对即将举办的举世瞩目的北京奥运会将遭遇西方媒体严重干扰的严峻“问题”，经过 30 年改革开放深刻洗礼的中国政府，以大国的心态、开放的姿态，立即展开了“以信息透明为原则”、“让事实来说话”的政府危机公关而赢得主动，并一一化解了西方媒体强加于中国政府的所谓“国际公关灾难”。

(一) 中国政府运用官方媒体并组织境外记者迅速全面地向世界公众报道事实真相

“3·14 事件”发生后不到 6 小时，中央电视台即已派出报道组赶赴拉萨，展开全面采访报道。事发第二天起，中央电视台、新华网等中国主流媒体就不间断地详细深度报道了这次骚乱的真实情况，并制作了《3·14 拉萨事件真相》的视频在各大网站上播放。同时，中国政府迅速授权国务院新闻办公室召集境外媒体(9 家外国媒体、5 家香港媒体、3 家台湾媒体，共 30 多名记者)组成采访团于 3 月 26 日亲赴“3·14 事件”的发生地——拉萨展开为期3天的实地采访活动，用他们自己的眼睛来向世界见证达赖集团的不法之徒在日光城——拉萨留下的打砸抢烧的罪证。中外媒体的迅速、清晰、客观、完整的适时报道及时有力地向国际社会传递了“3·14事件”的真相，极大地扭转了国际舆论一边倒的趋势，为中国赢得国际社会的诸多理解和支持。

（二）中国国家领导人迅速地向各国政府和人民发出了中国政府的清晰声音

3月18日上午10时15分左右，中国总理温家宝在人民大会堂与采访“两会”的中外记者见面时，特就3·14拉萨骚乱事件，向包括西方媒体在内的国际舆论准确无误地指出：“有足够事实证明，发生在拉萨的打砸抢烧事件是由达赖集团有组织、有蓄谋、精心策划和煽动起来的。”并明确指出：“当地政府和有关部门依照宪法和法律，采取十分克制的态度，迅速地平息了这起事件，维护了拉萨以至西藏各族人民的利益。”他进一步表示，从西藏和平解放，实行民主改革到现在，西藏进步了、发展了，那种所谓“中国政府灭绝西藏文化”完全是一派谎言。中国政府不仅有能力维护西藏的稳定和正常的社会秩序，而且要继续支持西藏的经济发展和社会进步，提高西藏各族人民的生活水平，保护西藏的文化和生态环境。“这个立场是不会动摇的”。中国总理坚定、有理、有节、掷地有声的话音在国际社会和国际舆论的舞台上引发了强烈反响，极大地廓清了西方媒体的歪曲误导，为中国政府赢得了国际社会的由衷尊重和诸多反思。

（三）中国政府运用外交公关，以信息的“国际透明度”来向世界公众说明事实真相

在中国主流媒体迅速报道事实真相、境外媒体实地采访拉萨、中国总理严肃指出事件性质的同时，中国政府展开了强大的外交公关来“让事实说话”。28日至29日，中国政府组织了15名分别来自巴西、日本、

加拿大、欧盟、英国、德国、法国、意大利、西班牙、斯洛文尼亚、新加坡、坦桑尼亚、澳大利亚、俄罗斯和美国的外国驻华外交官访问拉萨，实地考察在“3·14”打砸抢烧严重暴力事件中被烧毁的商铺、学校，探视受伤的武警战士、公安干警、医生和群众，并与西藏自治区政府主席向巴平措、大昭寺僧侣、财产受损的汉藏群众以及宗教界、学术界代表等西藏各界人士进行广泛接触和座谈。这是“3·14”事件后外国驻华使馆(团)官员首次来到拉萨。

外国驻华外交官的实地访问，产生了非常积极的效果。考察团团长、巴西驻华使馆公使奥斯瓦尔多·比亚多说，通过这样难得的机会我们获得了有关“拉萨事件”的第一手资料；斯洛文尼亚驻华使馆政务参赞伯纳德·史莱纳告诉记者，他对向巴平措的介绍表示满意，他认为，向巴平措没有回避问题，他从中了解到了很多有关“拉萨事件”具体内容，先前的疑问大都得到了解答，尽管这次实地访问的时间有限，但我们下午看到的情形已说明拉萨已经恢复了正常；坦桑尼亚驻华使馆参赞乔治·马农纪表示，他亲眼目睹被烧毁的房屋，看到无辜受伤的群众，非常令人痛心，那些打着“和平示威”旗号的活动完全是暴力行径，没有任何一个政府会容忍这样的暴行，他说：“现在拉萨的社会秩序稳定，一切都在恢复正常”；考察团的多数成员表示，通过此次访问，他们对“3·14事件”的真相和性质有了更多了解，一些外交官对中国政府在处理此事件中采取的措施表示理解和支持。

外国驻华外交官的实地访问及他们对“3·14事件”的了解和表态，在国际上产生了重大的正面效应，许多西方媒体的鼓噪声音逐渐小了，而诸如泰国、缅甸、东帝汶、卡塔尔、中非、阿尔及利亚、哥伦比亚、智利、秘鲁、波黑等许多国家不久就纷纷表示，他们理解和支持中国西藏自治区依法处置拉萨严重暴力犯罪事件，这些正义力量的上升为中国政府赢得国际舆论的支持增添了极为重要的积极因素。

中国政府迅速指示和支持中国驻外使馆的外交官向各国公众全面传递“3·14事件”的真相。中国驻英国大使傅莹在英国《星期日电讯报》上撰文《火炬传递之后的思考》,并在伦敦出席一个活动时以平静而又客观的态度指出,中国的人权关系涉及的是广大人民的基本利益。中国政府不怕负面报道,也没有必要掩盖什么,而是积极主动解决问题,维护人民利益。5月1日晚,傅莹大使应邀参加英国48家集团俱乐部举办的“青年破冰者”活动启动仪式并发表讲话:“西方媒体可以批评中国,但至少要言之有据,报道中国也同样应该严守客观、公正的原则,要遵守中国的法律。”傅莹大使的这些真诚卓见的讲话赢得英国媒体与社会公众的一致好评,也给英国路透社、BBC、《泰晤士报》等上了一堂媒体良知与媒体道德课。2008年4月3日,中国驻乌克兰大使周力也在使馆就拉萨事件为乌克兰媒体举行新闻发布会。乌克兰国家通讯社、国家电视一台、第五频道电视台、ICTV商业电视台、《乌克兰之声》报、《政府信使》报、《2000年》报等23家主流媒体的30余名记者应邀出席,发布会上周力大使播放了“3·14拉萨事件”的专题片,并积极回答了乌克兰记者的踊跃提问。2008年4月7日,中国驻芬兰大使马克卿作客芬兰电视一台早间新闻节目,通过芬兰电视新闻向芬兰公众就拉萨事件、北京奥运等受关注的问题接受了现场直播采访,做了全面的解释。……

(四)中国政府还派出中国藏学家代表团团长、国家民委副主任丹珠昂奔率领的藏学家代表团访问美国。

美国是西方舆论的大本营,在美国“让事实来说话”无疑具有特殊意义。

“3·14”事件发生后,达赖方面在美国等西方国家进行了大量造谣活动,歪曲了事件真相。因此美国公众对西藏抱有深厚的兴趣,尤其对中国政府对达赖的态度及西藏政策等问题格外关注。故此,代表团成员把有关西藏的真实声音通过面对面的接触传递给了美国官员、议员、记者、政治学者和侨学界，起到了良好的效果，许多人明确表示将择机访问西藏，并把西藏的真实情况转达给美国民众。藏学家代表团访问美国后，已经陆续有人站出来讲明西藏的真相，国际知名出版人、路易丝·布劳因基金会主席路易丝·布劳因·麦克贝恩女士就是其中的一位，她在4月21日于纽约接受新华社记者专访时说，她对所谓"西藏文化灭绝"的论调表示极大的反感，她对西藏的实地考察以及研究表明，西藏根本不存在任何形式的"文化灭绝"，相反，中国政府还在继续加大对西藏文化的保护力度，但由于"相当数量的美国人并不了解西藏的历史和现状以及中国的西藏政策，如果用恰当的方法把真相告诉他们，许多人关于西藏的陈旧观念是可以被改变的"。许多美国官员和议员表示，代表团介绍的情况非常重要，许多信息与他们原先听到的不一样。类似的代表团应当经常来美国与各界加强沟通，并把真实的情况及时告诉美国公众。

"3·14事件"后由西方媒体引发的这场"中国形象危机"，在中国政府"以信息透明为原则"的危机公关策略和"让事实来说话"的危机公关活动下，通过主动应对、谨慎处理而被顺利化解：

——5月6日，一向傲慢不驯的美国有线电视新闻网(CNN)负责法律与国际事务的副总裁大卫·维格兰特(David Vigilante)不得不以公函形式对他当初攻击中国人民的辱华言论感到后悔(Regret)，并代表CNN正式向中国人民道歉。信函说，"CNN对全世界华人怀有最崇高的敬意。我们确信，中国人民确实被卡弗蒂的评论所冒犯。我谨代表CNN就此向中国人民道歉。"

——而自拉萨事件发生以来每天几乎千篇一律进行负面报道和主观评论的德国媒体，在中国"让事实来说话"的强烈冲击下，也逐渐发出了一连串理性的声音。5月6日德国著名汉学家南因果博士对德国人所关心的关于"西藏独立"的要求是否合情合理的问题、发生的拉萨暴力事件和奥运圣火传递期间的反华示威的问题、中国人权状况问题、西藏是否存在"种族灭绝"等问题都以大量可以考证的事实在公开场合作了正面回答。莱比锡市前市长、莱比锡德中交流合作中心主席欣里希·莱曼—格鲁贝则在一次讨论会上说:"我对今晚讨论气氛如此平静感到吃惊。我一直奇怪为什么前一段时间这里的媒体会那么诋毁中国。这个问题我至今没有找到答案。"而莱比锡成人业余大学校长罗尔夫·施普林克则说:"人们出于不同的文化和社会背景,往往都认为自己是对的。实际上人们应该通过相处和接触才能达到更深更全面的认识。"南因果博士告诉记者,他本人未来几周将在德国各地参加多场有关西藏话题的讨论会。还有一些德国专家和前政要也已经或计划在研讨会等活动中就涉华问题向德国民众做客观解读。①

——俄罗斯《真理报》网站 3 月 17 日发刊题为"什么人、为什么引爆西藏?"一文,深刻指出:美国借科索沃向当代国际关系体系发难,如今美国又企图在中国复制这一先例。发生在西藏的事情在某种程度上与去年发生在缅甸的动乱相类似。但是中国不是缅甸。它在国际政治舞台上的实力要强大得多,而它在国际经济领域的分量也使得西方不可能公开对其施压。而且西藏本身对中国来说至关重要,中国不能失去西藏。

……

毫无疑问,中国政府在这场"舆论危机公关"中,以"让事实来说话"这一公共关系策略有效化解了西方媒体对中国的敌视并赢得了包括美国在内的世界舆论对中国的尊重和理解。②

【案例分析】

2008 年对中国来讲,可谓是"多事"之年:国内的年初南方冻雨雪、

---

① http://www.luckup.net/show.aspx·id=53353&cid=14

② 本案例主要参考《新华每日电讯》3 月 15 日至 5 月 30 日的有关报道。

5·12汶川大地震等特大自然灾害;国际上的苏丹达尔富尔问题、奥运圣火巴黎受阻“闹剧”、日本“饺子中毒”等国际事件;还有国内“3·14 西藏拉萨骚乱事件”和“6·18 贵州瓮县骚乱事件”等所引发的“国际深度关注”问题等等。然而,中国政府在举办奥运前夕面临诸多的国内重大自然灾害和国际诸多“政治责难”之时,用“多难兴邦”的乐观主义态度和日益成熟的公关理念——“以信息透明为原则”、“让事实来说话”来成功地化解了这一道道的“危机”难题。其中中国政府处理“3·14 西藏拉萨骚乱”所运用的“信息透明、处置果断、化解危机、塑造形象”的危机公关方略最为令人赞叹,中国政府处理“3·14 拉萨骚乱”的经典案例至少给予了我们以下三点重要启示。

一、面对危机事件,政府要有一个开放的姿态和必胜的信念

谁都希望和谐安宁、天下太平,但天有不测风云,人有旦夕祸福,自然灾害、人为祸端、失策失误……是任何政府、单位和个人都难以绝对避免的。但一旦意外发生,不管该危机与问题产生的原因是什么,政府决策者首先要有一种开放的姿态和必胜的信念,除了迅速竭力自救,将损失降到最低外,良好的危机公关处理能力有助于改善舆论环境,减轻社会压力,为危机补救赢得有利氛围和宝贵时机,有时甚至可以把坏事变成好事。

“3·14 事件”发生后,我们国家领导人迅速召开记者会及主动邀请别国媒体来采访本国危机事件发生的“污点”城市拉萨,这即打破了达赖的阴谋,让世界广大人民通过世界主流媒体自己的采访来了解真实的中国并开始重新审视中国人民自己的言论,而更重要的是,中国政府通过这次举动已清晰地告知世界:中国在融入世界、并以最大的诚意走向世界而已成为一个负责任的、信息透明的、具有现代法制意识国家的同时,中国政府已以更加开放、更加自信的精神风貌、必胜信念和更加务实的实际工作展示了他们的治国政治才能,并借此事件和世界主流媒体的报道在世人面前树立了中国政府全新的良好国际形象。

中国政府处理“3・14事件”的理性与透明得到了世界舆论的赞同，加拿大《环球邮报》这样评论道：如果说今天的“中国变得温和，这是因为它更自信”。①

二、政府在面对危机事件时，对有关信息的管理——要快

面对危机事件，除了要有一个开放的姿态和必胜的信念外，更为重要的是政府对危机事件的有关信息的管理要果断和迅速，即政府要及时“疏通”、“把握”和“控制”有关舆论。危机公关开始得越早，对有关信息的管理和疏通越快，危机的影响也就越容易被控制。

譬如，美国“9・11”事件的危机公关，事实上就在“双塔”大楼尚未全塌、事件真相还处于扑朔迷离之际，其信息的管理和疏通就已展开，政府新闻机构不论是对纽约市长朱利安尼现场姿态和语言的直播，或是对大量“平凡人物的伟大壮举”的披露，还是对被劫持航班旅客宁愿牺牲自己也要阻止飞机撞击大楼事迹的广泛宣传……都没有摧垮美国人民的意志，相反，迅速的舆论管理与舆论控制，将当时纷乱的国内外舆论焦点集中起来，并一点点地把美国人的恐惧与沮丧通过疏导而转化为巨大的愤怒与团结，把美国人的悲情与伤痛通过疏导而转化为一种强大的精神动力与爱国力量。

同样如此，当“3・14事件”发生后不到6小时，中国政府就派出中央电视台等官方媒体赶赴拉萨，同时很快组织境外媒体赴拉萨展开全面采访报道，全面迅速地向世界公众报道事实真相，从而及时有力地“遏制”了西方媒体的舆论误导，极大扭转了国际舆论一边倒的趋势，为中国准确处理“3・14事件”和争取国际舆论的支持赢得了时间，进而赢得了国际社会的理解，缓解了中国准确处理“3・14事件”的难度和不利于中国国际声誉的后果影响。

---

① 加拿大《环球邮报》8月6日。

由此，在危机事件中，对有关信息的管理与控制，是政府危机公关的核心任务之一。

三、政府在面对危机事件时，对有关信息的发布——要真

"真实"是现代组织取信于社会的第一要务，是现代政府取信于民的核心原则，是现代政府"生存"与"发展"的生命线。由此，在危机事件中，任何一个政府不但要对有关信息进行及时管理和控制，更要对社会公众及时发布真实的信息，这是政府危机公关成败的关键。国内外许多的危机公关事例早已证明了这一点：

例如，第二次世界大战中，英国战列舰"威尔士亲王号"和"反击号"在新加坡附近海域被日本海军击沉，死伤数千人。当晚一位日本记者在收听英国 BBC 战报时，竟然发现英国政府报道的其海军损失和伤亡的数字比日军战报报道的还要大，当即感慨地写道，这样的坦率与真实，无疑会令该国的社会民众对其政府及其舆论产生更强烈的信任感。

再如，前不久，美国海军用改装过的"标准Ⅲ"防空导弹，一举击毁一枚即将坠毁的报废卫星，这一行为本来具有强烈的军事色彩，是一个可能引发对"外层空间军事化"广泛担忧的危险行径。但美国政府和军方却在信息的所谓"真"字上做足了工夫，一方面美国政府把击毁卫星的行动包装为"保护地球环境"的正义之举，另一方面则作出信息发布透明、情报内容"真实"的姿态，努力表现出一副问心无愧、欢迎监督的坦然，这件事的实质和美方的真正动机且不去评说，就事论事，美方对有关信息"真实"发布的做法的确起到了减少国际忧虑和反感、维护自身形象的作用，是一次非常成功的危机公关。

而在上述的"3·14 事件"中，中国政府迅速组织境外媒体采访团亲赴拉萨展开为期 3 天的实地采访活动，同时组织外国驻华外交官访问拉萨进行实地考察……这也是中国政府对有关信息发布以"真"而赢得世界舆论产生信任感的一次经典危机公关案例。

实际上，不论是飓风、雪灾等不可抗拒的自然灾害，还是事故、骚乱、恐怖袭击等人为灾难，许多发达国家政府都强调要真实客观地反映“危机问题”的真实情况，这种看似“自己揭短”的危机处理方式，其实反倒让社会和公众因随时掌握实情而心绪平静，更可起到阻止谣言与蜚语的作用。

四、政府在面对危机事件时，对信息的处置——要妥

政府在面对危机事件时，对有关信息的正确处理尤其重要。如在美国新奥尔良州发生“卡特里娜”飓风期间，美国联邦政府和地方政府间的扯皮和布什总统的应对，引起不少负面批评。又如不久前，一名英国6岁女童在公园被天鹅咬伤，上书女王投诉，尽管那只天鹅其实并非女王所有，但王室还是在第一时间发布书面道歉。事实上，这种“小节公关”是国外许多政府、政治家和公司高度重视的，因为小问题处理不好，同样会影响自身在公众中的形象和声誉。再比如面对危机，国内一些人的反应往往是急于“撇清”。如产品质量问题发生后，第一反应往往是声明此事与自己无关，或是指责对方的不公平待遇，却没有及时表现出自我反省、检讨和解决自身问题的公开态度。殊不知，危机公关的真正“观众”是普通人，是社会大众，他们所关心的首先不是是非曲直，而是自身的权益和安全。还有些时候，危机发生后，有的人唯恐“不利大局”，对负面消息遮遮掩掩，或只谈救灾事迹，不谈灾害损失，殊不知纸里包不住火，如美国埃克森集团1989年对油轮泄露时间的瞒报、谎报，其实给自己带来了更大的危害。更重要的是，“大道消息”的缺失势必造成“小道消息”的蔓延和泛滥，反倒增加了社会不安定因素。

而中国政府在这次拉萨骚乱事件中坚持“信息透明”、中国总理在记者招待会上掷地有声的声明、组织驻华外交人员亲访拉萨、中国藏学家代表团的出访、中国驻外使馆的演讲……合力形成了一道危机事件信息处理的公关杰作。毫无疑问，面对危机事件，政府对妥善处理有关敏感信息对化解危机问题至关重要。

小结：必须指出的是，长时间以来，中国特有的文化传统使我们总是提醒自己，要善于接受批评，要能够经受住西方的“责难”和“谩骂”，但公关的形象原则告诉我们，在必要时要勇于亮出自己的观点。事实证明，“沉默不再是金”，而“默默无闻”——即不迅速有效地传播中国的观点和主张的结果则往往会被疑为“理亏”。而上述案例已经证明，我们必须光明正大、高调气壮地回应西方的负面声音，用摆事实、讲道理的方式，向世界充分说明和介绍我们在西藏问题上的坚定原则和所做的各种努力。而我们的学者、专家和媒体，则更应以“双向沟通”和“以事实说话”为基线来与西方的“问题”媒体展开一场辩论与交流，以此来有效化解西方媒体对中国的敌视并赢得世界舆论对中国的尊重和理解。

思考题：

1. 根据上述案例，为什么现代政府在面对危机事件时，要有一个开放的姿态？
2. 根据上述案例，为什么现代政府在应对危机事件时，对有关信息的管理要快、对有关信息的发布要真、对有关信息的处置要妥？
3. 现代政府运用公共关系原理处理危机事件的主要意义是什么？

【案例Ⅱ】

“炉边谈话”

——美国总统运用政府媒体引导公众舆论

1933年上台的美国第32任总统富兰克林·罗斯福（Franklin Roosevelt）是一位堪称公共关系的行家里手，他亲自“导演”和“主演”的一场场有分量的重头戏，在政府公共关系史上留下了不少令人赞叹的杰作。“炉边谈话”即是其中之一。

罗斯福总统入主白宫之日，正是德、意、日法西斯羽翼渐丰之时，他以政治家的敏锐与洞察力预感到世界战争的阴云即将来临。但是，20年前美国卷入第一次世界大战的教训像梦魇一样缠绕在美国人的心头，“不介入战争”的孤立主义呼声席卷全国，有鉴于此，罗斯福总统以“炉边谈话”为阵地，开始了有步骤地引导美国公众舆论的工作。

入主白宫的第八天，罗斯福总统就借助广播这个当时最为先进且最普通的传媒发表了第一次讲话。他一改过去播音时主持人正襟危坐的“传道”式的刻板风格，以围坐在壁炉边与家人、朋友聊天的形式，用平和轻松的语调及时把大政方针告诉人民。他将“炉边谈话”看作是对全国人民进行教育的极好时机，看成是潜移默化地实施舆论总动员的极佳载体。这一由总统主持的节目一直延续了12年，且收听率极高。

欧战爆发的当天晚上，罗斯福发表了“炉边谈话”。为了安抚群众，他首先说道：“我希望美国将不会介入这场战争，我认为它不会介入。我向你们保证，并再次保证，你们的政府将为实现这个目标做出一切努力。”但在讲话中又婉转地暗示美国人民：“美国的安全现在和将来都是同西半球及其邻近海域的安全联系在一起的。总有一天，美国应该为受到创伤的人类提供尽可能的帮助。”二战伊始，德国法西斯入侵势头强劲，法国投降，英国军事力量损失惨重。为了说明战争局势的严重性，总统再次发表“炉边谈话”，警告国民英国战事吃紧，美国已难隔岸观火，号召人民丢掉同纳粹和平共处的幻想，准备斗争。总统的呼吁逐渐赢得了公众的支持，并先后两次修改“中立法”以适应形势需要。

珍珠港事件使美国人民彻底清醒，在总统发表了题为“我们将打赢这场战争，我们还将赢得战后的和平”的“炉边谈话”后，“美国参战”成为美国社会的共同呼声。美国人民同仇敌忾，积极投入反法西斯战争，罗斯福总统的良苦用心终于得到了预期的回报。

【案例分析】

这则案例告诉我们：政府在行政决策的制定和执行过程中，要善于充分考虑公众的利益、要求和普遍心理，并要充分利用现有的政府媒体来准确引导公众舆论。公众舆论是公众利益和意愿的自发性外现，所以，必须关注与公众具体行为指向密切相关的公众舆论的形成与聚合。"兵马"未到，舆论先行。只有事前有计划地实施舆论引导，克服公众舆论的盲目性，变逆意公众为顺意公众，创造一个良性循环的舆论环境，才能为最终取得满意的效果奠定坚实的基础。

思考题：

1. 怎样理解政府与公众舆论之间的关系？
2. 政府应怎样引导公众舆论？从本案例中你受到什么启发？

第二节　企业的"问题管理"与"危机公关"

"问题管理"贯穿于企业生产、经营的全过程，它能帮助企业尽量避免危机，防患于未然。而"危机公关"所针对的则是企业家往往不能预料，或能预料却不知何时发生的突发事件。

在市场经济中，企业面临的是一个全方位、多层次的市场氛围。任何一个企业的生产、流通、营销和服务的环境都不是百分之百的安全。随着企业在经营中各因素的变化，常常会出现一些意外的情况，严重的会危及企业的生存，更甚者会迅速拖垮整个企业。危机一旦出现，企业的公关人员必须及时准确地获得发生问题的信息，采取正确的策略与措施，以达到沟通信息、缓解矛盾、获得理解、争取支持、减少损失、再塑形象的效果。

【案例Ⅰ】

埃克森公司原油泄漏事件

——对出现的问题无动于衷而深陷被动

埃克森公司是一家规模巨大的国际跨国公司。在美国《幸福》杂志1990年4月份所列出的全美500家最大的公司中，它名列第三位，仅次于通用汽车公司和福特汽车公司。它的业务范围遍布全世界，在欧美市场上大有霸主之势。

仅仅因为一次突发事件，埃克森公司在企业形象与经济上都大受损失。简直令人难以置信的是，如此一家巨型公司面对一个危机问题竟然无动于衷。

1989年3月24日，一艘美国埃克森公司的“瓦尔德斯”号巨型油轮在阿拉斯加州威廉王子湾附近触礁，将近800多万加仑原油泄出，形成一条宽约1公里、长达8公里的漂油带。这里是美国和加拿大的交界处，以前很少有船只通过，从未受到污染。这里海水湛蓝，沿岸山青林密，风景如画；这里盛产鱼类，海豚、海豹成群。事故发生以后，数以千计的海鸟和水生动物丧生，鲑鱼和鲱鱼资源近于灭绝，原来纯净的生态环境由此遭到严重破坏，附近海域的水产业亦受到很大的损失，大约1万渔民和当地居民赖以生存的渔场和相关设施被迫关闭，几十家企业破产或濒于倒闭。

事故发生以后，地处较偏僻的阿拉斯加地区少有记者光顾，偶尔有几个，他们也只是随便地拍几张照片，报道的只不过是个一般性的泄油事故。环境保护组织对这一突发事件感到伤心。加拿大和美国当地的、地区的和政府的官员敦促埃克森公司尽快采取有效措施解决这一难题。

对于这一事故，埃克森公司方面却无动于衷。它既不彻底调查事故的原因，也不采取及时有效的措施清理泄漏的原油，更不向加拿大和美国当地政府道歉，致使事故进一步恶化，污染区域愈来愈大。美国和加拿大地方政府、环保组织以及新闻界对埃克森公司的这种不负责任、企图蒙混过关的恶劣态度极为不满，发起了一场“反埃克森运动”。各国新闻记者从世界各地纷至沓来。电视台、电台、报纸、新闻电影制片厂动用了所有的媒体手段，像发动战争似的，向埃克森发起总攻。

各国新闻媒介的群起而攻之和国际环境保护组织的批评，惊动了美国布什总统（注：是老布什总统）。3 月 28 日，布什总统派遣运输部部长、环境保护局局长和海岸警卫队总指挥组成特别工作组，前往阿拉斯加进行调查。此时，埃克森公司油轮泄漏出的原油已达 1 000 多万加仑，成为美国历史上最大的一起原油泄漏事故。

经过调查得知，这起恶性事故的原因是船长饮酒过量，擅离职守，让缺乏经验的三副代为指挥造成的。24 日中午事故发生时，该船船长因饮酒过量而不在驾驶舱内，油轮由未经海岸警卫队认可的三副驾驶。当时，港口领航员和海岸警卫队官员在事故前后都从船长的呼吸中闻到很浓的酒气。调查结果一经公布，舆论为之哗然。埃克森公司陷入极为被动的尴尬境地之中，公共关系危机不可避免地出现了。

结果，埃克森公司被迫以重金请工人使用高压水龙、蒸汽冲洗海滩，甚至用双手刷洗岩石。事故发生在初春，阿拉斯加寒风袭人，海滩的清理工作十分费力，清理工作进展缓慢。埃克森公司仅此一项就付出了几百万美元。加上其他的索赔、包括被阿拉斯加州的一家联邦法院判处 50 亿美元的罚款，埃克森公司的损失高达百亿美元。更为严重的是，埃克森公司的形象遭受严重的破坏，西欧和美国的一些老客户纷纷抵制其产品，埃克森顿感狼狈不堪。

以往埃克森公司曾做过这样那样对社会有益的事情，现在都被公众抛在脑后。人们所知道的，就是埃克森是个破坏环境、傲慢无礼的公司。

【案例分析】

埃克森公司的这场悲剧表面上看来是它忽略信息，低估了事故的严重性，存有侥幸心理，而根本原因则是它财大气粗，傲慢以待，不把社会的利益和公众的意愿放在眼里，结果成为众矢之的，落了个"赔了夫人又折兵"的下场。如果埃克森公司采取正确的公关决策，就不至于使事态如此恶化。

1989 年秋，美国公共关系协会会员、权威公关学者詹姆斯·卢卡斯泽威斯基教授在美国《公共关系季刊》(《Public Relations Quarterly》)① 上撰文说，埃克森公司忽视了能够赢得公众同情和支持的机会，导致了对事态放任的失控。的确，如果埃克森公司积极主动地去开展公关工作，尽心尽责地处理这一灾难事故，是完全可以控制该事态的发展，避免这一悲剧的。在公共关系方面，埃克森公司于事故发生伊始，就应该做好以下三个方面的危机公关工作：

首先是稳住新闻媒体。在新闻媒体还没有完全站在公司的敌对面之前，大约有两三天的时间，新闻记者们并没有大动干戈。但是后来埃克森公司采取不理睬的态度，终于激怒了那些"无冕之王"，结果是世界各地的新闻记者蜂拥而至，并动用他们所拥有的所有媒体向埃克森发起总攻。在这么多新闻记者的敌意进攻下，再大规模的公司也抵挡不住。如果埃克森公司在事故刚发生之时，即迅速控制原油泄漏的进一步扩

① 《Public Relations Quarterly》(《公共关系季刊》)，主编：Howard Penn Hudson。该刊主要收集广告宣传和公共关系理论及实践方面的论文，文章多出自大学教授、公共关系研究机构的研究人员等专家之手，因此具有一定的理论深度。

散，并立即调查事故原因，表明其重视事故和全力解决事故的态度，拿出行动的措施，并主动向媒介通报，这一结局本该是完全可以避免的。

其次是与环保组织合作。环境保护组织并不是一开始就向埃克森公司发难的。在发起向埃克森公司的进攻之前，环保组织仅只表示出很痛心的样子。在事故发生之初，埃克森公司应马上联系环保组织，讲明事故原因和自己已采取的措施，争取它的理解和同情，并与之一起设计出尽早解决难题的方案。但埃克森公司恰恰没有做到这一点。

再次是与当地政府配合，包括加拿大和美国当地官员。在刚开始的两三天里，当地官员只是敦促埃克森公司尽快采取有效的措施解决这一难题，除此之外，他们没再提什么过分的要求。但埃克森公司傲慢自负，根本不把各级官员放在眼里，终于导致了各级官员的群起而攻之。若埃克森公司一开始就尽心尽责地处理问题，寻求解决这一难题的途径，并主动向各级政府官员通报其所作的努力，邀请他们到现场视察监督，那情况就会完全两样了。

埃克森公司的悲剧告诉我们：有效的公关活动对于一个社会组织的顺利发展是极为重要的，这一点尤其表现在对恶性突发事件的处理上。公关决策及时而恰当，就可以使组织迅速解决问题，摆脱危机，走出困境；反之，组织的公关反应迟钝或失策，就会使组织在问题或危机面前举步维艰，越陷越深，甚至遭遇灭顶之灾。对此，每个社会组织（包括政府组织和企业组织）应该加以充分注意。

思考题：

1. 在事故发生伊始，你认为埃克森公司应抓住哪些时机赢得公众的谅解、信任和支持？
2. “反埃克森运动”开始之后，假如你是该公司的公关顾问，你将提出什么样的建议以帮助公司走出困境并重塑形象？

【案例Ⅱ】

日本三菱帕杰罗越野车事件

——一个名牌企业的惨败给予我们的启示

2001年2月9日，对日本三菱公司来说是个黑色的日子。这一天，中华人民共和国国家出入境检验检疫局发布紧急公告：由于日本三菱公司生产的帕杰罗(PAJERO)V31、V32越野车存在严重安全质量隐患，决定自即日起吊销其进口商品安全质量许可证书并禁止其进口。日本三菱公司在中国的市场面临着一场灭顶之灾。

事发于2000年9月15日，中国宁夏回族自治区地矿厅司机黄国庆驾驶着进口的日本三菱帕杰罗越野车，载着中国地质科学院副院长等3位专家前往固原，在一个下坡弯道处踩刹车时，突然发现刹车失灵，车速无法降低，而这时迎面开来一辆东方大货车。眼看就要发生撞车事故，黄师傅紧急采取拉手制动、换挡等措施，同时紧急打方向盘，将车开到公路右边的极限(右边是一个深沟)，大货车擦身而过，一场重大交通事故总算避过，车内所有人都惊出一身冷汗。

有着20多年驾驶经验的黄师傅感到十分蹊跷，这辆三菱帕杰罗越野车使用还不到1年，行程才2万多公里，出现这样的事故很不正常。停下车后，黄师傅仔细查看，发现在刚才踩刹车的地方留有一大摊制动液(刹车油)，显然是刹车制动管出了问题。

对于中国老百姓来讲，十分幸运的是，黄师傅没有简单地一修了事。他回到银川后立即将车辆送到宁夏出入境检验检疫局机电处检验，这一验发现了三菱帕杰罗越野车存在严重安全隐患。宁夏出入境检验检疫局经组织专家分析和实验室鉴定后认定：日本三菱帕杰罗越野车在设计上存在严重问题，该款车在车内坐人并行驶于颠簸的道路上时，车后部的“感载阀”会被压低偏离原位，与后轴制动油管产生摩擦，时间一长，就会造成后轴制动油管严重磨损直至出现漏洞，使制动液流出，造成刹车失灵。这是涉及行车安全的严重质量问题。

不几天，宁夏又发生一起三菱帕杰罗越野车刹车失灵，造成了车辆与迎面过来的马车相撞的恶性事故。宁夏检验检疫局意识到问题的严重性，立即又检查了几辆日本帕杰罗（PAJERO）V31、V32 越野车的后轴制动油管，检查的结果令人震惊：这些车辆的制动油管全部存在磨损现象，严重的已经磨透，有的刹车油早已渗出。而到此时，银川三菱汽车维修站已经检查并维修了近 100 辆存在此类问题的日本帕杰罗越野车，有的磨损十分严重，有的油管出现漏油，有的油管甚至轻轻一弯即断裂……问题越来越严重。

宁夏检验检疫局立即将情况上报，国家检验检疫局立即调查，结果是仅云南省就已发现近 300 辆三菱帕杰罗 V31、V32 越野车存在后制动油管被感载阀磨损的质量问题，其中后制动油管被磨损穿孔的就有 20 多辆。

问题更为严重的是，目前我国大量使用三菱帕杰罗 V31、V32 越野车的还有四川、贵州、西藏、甘肃、内蒙古等省份在内的西部地区，这些地区的山区路况一般都不太好，这也正是这些地区大量使用越野车的原因。由于三菱帕杰罗 V31、V32 越野车设计存在严重问题，估计这些地区存在严重安全隐患的三菱帕杰罗越野车也特别多。一位专家分析，前几年这些地区很可能已经出现三菱越野车刹车失灵造成的交通事故，只不过当时并没有想到这是由于设计不当导致的，而且由于该地区消息比较闭塞，至今仍有许多人还不太清楚三菱帕杰罗越野车存在着严重的事故隐患，目前还在使用三菱越野车。

然而三菱 V31、V32 帕杰罗越野车是日本专门为出口中国而设计和制造的车型。V31 与 V32 分别于 1994 年和 1996 年开始向我国出口,如今已经不再生产。目前国内正在使用的此两种型号的车共有7.2万辆。

中华人民共和国检验检疫部门紧急约见了三菱汽车公司北京事务所代表,通告了有关情况,要求日方尽快采取措施解决问题。三菱汽车公司最初辩解说这种情况是由于中国的路况不好造成的,中方代表反驳:所谓越野车就是为路况不好的地区设计的,如果都是走高速公路就没有必要买越野车了。何况这样的车型还是专门为中国设计的。三菱汽车公司又提出,只能为通过正常贸易渠道进入中国的此两种越野车更换制动油管,中方人员再次反驳:三菱公司只要生产了有严重安全质量问题的产品,就有责任和义务进行维修和更换,否则对由此造成的人身财产损失三菱公司负有不可推卸的责任。经过艰苦谈判,日本三菱公司北京事务所终于同意为中国境内的所有三菱帕杰罗V31、V32越野车免费提供检修和更换后制动油管,并提供了44家特约维修站地址。

2001年2月9日,中华人民共和国国家检验检疫局对此发布公告。

2001年2月13日,中国消费者协会约见了三菱汽车公司北京办事处的有关负责人,中国消费者对三菱公司的召回措施表示赞同,但认为远远不够。中国消费者协会指出,对帕杰罗V31、V32越野车不仅仅要召回修理,还要赔偿消费者所受的损失,对设计失误造成消费者支出的检测费用、运输费用、送修费用、误工费用以及由于此车用不上而使用别的车辆所增加的费用等,都应给予补偿。对三菱车安全隐患造成的人身伤害和死亡,三菱公司应赔偿,如应负责支付死亡赔偿金、亲属抚恤费、伤残医疗费、误工费等,若造成消费者残疾的还应支付自主具(轮椅、拐棍)费等。

中国消费者协会还特意提出,根据《中华人民共和国消费者权益保护法》第48条,凡被有关部门认定为不合格产品的,消费者可以要求退货。中国消费者要求退货的话,三菱公司就应该退款。事至此时,日本三菱公司不得不通过中国消费者协会向中国消费者致歉，并表态愿意积极配合中国有关部门处理好相关事宜，对中国消费者协会提出的维权要求将在认真研究之后尽快给予答复。

一波未平，又起一波。日本三菱公司却在日前宣布，在全球回收40万辆“问题越野车”帕杰罗(PAJERO)，但不包括中国境内的7.2万多辆。消息传出，引起中国人民更大的抗议和愤怒，中国消费者协会再度约见三菱汽车公司北京办事处负责人，就有关事项与三菱公司进行交涉，希望日方认真对待此事。

面对日本三菱公司的问题和态度，中华人民共和国国家检验检疫局有关人士再次宣布，由于三菱事件影响很大，何时结束对三菱两款越野车吊销进口许可的处罚，目前还不会有一个明确的日期。国家检验检疫局有关人士强调说，目前吊销日本三菱帕杰罗V31、V32越野车的进口商品安全质量许可证书并禁止其进口的处罚是没有任何商量余地的。国家检验检疫局有关人士表示，在三菱车的质量问题没有得到圆满解决之前，不存在对三菱两款越野车进口“解禁”的可能。①

【案例分析】

曾几何时，日本制造的产品和日本提供的服务在国人心目中就是高质量、高标准的代名词。然而，近年来，与“东芝”、“丰田”、“全日空”、“松下”以及包括本案例所提到的“三菱”这些知名品牌联系在一起的不再是昔日耀眼的光环，而是今天不同消费者愤怒的控诉以及身心受到的巨大伤害。国人对这些标有“日本制造”并曾经长驱直入于中国市场的洋货已经开始产生信任危机，上述案例对正在努力塑造国际名牌和走向世界市场的中国企业而言具有深刻的寄寓和启示。

① 本案例摘编于《读报参考》2001年第6期。

一、商品信誉永远是现代企业创立和保持优质品牌的生命线

从一般意义上讲，商品信誉是指社会公众对商品所含有信誉要素(品质、服务、文化、个性等)的认知度和信任度。

商品信誉历来被企业看成是自己生存和发展的生命线，尤其是在市场经济充分发展、世界经济已经进入一体化、国际市场竞争日趋激烈的今天，商品信誉已成为现代企业竞争国外市场的核心武器。

公共关系学认为，任何商品，无论是有形商品(Tangible goods，即有具体物质形态的商品)还是无形商品(Intangible goods，其主要是以劳动服务形式所提供的商品)，都有自己的商品信誉。在商品经济发展的一般阶段，商品的信誉一般含有质量、价格、品种、性能和服务五大要素，其中质量和服务尤为重要。随着社会生产力的发展，当商品经济发展到今天这样高度时，人们对商品信誉的要求就不仅仅是上述的质量、价格、品种、性能和服务五大要素，它还包括渗透在商品中的社会认同、文化认同、心理认同和个性认同等相对更高层次的商品信誉要素。

众所周知，在商品供不应求(即人们所称的“短缺经济”)阶段，人们对商品的渴求自然首先是获取商品“量”的满足。因此，在“短缺经济”年代里，市场竞争的主要内容是商品数量的竞争。当我们进入了商品相对充裕的工业社会阶段，由于整个社会商品的“量”已经得到相对的满足，人们对商品信誉的追求便逐渐转向了质量、价格、品种和性能等商品的信誉要素的满足。因此，在商品相对充足的工业社会阶段，市场竞争的主要焦点自然是商品的质量、价格、品种和性能等方面的竞争。今天，当人类进入工业社会的高级阶段(人们又称之为“后工业”或“新经济”时代)，由于科技的迅速发展和生产力水平的大大提高，商品供求出现了“相对过剩”的局面，市场商品的极大丰富和人们生活水平的不断提高就必然使人们对商品信誉的要求转向更高层次的诸如服务水平、社会认同、文化认同、心理认同和个性认同等精神层面要素的满足。可以说，今

天市场竞争的核心内容是企业高层次的服务质量和商品内含的社会、文化、心理和个性要素等的竞争。

在中国市场，人们对商品信誉要求的层次发展过程同样遵循上述原理。在我国改革开放前和改革开放初期的短缺经济时代，人们渴求的是商品"量"的满足。因此，在那缺乏竞争、一切凭证或凭票供应的"短缺经济"年代里，企业经营目标的主要内容是提高商品的数量来满足人们对生活必需品的量的需要。在我国20世纪80年代改革开放的初期，由于以"经济建设为中心"战略的实施和社会主义市场经济体制的建立，我国很快从"短缺经济"进入了商品供应相对充裕阶段，由此商品的质量就成为人们选择商品的主要标准，企业间的竞争的焦点主要是产品的质量。进入90年代后，随着市场经济的迅速发展、科技水平的飞速进步和社会生产力水平的极大提高，我国迅速进入了商品供大于求的"相对过剩"时代。在商品"相对过剩"时代，在商品的数量、质量、品种、价格等都基本趋于同质化的今天，中国消费者对商品信誉的理解和选择商品的标准已大大超越了追求商品"量"和"质"的阶段，而商品内含的服务、心理认同、文化认同、个性认同等精神要素则成为中国消费者热衷追求目标。

作为世界著名的三菱公司，其产品从设计到生产、从检测到服务等本应是先进的，尤其是为中国这个广阔而又发展迅速的汽车市场专门设计和生产的三菱帕杰罗V31、V32越野车，其内在质量和售后服务本应是绝对不成问题的，现在却出现如此重大的设计和质量问题，后又引发出售后服务、勉强道歉等一系列问题，这对一家曾以其各种产品所拥有的一流设计、一流质量和一流服务而享誉世界的老牌名牌企业日本三菱公司而言，可不是一个偶然犯的十分低级的错误，二是一家名牌企业在创立了市场后，既忽视了在市场竞争的风浪中需要不断进取的市场经济运行法则，又不理解在生产力迅速发展、市场竞争日趋激烈的过程中商品信誉的内涵已经发生重大变化和延伸、产品的质量和服务已经成为企业产品进入市场的最基本条件的市场经济发展规律，从而导致其在激烈的市场竞争中出现全面衰退的一种典型表现。从三菱越野车事件的背后，我们还可以进一步得出这样一个真理：一个没有商品信誉的产品，一个把经济效益放在首位并藐视它的消费者的企业，一个认为可以忽视产品的质量（它包括产品的设计质量、生产质量、使用质量）和承诺的服务而照样能长驱直入任何市场的观念和行为，注定要在市场经济的大浪中遭受灭顶之灾。

二、良好的经营理念、不断进取的精神和自觉的社会责任感是企业创立和保持名牌的核心要素

公共关系学认为，经营理念、企业精神和社会责任是现代企业生存和发展的灵魂。

俗话说："逆水行舟，不进则退。"社会在前进，生产力在发展，市场竞争日趋激烈，企业面临全新的经济环境，众多企业在经营和发展中真可谓如履薄冰，稍有不慎，全盘皆输。尤其是对一个名牌企业来讲，在变幻复杂的市场竞争中，创立一个名牌企业和一个名牌产品难，而保持一个名牌企业和一个名牌产品更难。它要求一个名牌企业不仅要有先进的技术、雄厚的资金、强大的人力资源，更需要有一个经得起时间考验的经营理念、不断进取的企业精神、永恒的创新活力和一份应有的社会责任感。唯有这样，名牌企业才能不断站在市场竞争的制高点，不断提升自身的市场竞争力，长久保持名牌的魅力和震撼力。

然而，日本三菱公司帕杰罗 V31、V32 越野车事件违背了在市场运作过程中公共关系学关于营造和保持一个名牌的最基本常识和规律。① 帕杰罗越野车的不合理设计、出事后不负责任的推诿行为折射的是三菱公司缺乏一个正确的经营理念、一个良好的服务宗旨和一个优质的企业精神。② 帕杰罗越野车事件的发生和处理过程反映的是三菱公司缺乏一种应有的社会责任感。三菱公司帕杰罗越野车事件给予我们一个深刻的启示是：一个没有正确的经营理念、良好的服务宗旨和社会责任感的企业是一个没有良好社会形象的企业，一个没有良好社会形象的企业是一个没有生存希望、更没有发展生命力的企业，尤其是对一个名牌企业而言。

三、一切为了赢得消费者是企业创立和保持名牌的经营目标

公共关系学认为，作为以买方市场为特征的市场经济，其一个重要原则就是企业的一切经营目标就是企业的产品和服务怎样赢得买者的认同。消费者是企业的上帝，是企业生存和发展的生命线。反过来讲，没有消费者，企业不要说发展，就是生存都不可能。帕杰罗越野车事件发生后，日本三菱公司却反其道而行之，不但不认真反省和检讨自己的错误以求消费者谅解，反而想蒙混过关，被抓住把柄后还强词夺理……日本商家的这种无理加傲慢的做法，不仅与他们一直引以为豪的敬业精神和职业道德大不相符，而且也是对国际商业规则的一种无视和破坏，是对他们辛辛苦苦开拓出来的中国市场的一种自杀和亵渎。试问，在商品“过剩”的市场中，在其他企业纷纷以不断提高自己产品质量和服务来千方百计开拓中国市场并赢得中国消费者的同时，中国消费者还有谁有兴趣和意愿去购买质量和服务如此差劣、态度和表现如此傲慢的三菱公司的产品呢？树立一个品牌也许需要几年、甚至几十年的艰辛和努力，而毁掉一个品牌也许只要一次简单的失误就足够了。

四、公平与尊重消费者是企业创立和保持名牌的前提条件

公共关系强调的是企业形象、企业与公众之间的沟通，而公平与尊重消费者是企业树立形象、企业与公众之间进行有效沟通的基础，也是企业创立和保持名牌的前提条件。

随着信息技术的发展、商品文化内涵的丰富和消费者自我意识的越来越强烈，公平与尊重消费者已成为现代企业最起码的职业素养和沟通消费者的前提条件。帕杰罗越野车事件给我们展现的却是三菱公司歧视和藐视中国消费者的感情和自尊的种种表现：帕杰罗越野车事件发生后，迫于国际压力，日本三菱公司宣布在全球回收40万辆“问题越野车”——帕杰罗(PAJERO)，“但不包括中国境内的7.2万多辆……”这是日本三菱公司在中国市场实行的令中国人绝对不能容忍的“双重标准”，而“双重标准”的本质是贸易歧视和种族歧视。有人认为，日本公司受到中国人民如此指责，并不在于它的产品质量本身，关键是在讲求公平和尊重。在全球经济一体化的商业社会里，其对自己的用户似乎采取了区别对待的态度和做法，也就是说对不同国家的消费者实行了“双重标准”。这已经很难用经济和法律的角度来看待，是日本三菱公司心目中根深蒂固的等级观念在作祟而对一个民族所有消费者整体的漠视，帕杰罗越野车事件足以上升到与民族尊严有关的程度。

每一个民族都有自己的民族自尊心，特别是对于一个曾经遭受过外来侵略的民族而言更是如此。饱经沧桑的中华民族对民族自尊心格外敏感。一百多年来，外国列强对中国的侵略使中国人民对民族歧视更有着切肤之痛，中国人民至今不会忘记“狗和华人不得入内”对每一个有良知的中国人的心灵上的伤害。今天，一个站起来的民族，尊严永远是第一位的追求，民族平等和民族尊严已经成为跨国公司进入国际市场的首要条件。跨国公司的产品要想进入另一个国家，最重要、最有效的方式当然是首先赢得当地国人民的信任和认同。三菱公司在中国市场实行的是令中国人绝对不能容忍的“双重标准”，必然遭到中国人民的最大反感和痛恨。一个被消费者反感和痛恨的企业，它的产品怎会有市场呢？

日本名牌企业三菱公司和其名牌产品在中国市场遭遇的灭顶之灾虽然仅仅是一个个案，但它给已经“入世”和进入国际市场的中国国内企业的教训和启示是极其深刻的：它告诫我们，由日本人最先喊出来的“质量就是生命”的口号，无论是对于洋货还是国货都是同样适用的，而商品信誉、良好的经营理念和服务宗旨、公平与尊重消费者等的公共关系原则永远是我们现代企业创立和保持名牌所必需的前提条件。

思考题:

1. 根据上述案例,为什么说商品信誉永远是现代企业创立和保持优质品牌的生命线?
2. 根据上述案例,现代企业如何来创立和保持自己的优质品牌?
3. 正在创建优质品牌的中国企业从上述案例中得到的深刻启示是什么?

第五章　现代组织与新世纪的公共关系

中国公关已扩展到中国社会的各个行业。随着社会主义市场经济的纵深发展，公关已开始从工厂、商场、宾馆等营利性企业领域延伸至政府部门、军队、学校等非营利性组织领域。

中国公关已波及中国的每一区域。随着商品经济的大潮和信息的快捷传播，公关已经从城市、沿海、沿江地区渗入到内地、乡村和老少边地区。

中国公关也在向高层次攀登。随着社会的发展，公关已从接待型公关、宣传型公关、营销型公关逐步走向形象塑造型公关、SIS/EIS 型公关①、国际型公关……

我们又必须承认，由于中国的社会、人文、经济及政制等环境因素的综合影响，由于公共关系这门新型学科引入中国的时间毕竟不长，中国公关事业虽有长足进步，但中国公关的总体水平仍然还处于起步阶段，中国公关最活跃、最集中的领域还停留在企业公关范

---

①　SIS 即 Service Identity System(服务识别系统)、EIS 即 Environment Identity System(环境识别系统)，它们是 CIS(Corporate Identity System)所含三要素(MI、BI、VI)的补充与延伸。详见本书下编第一章第二节的案例分析部分。

畴内。

但是，就在中国公关起步和发展的同时，中国的整个政治、经济和文化形势正以其前所未有的力度和速度在向前发展：经济改革在向深层次发展，改革席卷中国的各行各业、各个机关团体。呈现在我们眼前的是一桩桩可喜的大事——环渤海经济圈，长江经济带，珠江三角黄金洲，开发大西部，上马南水北调工程，建设港澳珠大桥，加快高速铁路，发展农村经济，改善交通通讯，完善证券市场，海峡两岸的交流日益频繁……中国社会主义市场经济体制的确立，中国管理体制和经营体制相应发生变化——政企分开、经营机制转换、政府职能全面变化、所有制改革不断深化、集团经济、跨国公司……这一切都预示着中国的所有组织都在经历或即将经历一场从未有过的剧烈冲击和震荡，也预示着中国的公关必须加快前进的步伐，走向更宽广的领域，走向更高的层次，走在伟大时代的前列。

公关走向更宽广的领域，意味着中国的公关必须走出集中在企业公关范围的狭小天地，走向政府公关、学校公关、军营公关、环保公关、国际公关……走向社会各行各业的大天地。

公关走向更高的层次，意味着中国的公关必须走出接待性公关、宣传型公关的低层次，走向充满科学和艺术的策划型公关、形象塑造型公关、创新型公关的高层次。

公关走向更宽广的领域，走向更高的层次，就意味着中国的公关需要造就一批具有丰富的公关知识、强烈公关事业心、富有开拓创新精神的高层次公关人才。

中国的现代组织在党的十七大旗帜指引下奋勇前进之际，正翘首期盼着新世纪的中国公共关系。

第一节　现代组织需要高层次的公共关系人员

【案例】

化难题为神奇
——一个创造公关奇迹的人

1993年3月18日，这个日子已经铭刻进历史，因为这一天在北京召开了中国首届科技人才交流洽谈会，该会不仅以其深刻的现实意义与深远的历史影响成为中国科技史上的一个里程碑，而且，它还以其出色的公关策划与活动而载入了中国公共关系经典案例的史册。

1992年7月，由中国科协、中国科委、中国科学院倡导并发起的对中国的社会和经济发展具有重大和深远意义的“中国首届科技人才技术交流洽谈会”，原定在该年的10月于北京召开。未成后又延期至12月，仍不能如期举行。在两度夭折的情况下，中国人才技术交流中心三顾茅庐，请出资深记者、曾多次成功策划和操作过具有轰动效应的公关活动，创造出许多充满智慧的公关奇迹的铁流出山。

铁流接手该洽谈会的筹划后，首先决定将该会的开幕日期定在1993年3月18日。3月18日是一个极富意义的日子，因为15年前(即1978年)的这一天，我们国家召开了具有划时代意义的令人难忘的全国科学技术代表大会，邓小平在会上首次提出了“科技是第一生产力，科技人员、知识分子不是臭老九，而是工人阶级的一部分”的光辉论断。① 把科技人才技术交流洽谈会的开幕日定在具有历史意义的这一天，其本身就是一个颇具战略眼光的决策。

为了把这富有时代意义的科技人才技术交流洽谈会推向新的高度，铁流审时度势，决定提出倡议，把 3 月 18 日定为“全国科技人才活动日”，即把 3 月 18 日变成中国知识分子的“节日”。“全国科技人才活动日”要得到全社会的认可，首先要得到德高望重的科学家们的认同。铁流组织了 10 多位工作人员登门拜访在北京的中国科学院学部委员（当时的学部委员即现在的院士），请他们在倡议书上签名，支持把 3 月 18 日定为“全国科技人才活动日”。短短的半月内，有 120 多位学部委员在倡议书上签字。这一消息即刻成为抢手的新闻，新华社播放全稿，全国有 80 多家报纸刊发了这一消息。

铁流趁热打铁。3 月 12 日这天，正是全国人大、全国政协代表进京参加“两会”的日子，铁流抓住契机，精心策划。当天，《经济日报》、《经济参考报》、《中国商报》、《中国青年报》同时全文刊登倡议书及 120 多位学部委员的签名名单。消息传到“两会”代表中间，100 多位人大代表也很快在倡议书上签了名。“100 多位出席全国人大八届一次会议的代表支持把每年的 3 月 18 日定为全国科技人才活动日”的消息以显著的位置刊登在全国 40 多家报纸上。就这样，铁流实际上在这次科技人才技术交流洽谈会尚未拉开序幕之前，就已经在展开令人赞叹的公关活动和在制造一个接一个的新闻热点了。

3 月 12 日至 3 月 17 日，交流洽谈会的广告词“生命在这里闪光，年

---

① 而在此两年后的 1995 年，江泽民在召开的全国科学技术大会上又进一步指出了“创新是一个民族进步的灵魂，是国家兴旺发达的不竭动力”的伟人论述。

华在这里跃动”出现在首都的报纸上、电视上、电台上，出现在北京的大专院校、科研院所、机关企业里。许多有眼光的企业意识到此次活动的“赞助价值”，纷纷解囊，意想不到的50多万元人民币顺利“抵达”组委会。3月18日，首都国际展览中心迎接了前所未有的人流。仅此一天，参观人数达到7万多人，以至于公共汽车乘务员不得不将此站报为“科技洽谈会站到了”。中国首届规格最高、规模最大的科技盛会轰动了全国，海内外80多家新闻单位发表了210多篇报道，报道了大会的盛况……铁流在5月18日又策划并操作了为本次大会进行报道的记者颁发“3·18科技新闻奖”活动，又一个新闻热点被“创造”出来了。

【案例分析】

公共关系是一门科学、一门艺术、一种管理与传播职能。仅就公共关系活动的层次而言，大致可以分为三种：一种是为组织进行一般性的接待、联络和宣传等日常性活动，这种活动属于较低层次的公关活动；一种是为组织塑造良好的形象，沟通内外关系，协调组织与组织、组织与公众之间各种关系，提高组织的知名度和美誉度等活动，这种活动属于中层次的公关活动；一种是为组织确立目标，并为组织实现目标而进行科学的调研、论证、咨询、预测和策划，用科学和艺术的手段与方法来设计和操作高水平的公关实施方案，从而为组织成功解决重大难题和重大课题的活动，这种活动属于高层次的公关活动，是创新策划与科学决策型的公关活动。

在上述案例中，中国科协、中国科委、中国科学院都可说是人才济济、精英荟萃的高层次智能型组织，然而在举办“全国首届科技人才技术交流洽谈会”这一非营利而又极富意义的活动中却两次夭折。铁流接手此事后，以深邃的思路、饱满的热情、求实的态度、丰富的知识，审时度势，运筹帷幄，抓住历史的契机，把握时代的呼唤，通过精心的公关策划和精湛的公关艺术，将两度夭折的交流洽谈会变成了一个光彩夺目、盛况空前的交流洽谈会。这一令人赞叹的公关案例给人这样一个深刻启示：现代组织（无论是营利性组织还是非营利性组织）需要公关，而且是需要高层次、高水平的公关，需要站在时代前列、具有超前意识和水平的新世纪公关人才，这是时代的呼唤和选择。

一、现代组织需要高层次的公关

今天的世界已进入形象竞争的时代。

随着世界政治形势的急剧变化、经济一体化的迅速发展、科学技术的突飞猛进、信息流量的加速和猛增，随着中国政治体制的改革和市场经济体制的建立，中国的各类组织（非营利性组织和营利性组织）的管理职能和经营机制发生重大变化，使“组织”与“公众”之间的关系被置于全新的交叉的多维关系之中，使新体制下的竞争观念从物的竞争开始走向人的竞争、心理的竞争，即组织形象的全面竞争。中国的组织（无论是营利性组织还是非营利性组织）在面临着这样一个从未遇到过的全新而又复杂的环境、面对着这样一场前所未有的严峻挑战和机遇、面对这样一种靠形象来赢得竞争的时代之际，它们必须超越那种低层次的、纯战术性的公关，而导入那种整体化的、有生命力的、超越时空的组织形象战略，即导入高层次、高水平的公关，因为这是客观现实的需要和必然。

中国科协、中国科委、中国科学院都是高层次的组织，也不乏人才，但在市场经济的大潮下，尽管科技人才技术交流洽谈会是一项利国利民非营利的活动，却是两度夭折，铁流则以高超的公关创意和科学手段，将这两度夭折的洽谈会变成一次空前的盛会，并获得超水平的发挥，这不能不归于其高质量、高水平的公关。

二、高层次公关需要有良好素质的公关人员

现代组织的竞争归根到底是人才的竞争，是人才素质的竞争。素质，从管理学的角度讲，它是指人的平素表现、气质、风格、修养、才华、学识等方面的基本品格。高层次的公关离不开高层次的公关人员，高层次的公关人员才是高层次公关的保证。公关人员的素质决定了公关活动的质量和层次。

那么，作为一名高层次的公关人员应该具备哪些基本素质呢？

（一）广博的知识

公共关系是一门以传播学、管理学、心理学和社会学等为理论基础的综合性科学，是一个学科交叉、内容复杂的系统工程。作为一名公关人员，要想在复杂的现代组织的各类活动中把所涉及的公共关系工作、尤其是公共关系的策划、指挥与管理工作做好，就必须具备多方面的知识，如经营管理学、新闻传播学、社会心理学、市场营销学、商业谈判学、广告学、哲学、逻辑学、伦理学、历史学、统计学以及外语、演讲、写作等方面的知识。知识广博、多才多艺是公共关系人员开展公共关系活动的基础和资本。

上述案例中，由于铁流拥有丰富而又广博的知识，他才能从纷纭复杂的头绪中抓住关键，抓住 3 月 18 日这个具有特殊意义的日子来作为全国首届科技人才技术交流洽谈会的开幕日；抓住学部委员这个中国科学及最高权威的代表来为“中国科技人才活动日”的倡导创造名人效应……铁流的公关活动既没有借助金钱，也没有利用权势，更没有使用歪门邪道，他靠的是自己的智慧，靠的是知识的力量。

（二）高尚的品德

品德是指人的品质与道德，品德是公共关系生存的基础、行为的准则和成功的核心。从本质意义上说，公共关系学实质上是“人”学，公共关系人员至上的人格和品德是公共关系中起决定作用的主导因素。在公共关系的工作和活动中，只要有了高尚的品格、卓然的精神境界，即使能力差些，也会产生特有的公关魅力，也同样会赢得友谊、合作、融洽与和谐，开垦出优化的关系环境。正如杰出诗人但丁所说的：“道德常常能填补智慧的缺陷，而智慧永远填补不了道德的缺陷。”公共关系的一个重要职能是社会交往。在科技渗透、信息爆炸的当今时代，人与人之间的相互依赖性日益加强，交往的频率越来越高。因此，提高交往质量，就不仅仅是方法技巧的问题，更重要的是交往者的思想素质、道德风貌、文化涵养、精神意志、仪表风度等等，说到底也就是人的整体形象问题。

在上述案例中，设想如果没有一个高尚的品格、正派的作风、严谨的行为、真诚的为人和进取的精神，铁流就不可能创造出如此辉煌的公关奇迹。事实证明，公关人员首先要具备的是优良的品质、高尚的道德和大公无私、锐意进取的品德，品德是公关之本。

（三）敏锐的思维

思维是在表象、概念的基础上进行分析、综合、判断、推理等认识活动的过程。现代企业的公共关系活动是在千变万化的环境中进行的。要适应这种不断变化的环境，公共关系人员必须善于思考，勤于分析，及时捕捉、鉴别和充分利用可靠的信息，为组织的管理和经营决策奠定有力的基础。环境的多变性必然导致公共关系工作的复杂性，公共关系人员只有具备遇事冷静思考、综合分析的能力，才能对复杂的问题做出正确的判断和决策。公共关系工作是有步骤、有计划的活动，这又要求公共关系人员具有发现问题、分析问题、逻辑思维和解决问题的能力，运用丰富的想象力和创造力去策划各种公共关系活动，使公共关系活动既适应客观环境的需要，又能使组织的各种职能和各种活动最充分地发挥和展开。

上述案例给我们深刻的启示是：铁流所策划的公关活动，无论是科技人才技术交流洽谈会开幕日期的确定还是全国科技人才活动日的倡导，无论是请学部委员的联名签字还是使各大新闻媒介大量报道，林林总总，都不是局限于一般性的思维，而是一种具有逻辑的、大跨度、跳跃式的、并将丰富的想象力、判断力和创造力糅合其中的创新思维。铁流所策划的公关活动具有魅力的原因就在于此。

(四) 战略的胆识

公共关系人员在开展公共关系活动中,不仅要想到今天,更重要的是要想到明天和更远的未来。组织的未来要靠公共关系人员去规划、去设计。建立高标准的公共关系长远目标,制定切实可行的达到公共关系目标的发展战略,是使组织不断发展的重要保障。作为高层公共关系人员,要有胆有识,从战略角度去分析组织目前的公共关系活动,从长远的利益来筹划组织目前的公共关系工作,按远景规划来指导和要求组织的公共关系工作。

在上述案例中,按一般要求,铁流策划并成功举办了首届科技人才交流洽谈会,便圆满完成了这次公关活动任务。然而,铁流却以自己的胆识,从战略角度来看待这次利国利民的洽谈会,把洽谈会升华为全国科技人才活动日,把洽谈会变成了科技人才的盛会和节日,这不能不归功于铁流的战略胆识。

现代组织所需要的高层的公关人员,其应具备的不仅仅是上述广博的知识、高尚的品德、敏锐的思维和战略的胆识这些基本素质,还应具备专业知识、丰富的经验、广博的阅历、良好的心理、幽默的谈吐等等素质。良好素质的培养和形成离不开努力的学习、不断的实践、执着的追求和富于进取的精神。

三、高层次公关需要有良好技能的公关人员

技能是指掌握和运用专门技术的能力。现代公共关系技能是指将公共关系知识和公共关系意识运用于实践的能力。

社会体系的空前复杂和客观现实的严峻挑战向公关人员提出了更高的要求。高层次公关人员除了应具备一般的公共关系活动所需要的经营、管理能力之外,还需要具备下列能力:

(一) 沟通能力

沟通能力包括传播、宣传、交往等多项能力。只有提高沟通能力,才能加深组织与内部员工、外部公众的信息交流与感情联络，才能增强组织的凝聚力和向心力，才能树立组织的良好形象。在上述案例中，铁流通过“制造”一个个新闻热点，通过大众传播媒介，将一个个所要传出的信息及时有效地传达给了公众，使得他的整个公关活动保持了一种快捷畅通有效的局面，为这次科技人才技术交流洽谈会的成功架起了一座沟通的空中“桥梁”。

（二）策划能力

策划，简单地说就是谋划、筹划、计划和打算，就是以既定的目标为起点，根据对有关信息的分析，制定策略、政策以及具体实施细节，以求目标的实现。策划是现代化的极富创造性的公关活动，策划能力是实现组织目标的关键因素。现代公关要求每一项公关活动在开展之前，都要有一个完整的可行的计划，要设想这项活动开展过程中可能出现的问题，要有解决问题的各种办法，要有达到目标的具体步骤，要预测可能出现的后果，并用科学和艺术的观念、思维方式和技术措施来增强决策的科学性、准确性和应变能力。策划能力表现在树立公关形象上，就是在行动之前必须详细检查每一细节可能给组织形象造成的影响，避免由于疏漏和偏差造成对组织形象的损害。策划能力是联想能力和谋略能力的代名词，策划的成功与否在于计划的本身是否具有吸引力，是否新颖和符合客观规律；策划的成功需要公关人员的精心谋划，在总体上给整个活动勾画出一个富有创意又确实可行的蓝图。

在上述案例中，我们从开幕日期的确定到“全国科技人才活动日”的倡议、从请学部委员们签字到“3・18科技新闻奖的设计”……从这一步紧跟一步、一环紧扣一环、一幕比一幕精彩的公关活动中，可以清楚地看到一个高层次公关人员那高人一筹策划能力的重重轨迹和将神话变成现实的策划艺术。

（三）组织能力

组织形象的树立、保持和发展，必须通过有组织、有步骤的活动来实现。公关人员的工作就是开展各种公共关系活动来实现和提高组织的知名度和美誉度，每一项公共关系工作都需要周密的计划和认真的组织。组织工作是一个系统工程，它有六大要素需要考虑：时间、地点、人物、原因、目标（效果）和手段（方法）。有人将这六大要素称为 5 个 W（When、Where、Who、Why、What）和 1 个 H（How）。公关人员在组织公关活动过程中，只有细致周到地从这六个方面展开工作，才能使公共关系活动有效地运转，才能保证组织目标的顺利实现。

综观上述案例中铁流操办"全国首届科技人才技术交流洽谈会"的整个组织过程，无论是从接受筹划这次洽谈会还是到开幕日期的确定，无论是从会议地点的选择还是到倡议书的定稿，无论是从人员的配置还是到经费的落实，无论是从广告词的选择还是到请学部委员的签字……无一不在展现出一个高层次公关人员的组织能力。可以肯定，如果没有出色的组织能力，如此大型复杂的公共关系活动是不会获得如此圆满成功的。

（四）决断能力

作为一名高层次公关人员，对某一决策的把握，当即决断"做"还是"不做"的能力，往往直接影响到组织的经济效益和社会效益，影响到活动的成败，影响到组织的形象。高层次公关人员在做决断时应遵循这样一条原则，即这一所需决断的事的创新度、难易度及其失败对组织的信誉的影响，对以后组织发展造成可能性的影响程度如何，对社会影响如何，成功与风险的概率有多大等等。把握了这条准则，公关人员才能始终明智地做出决断。

"科技人才交流洽谈会"、"全国科技人才活动日"等活动的本身，对中国的改革开放和现代化建设、对中国的全面腾飞都具有重大意义。铁流做出接手策划洽谈会的决断和提出设立全国科技人才活动日的决断及以后的诸多决断，毫无疑问都是明智而正确的决断。

（五）应变能力

应变能力即快速反应能力。应变能力是对各方面利害关系、眼前利益与长远利益、潜在利益与现实利益的宏观把握。对公共关系人员来说，外界的情况千差万别、千变万化，对原先计划的不断调整就尤其显得必要。有些时候，不得不牺牲组织的部分利益来维护组织的良好形象或建立更长远的合作关系；有些时候，要适当及时地修改补充原定计划，使原计划更完善、更合理地适应环境变化而获得最大成效。

上述案例就属于后一种情况。从整个案例看，从策划操作"全国首届科技人才技术交流洽谈会"一直到"3·18科技新闻奖"，铁流的计划从一开始就在用不断的修改、充实和升华来不断地适应形势的发展和现实的要求，用撞击时代的心灵呼唤来完成历史赋予的重托。应变能力是铁流公关活动夺人眼目的重要原因之一。

（六）表达能力

公共关系的对象是"人"，是同人打交道，因此组织的公关人员的表达能力显得尤为重要。表达能力主要包括语言表达能力和文字表达能力两种。在公关活动中，在人际交往中，公关人员在语言和文字表达能力上要准确、简要、清楚、透彻，并有感染力。在特殊的场合和特定的时间，要会使用恰当得体的语言和文字。除了语言表达能力和文字表达能力之外，公关人员还应具备"动作语言"和"肢体语言"的表达能力，即运用表情、动作、姿态等向公众发出无声的、无法替代的信息。

"全国首届科技人才技术交流洽谈会"的广告词"生命在这里闪光，年华在这里跃动"高度概括了这次洽谈会的内涵和意义，其以简明深刻、感人肺腑的语言震撼了无数的知识分子和社会大众，震撼了亿万人的心，这就是语言文字表达的真正魅力所在。

（七）创造能力

人类社会在不停地发展和进步。人类社会的生产方式、生活方式、思想意识都在不断地更新和变化，公共关系工作和活动也必然要不断地前进以便跟上时代的步伐。公关人员在实践中应不断地更新自己的意识，寻找新的公关支点，掌握新的信息沟通方式，获取新的交往途径，善于提出新的公关活动的意境。创造能力是科学和艺术的结晶。

上述案例中的一个个充满新意的公关活动都是铁流富有创造能力的具体体现，都是创造能力的丰硕成果。

高层公关人员所应具备的公关技能不仅仅是上述的沟通能力、策划能力、组织能力、决策能力、应变能力、表达能力和创造能力 7 种，它还包括交际能力、适应能力、辨别能力等等。公共关系人员所应具备的种种能力涉及公共关系活动的主要技术操作层面，其实质是智能和能力的综合和交叉，它既是对组织公关人员提出的高标准，也是对组织公关人员的基本要求。公共关系活动成败的关键之一就在于公共关系人员的公关能力，在于公共关系人员公关能力的综合运用。

四、高层次的公关人员需要努力塑造和设计个人形象

“个人形象设计”这个崭新的概念和口号已被越来越多的人所认识和接受。“个人形象设计”可以这样解释：经过形象设计和形象“包装”后，你所展示的个人形象应该是将你是怎样一个人、你所从事的职业、你的个性、你处理事务的能力、你的内在修养和你所受教育的程度都充分地表达出来，从而让对方更好地接受你。

“个人形象设计”是时代的产物，是高层公关人员必须具备的个人修养能力。当今的社会是快节奏、高效率的社会。现在处理事情、了解一个人，已不能像过去那样用心去体验、用时间去验证。如果你作为组织的一名公关人员去谈一笔生意，就必须在最短的时间内，让你的外表、你的谈吐、你举手投足之间所表现的一切很快被对方所接受，使人感到你的真诚和可靠，从而让对方在三四个谈判者中最终选择你作为生意的伙伴。香港从事形象设计工作的周志华先生这样说道：注重个人形象设计，会使你赢得更多成功的机会和更多的朋友。这不正是高层次公关人员所迫切需要的吗？

个人形象设计并不是指穿着打扮。成功的形象设计是个人的内在风格与外在形象的完美统一，是将自己充分地表达出来让别人接受你。个人形象设计不亚于一个整体工程，它除了个人外表的设计之外，同时还要对个人的行为表达方式和表情表达方式进行设计，在提高自己内在修养的同时，最大限度地增加内在高层次的素质，用自己良好的形象来配合达到公关的目标，用饱满的精神和旺盛的精力向公众表达自己对工作的高度热情和战胜困难的勇气和意志。

个人形象无时无刻不在传递着非语言信息，无时无刻不在进行着信息的沟通与传播。个人形象设计是高层次公关关系活动中的一个重要组成部分。

公共关系职业是西方发达国家中年轻人最向往的职业之一，因为公共关系是第一流人才从事的事业。

思考题：

1. 为什么说现代组织需要高层次的公关人员？
2. 结合案例，谈谈铁流能够成功的原因。
3. 作为一名较高层次的公关人员应具备哪些素质和技能？
4. 公关人员应怎样塑造和设计自己的个人形象？

第二节　政府组织的公共关系

【案例】

“国际会议”让大上海再展辉煌

——当代政府公关势在必行

在全球化背景下，随着中国的崛起，世界对中国因素的关注越来越强烈，极大推进了“会议业”在中国的形成与发展。博鳌亚洲论坛、亚洲资本论坛、国际地产大会、世界华商大会等国际性的中国主流论坛不断涌现，并成为中国会议业的一道道亮丽的公关风景线。而早在世纪之交的在上海举办的“’99《财富论坛》全球论坛年会”则是中国最早吹响“会议公关”的进军号。

1999 年 9 月 27 日—29 日，包括 60 家“全球 500 强”在内的 300 多位境外国际跨国企业的首席执行官、270 多家中国大企业的总裁、美国前国务卿基辛格和新加坡内阁资政李光耀在内的众多国际名流、600 多名中外记者等云集上海，参加举世瞩目的“’99《财富论坛》全球论坛年会”。

27 日上午 8 时 30 分，“’99《财富论坛》全球论坛上海年会”在新落成的上海国际会议中心正式开幕，时任中国科技部部长朱丽兰、教育部部长陈至立、信息产业部部长吴基传、中国科学院院长路甬祥分别在高科技圆桌会议上阐述了中国利用信息技术发展经济、科技、教育事业的规划及相关政策。与他们对话的是诺基亚董事会主席兼首席执行官约玛·奥利拉、索尼公司总裁兼首席执行官出井伸之、东芝公司董事长西室泰三、雅虎公司主管杨致远等36位世界信息产业界的重量级人物。下午在3楼演讲厅召开商务会议，主题是"中国现状"，重点发言的是：德意志亚太银行首席经济师考梯思、中国经济体制改革研究基金会秘书长樊纲、美国国际集团董事长格林伯格、美国前商务部长米基·坎特……晚上19点40分，时代华纳集团(《财富》杂志归其所属)董事长兼首席执行官李文先生主持全球论坛的开幕式晚宴，时任中华人民共和国主席江泽民亲临全球论坛开幕式晚宴并发表重要讲话……一时间，世界舆论聚焦于中国最大和最具活力的国际大都市——上海。"上海"成了各国媒体使用频率最高的名词、世界经济界谈论最多的话题和跨国公司最向往的投资城市。

【案例分析】

会议经济是西方较早提出的产业经济概念。每年2 800亿美金的会议消费①足以使它成为众多城市和国家关注的焦点产业。会议业是现代服务业的核心产业之一，一个国际性会议不仅能够促进举办城市与外界的技术贸易交流与合作并促进当地旅游、服务与交通业等相关产业的发展，而且它还极大地提升举办城市的国际知名度与世界美誉度。可以说，会议既是一个城市经济的深度测试，亦是一个城市乃至一个国家良好形象的重要助推器与风向标。上述"'99《财富论坛》全球论坛上海年会"的案例完全证明了这一论点。

上海是东方国际化大都市，是中国最大的经济中心城市，随着中国的改革开放，上海正在悄然成为世界注目的"东方明珠"。而上海市政府——作为上海的社会与经济发展的核心"发动机"和上海走向世界的

① 该数字来源于2006年8月18至19日在上海国际会议中心举办"新经济、新业态、新思想、新发展"为主旨内容的首届"中国(国际)会议经济发展高峰会"的报告。

直接领导者——以其卓越的政绩和出色的公关在国内外赢得了良好的声誉，树立了良好的政府形象。上海市政府成功举办“'99《财富论坛》全球论坛上海年会”就是上海早期开展政府公关的一个经典范例。

一、让世界了解上海——再塑上海新形象

改革开放以来，中国的经济实现了腾飞。上海更是一马当先，其社会、经济与文化飞速发展，创造了“上海奇迹”。然而，在世界经济一体化、中国加快融入全球体系的今天，上海要想真正走向世界而成为国际性现代城市，就必须首先让世界真正了解上海。上海市政府借举办“'99《财富论坛》全球论坛上海年会”的机会就是再次向世界展示它改革开放以来取得的惊人成绩，再塑上海在世界的新形象。

众所周知，《财富》论坛是由美国时代华纳集团所属《财富》杂志创办，目的是使全球顶级的企业家与政策制定者及学者聚集在一起，激发新思维，以解决跨国公司面临的关键问题。与会者乃是全球规模最大的500家公司的总裁、首席执行官、董事长或执行董事。有人称之为“最富有者之间的对话场”，也有人认为这是“把握世界经济走向的最清晰和最直接的窗口”。

正因为这一经济界盛会所具有的世界影响力和全球吸引力，颇有战略眼光的上海市政府决定申请并以最大的热情和魄力来举办这次全球论坛会议，就是要让来上海的世界级老总们、世界级的名流们和世界舆论界的记者们亲眼看看和亲自领略大上海社会和经济飞速发展的风采和魅力：20多架载着世界知名跨国公司CEO（首席执行官）的公务专机鱼贯而降的是投资130亿、拥有4 000米跑道、年旅客吞吐量达2 000万人次的一个“现代化程度高过许多欧洲机场”的浦东国际新机场；800多名与会者出席论坛会议的主会场是投资8亿人民币、仅用11个月就建成的建筑面积达11万平方米、拥有30个完全符合国际标准和不同规格的会议室、迄今国内最大、具有世界21世纪建筑水平和超现代建筑风格的上海国际会议中心；1 000多名经济界巨头、名流和记者们见到的是豪华奇异的金茂大厦、气派高雅的上海大剧院、漂亮宏伟的南浦大桥和杨浦大桥、令人眼花缭乱的高架桥……800幢用120万盏彩灯装点的外滩倒映在黄浦江上，使人犹如在童话世界……大上海的宏伟和美丽无不令这些老总、名流们亲身领略到了中国改革开放的巨大内动力和中国人民的无穷创造力，也从心底里感受到了上海这块土地上的无限魅力和吸引力……大上海，这座东方名城的神奇和风采也通过前来采访的600多名世界大媒体的新闻记者们的镜头并借助上海"梅地亚"中心的强大电波传遍了世界各地……

上海正是借助这次全球论坛会议，让世界再一次真正认识了中国、认识了上海、认识了"上海奇迹"和"上海新形象"，进而使世界更进一步关心和理解中国、关心和理解上海，这无疑是一次大手笔的"沟通"公关和"传播"公关，其中公关的效用是不言而喻的。

二、让上海走向世界——再吹上海发展的新号角

改革开放以来，上海取得了飞速发展。然而，面对世界经济发展的全新环境、全球一体化的发展趋势和高新技术日新月异的巨大挑战，上海利用这次全球论坛会议在国际舞台上再次吹响了进军世界的新号角。中国科技部部长、教育部部长、信息产业部部长、中国科学院院长……只要看一看当时出席这次会议的这些部门和这些时任部长，你就能轻而易举地知道中国的上海将在21世纪的高新技术领域全面赶超世界先进水平的决心和将用高新技术来振兴上海乃至整个中国经济的信心。而当时的国家主席江泽民亲临会场并发表讲话，更是向世界直接宣告，上海将作为中国驶向世界的旗舰，劈波斩浪，奋勇向前……世界500强亲聆了这世纪强音，世界各国听到了来自东方的这震耳欲聋的号角。

上海正是借助这次全球论坛会议，向世界再一次表明了中国改革开放的坚定意志，表明了上海将加强与世界经济巨人联系和同时加速融入世界的坚定目标。这无疑是一次具有深远意义的“沟通”公关和“传播”公关，其中公关的作用是难以估量的。

三、“会议经济”——上海的经济与形象效益的又一增长点

举办《财富》全球论坛年会，从一个方面来看它是一个扬国威、树形象的会议。然而，上海市政府不仅把这次会议作为一个国际重大活动来办，而且作为一项重要经济活动来进行。

从微观意义上，我们可以想象这次全球论坛年会给上海带来的直接经济效益：世界最大跨国公司的巨头们及他们的夫人、随员们，世界各国的大媒体的记者们和中国270多家一流企业的老总们，将给他们走过的机场、会议中心和服务于会议的各行各业带来多大的收入？酒店的入住率将会创记录，旅游娱乐业将会迎来最慷慨的钱包，豪华交通工具的出租将出现火爆的场面……有人估计，上海仅举办这次会议少说会净赚1 000万美元。在会议举办的几天，早被预订的五星级酒店总统套间住满了客人，上海国际会议中心的会议已经排到了五年之后，其中不乏人们熟悉的重量级国际会议……这些还仅仅是这次全球论坛年会带来的直接经济效益。更有意义和更重要的是，其间接产生的长远的经济效益甚至包括国际政治影响等是无法估量的。我国政府部分高层领导人和一批经济学家接受邀请、参加会议、发表见解并倾听国际著名企业家的声音，这无疑是非常难得的有益的对话。可以预期，与会者思想火花的碰撞，将为上海乃至中国经济的发展带来不可估量的用之不竭的“收益”。

而从宏观意义上，透过目前全球的国际会议每年给举办国或举办城市带来总额高达2 800亿美金的这一天文数字，在足以肯定“会议业”已成为现代服务业的核心产业之一的背后，我们可以确定：一个国际性会议不仅能够促进举办国家或举办城市与世界的政治、经济与文化的交流与合作，还将大大促进当地服务业、文化业等相关产业的结构调整与发展，而且由于会议业与媒体有着非常密切的关系，世界主流媒体不仅是国际会议的传播者，也是国际会议的参与者和推动者，因而国际性会议还极大地提升了举办国家或城市的国际知名度与世界美誉度。可以说，会议业既给一个国家或一个城市带来经济发展的增长点，又给这个国家或城市带来良好形象的新亮点。

上海借助这次全球论坛会议创造出来的双重"会议效应"，无疑是一个值得我们好好深思的公关杰作。

思考题：

1. 结合案例说明政府公共关系的必要性。
2. 结合案例说明上海市政府公关成功的经验是什么？
3. 政府公关的特点是什么？
4. 怎样理解国际会议、会议经济与政府公关之间的关系？

第三节　生态环保与公共关系

【案例】

绿色公关，政府先行

——北京奥林匹克森林公园的绿色遗产

很多参观北京奥运场馆的人都会发现，紧邻"鸟巢"、"水立方"的背面有一个占地680公顷，面积相当于两个颐和园或者十个北海的北京奥林匹克森林公园。而这个公园吸引人的地方不是它的面积和它所坐落的位置，而是它的生态理念和环保意识。

这座奥林匹克森林公园从规划设计开始到建设落成，是中国政府自始至终都本着以人为本、科技领先、生态环保的宗旨，使得该公园成为“人文奥运”、“科技奥运”、“绿色奥运”的践行者，它许多经典之作使人惊讶不已、感慨不已。

一是它有一座具有特殊用途的“塔”。走进奥林匹克森林公园，人们时常会看到一个一个木制的、高 24 米、四面像蜂窝似的小方格塔形结构建筑，一般人很难想象出来它是干什么用的，其实它是专门为一种特殊的小鸟准备的。原来，有一种深受北京人喜爱的益鸟——北京雨燕，它专吃蚊蝇，尤其是夏天，在古建筑比较集中的地方，它们成群地在天上飞翔，成为北京的一道景观，因此，北京迎奥运的五个福娃中有一个叫妮妮的原型就是雨燕。但最近由于北京古建筑保护的原因，许多木构古建筑上面都用金属网将它围绕起来，不希望这种鸟在古建筑的结构里做窝，以免伤害古建筑的结构，所以北京雨燕的数量大幅度下降。为了这个原因，为了保护益鸟，奥林匹克森林公园根据雨燕的生活习惯和做窝的尺寸，专门设计了这个雨燕做窝塔，真可谓独具生态保护之匠心啊。

二是它有一座独一无二的“桥”。在奥林匹克森林公园里，人们还能看到专为蝙蝠、猫头鹰等小动物营造的自然环境。由于北京五环路横穿奥林匹克森林公园中部，把公园自然地分为南园和北园，为了让这些小动物们能够毫无阻碍地在南北园里通行，公园设计师们特为他们留下了一条专门的通道——在南北园之间横跨川流不息的北京五环路上面，建一座连接南园与北园的、附上土壤和植被系统、能让动物逃生和迁徙的生态桥。负责设计该公园生态廊道的田园说：“实际上动物很聪明，逃生或者迁徙的通道它很快就会知道，如果说这个桥是个普通的桥，也就是行车、走人，没有这个自然的土壤植被系统的话，那么这些小动物是不敢过的。”这个桥的特殊性就在于它既是一个游人通行道，它的两侧因土壤系统和植被系统自然连贯，又成为小动物们的逃生或者迁徙的通道。同时，奥林匹克森林公园里的绝大多数植物都是北京当地的，植物的本土化不但能很好地适应北京的气候和土壤环境，减少未来的管理成本，而且也最能自然吸引和养护北京本土的小动物，从而真正实现了节约并达到人与自然、植物与动物的相互和谐。这一切可真是将生态保护的理念发挥到了极致！

三是它有一片神奇美丽的"湿地"。到奥林匹克森林公园里，其实真正让人们感受之深的不仅是体现在北京市政府对生态匹配、生态技术的追求和对动植物的精心呵护上，更体现在他们对园区里的水和垃圾的处理上。奥林匹克森林公园里有一大片用人工打造起来的12公顷的湿地，里面种植着香蒲和芦苇，非常的美。打造这么大片的湿地，不单是为了让游客们来观赏，因为芦苇、香蒲以及这片湿地在整个公园的水系当中起着非常独特而又极其重要的作用。原来奥林匹克森林公园里的主湖叫奥海，奥海向外延伸，水环绕到了鸟巢、水立方等奥运中心。整个水系占地122公顷。由于北京水资源紧张，这一设计一开始引起了很大的争议，很多专家都说是浪费水，但是搞水利的专家认为：北京市现在虽然缺水，但是不缺废水，如果把循环水充分利用起来的话，北京有足够的水来满足奥林匹克公园的使用。北京市市政府接受了这方面的建议。现在奥林匹克公园每天都会引入2 600立方米的"中水"(中水就是污水处理厂处理过的废水)，这些中水里含氮、磷等杂质，如果直接作为景观水使用，没有几天水里就会长水藻，就会发臭，而上述的这片人工打造的湿地就为净化水中的杂质起到重要作用。"中水"经过湿地的净化后流入生态塘区进一步净化。这个塘区系统有1.5米的水深，底下由许多水植物和底栖生物配置组成，同时这里放养了大量的鱼，它有两个作用：一是再进一步降低污染物的量，从而使近湖的污染物更少；二是增加生态循环系统，使湖水清澈并增加活力。我们再生水厂的水有一些理化性征，由于它是物理或者化学处理的过程，在这里，湿地则可以让中水重归清洁，然后再进入奥海湖中，使奥海湖中的水更趋近于自然的环保的生态的水……

四是它有一个生活污水实现零排放的处理系统。在净化引入“中水”的同时，奥林匹克森林公园还自行消化园区内的所有污水。比如说粪便，由于尿液里含氮高，在污水处理时不容易达到景观水标准，于是在园区内，尿、粪都是分开收集处理的。平时我们用的便池都是一个槽，但是在奥林匹克森林公园里，所有的便池都是两个槽，前面的这个槽是用来收集小便的，后面的是用来搜集大便的，这样就能实现粪、尿的“自动”分离，结果是废水里的氮就会减少，这样在处理当中就比较容易达到标准。而且工作人员还可把这些尿搜集起来后，送至专门的一个绿色垃圾处理中心，在这个中心里把尿、草还有一些剪下来的树枝搜集到一起，变成一种肥料，可以“营养”公园里的植物。真可谓生态环保，变废为宝，一举多得啊！

五是它有充满奥运理念的“绿色建筑”。奥林匹克森林公园通过建设生态高效的人工湿地、利用尿粪分开处理等技术实现水循环合理利用和污水零排放……不仅如此，在园区里，你可以随处看到各种各样的节能降耗的环保作品。在奥林匹克森林公园的南大门里的两侧，你会发现有一个走廊的上面架的是光谱电板，这是用来收集太阳能的专门设施，因为附近的路灯、厕所的照明都是由这里提供的。除此之外，奥林匹克森林公园的所有建筑全部采用了外砖墙保温、门窗保温、温室独立控制的节能系统，这些都是绿色奥运理念的具体体现。

由于北京奥林匹克森林公园出色的生态环保理念与实践，2007 年 5 月，奥林匹克公园在罗马获得了国际风景园林奖一等奖，这是中国风景园林作品首次获此殊荣；而 2008 年 2 月，奥林匹克森林公园项目又获得了由国际风景园林师联合会颁发的亚太地区风景园林规划类一等奖，这更是国际社会对北京奥林匹克森林公园绿色生态理念与绿色技术、对中国政府兑现北京奥运承诺的一个褒奖和敬意。奥地利《标准报》7月20日在历数了北京奥运会创造的新纪录和与众不同的地方后，亦情不自禁地赞叹说，世界上最大的公园“奥林匹克公园”将成为北京新的“氧吧”。①

奥林匹克森林公园今天已经移交给了北京奥组委，成为奥运设施的绿色背景。而作为北京最大的公共公园，由于它有很大的水面，有很多的植物，能够增加一定范围内的空气湿度，增加空气的含氧量，降低二氧化碳，降低污染物，降低粉尘，从而为周边的环境起到了调节小气候的作用，并影响北京的人居环境。奥运会之后这个公园已向公众开放，成为北京市民日常生活的福利设施，服务百姓。这里小树能长成大树，小草也将更加郁郁葱葱，它所带来的环境效益在未来的日子里将异常明显。因奥运会而生的奥林匹克公园不仅见证了北京奥运会的全过程，而且还将成为奥运会留给公众、中国政府留给世人的一份丰厚的环境保护遗产。

【案例分析】

全球气候变暖，大气臭氧层被破坏，沙漠扩大，物种退化，农田减少，水体土壤污染加剧，矿产资源枯竭……面对工业文明对大自然的肆意破坏，面对人类赖以生存的生态环境受到严重威胁，人民已经开始意识到：人类并不能随心所欲地支配大自然，即使是创造了人类文明的经济发展，也不能以破坏人与大自然的和谐为代价，否则生态环境的恶化将危及人类自身的生存。

环境问题已成为世界所关注的一个焦点，已成为全球所共同面临的

① http://2008.sohu.com/20080721/n258277487.shtml

一项最重要课题。“绿色”——一种强调社会进步与环境保护协调同步发展的崭新文明形态已成为时代不可抗拒的潮流。

北京奥林匹克森林公园就是在“绿色”潮流中，以自己独有的生态理念和强烈的“绿色”公共关系意识，通过创建一个生态环保的绿色经典——北京奥林匹克森林公园这一深得人心的举措，赢得了国内和国际社会的一致好评和赞誉。人们在这个占地约 680 公顷的园区里，看到了改革开放后的中国政府以人为本、科技先行、实现生态环保理念、兑现北京“人文奥运”、“科技奥运”、“绿色奥运”三个互为依存理念的承诺而创造出来的一个充满奇迹的绿色景观。

北京奥林匹克森林公园的生态环保实践至少可给我们三个启示：

一、“绿色”应该是现代政府刻意追求的形象

绿色，这一时代赋予其崭新含义的词已成为现代组织（包括政府和企业）社会责任的标志和社会形象的代名词。

人类从工业文明进入现代文明，前所未有的经济高速发展带来了前所未有的对大自然的肆意破坏：从天空到海洋，从高山到平原，从森林到河流，从城市到乡村……在人类赖以生存和繁衍的生态环境遭到严重的破坏之时，人类被震惊了，人类也清醒了，人类的环保意识也由此而形成了。于是，许多走在时代前列并富有远见的政治家和企业家们首先意识到：所有社会组织的管理、生产、经营及生活行为都必然要受到环境责任的约束，政府更需要积极主动地去适应和倡导这种发展趋势。

因此，在 21 世纪人类面对空前的环境污染和生态危机之时，许多国家和政府率先举起了“绿色”的大旗，成为“绿色革命”的尖兵。例如，韩国政府规定了对政府等公共部门的用车实行单双号制，以尽量减少汽车尾气对大气的污染；英国政府打响了反浪费之战，其首相布朗于 2008 年 7 月 7 日前往日本出席 G8 峰会前还向英国的每个家庭发出呼吁，要求他们减少一切不必要的需求，以免浪费日益稀缺的不可再生资源；而一向以环保闻名的日本政府更是一马当先，不断强化其公民的环保意识，譬如日本的污水排放限制标准愈加严格，一旦发现水质不合格就会警报四起，日本大型建筑地下室的照明系统开始使用太阳光能，日本公园里的许多花盆、长椅都由废纸加工而成，就连小小的名片也要环保，许多人都会在名片正下方印着“再生纸利用”字样，提醒对方不用时可以回收……①

政府的生态环保理念和意志必然深刻影响到本国的企业环保。在国际汽车业，一场汽车工业的“绿色革命”也在兴起。纽约国际汽车大展连续 3 届的主题都是“负责的汽车观”，其具体内容是：安全、节能、环保和零部件再循环使用。瑞典富豪公司的富豪 ECC 车因其在城市中行驶不排放废气、在郊外行驶只排放少量废气而被评为本年度大展的“最佳环保概念车”，因而销量大增。德国大众汽车公司管理理事会主席费迪南则宣扬：“环境保护意识应始于汽车的研制和开发阶段，提高于制造、使用和回收汽车本身等方面。”他的话无疑是汽车工业环保意识的充分体现。“绿色革命”不仅仅局限于汽车工业，“绿色浪潮”已在世界各地、已在经济的各个领域中汹涌席卷：在香港，一些建筑公司提出了不破坏生态环境的情况下兴建现代化高楼大厦的“绿色建筑”；德国已经在生产 3 000 多种贴有“蓝天使”标签的“绿色食品”；日本户田建设公司在实施变住宅区垃圾为优质肥料的“绿色垃圾”工程；日本与木材消耗相关的企业已开始着手热带雨林再生的“绿色工业”运动……上述的北京奥林匹克森林公园的“绿色之园”亦是这“绿色浪潮”中的一个缩影。

促成这股席卷国际政界与业界“绿色浪潮”的原因，除了社会公众环境意识的觉醒外，政府和企业的自身环境责任意识的增加是其中的一个重要因素。

---

① 详见《环球时报》2008 年 7 月 8 日第 4 版。

从公共关系角度看，社会形象是现代组织的第一生命，树立组织的良好形象是组织刻意追求的目标。现代组织形象的形成不仅仅取决于其运作效率或工作质量，更重要的是取决于该组织的社会责任与社会信誉，因为这不仅仅是组织素质的综合反应，也是组织作为社会“公民”来履行和承担社会责任的标志。事实证明，诸如北京市政府这样的现代政府组织，要想在国内国际社会中拥有支持和合作者，光凭一流的市政建设和一流的服务水平是远远不够的，还需要一种崭新的管理理念，一种自觉的社会责任意识并付之以实际的行动，从而才能在公众（尤其是非常挑剔的国际公众）心目中产生一种共鸣，达成一种共识，生成一种良好印象，形成一种和谐的信任关系，唯有此，现代组织才能最终真正拥有信任它的公众。2008 年北京奥运理念就是在面临“全球环境危机”的情况下提出“绿色奥运”这一全新理念的，而奥林匹克森林公园就是实践这一理念的一个缩影，它以自己特有的社会责任和强烈的环保意识，将北京奥林匹克森林公园建成了国际一流的绿色生态园，由此，中国政府重视环保并全力践行环保的责任政府形象通过奥林匹克森林公园的“绿色”，成功地在中国人民的心中、也在世界公众的心中凝塑了中国政府的优质形象，进而为中国走向世界创造了良好的社会氛围和人文环境，可以说，“绿色”奥林匹克森林公园的真正涵义实际上就在此。

二、“绿色”形象也是现代政府组织的超值财富

“绿色”之所以不仅成为现代政府追求的形象，也是现代组织所追求的目标，这是因为“绿色”这一形象会给组织带来巨大的社会效益和经济效益。

按照马斯洛理论，人都有安全的需求。它包括两个方面：生存环境的安全需求和生活物质的安全需求。随着经济的飞速发展和社会的迅速进步，人们的生活水平大踏步提高，这种安全需求的欲望自是日益增加，而“绿色革命”正是从这两方面迎合并满足了人们对安全的需求，因此“绿色”受到了社会公众的偏爱，也受到现代组织的“追求”，因为公众偏爱的背后是组织的社会效益和经济效益。资料表明，国外贴上“绿色”标签的各类产品比同类产品的价格上扬 20%—80%，而且销售量比同类产品要好得多；二是绿色食品的价格一般比同类产品提价 40%—100%。据统计，英国目前生态作物的年出口销售额仅为 5 000 万英镑，而在德国，“绿色工业”每年创造的直接经济效益就达 1 000 多亿欧元。

毫无疑问，“绿色”产品必然会受到社会公众的“偏爱”，一旦这种“偏爱”形成一股潮流时，组织的“绿色形象”也就水到渠成了。而在这“绿色形象”的背后，不正是政府的超值信誉和社会健康发展的超值效益吗？

“绿色”已经成为政府公共关系中的一个不可忽视的重要领域。

三、“绿色”公关，中国政府和中国企业任重道远

今天的世界正在掀起“绿色”浪潮，中国政府在大力推进北京“绿色”奥运之际，中国全方位的“绿色革命”已在 960 万平方公里大地上悄然兴起。在中国政府的倡导下，国内许多卓越的企业也已竞相开发自己的“绿色”产品。自 1989 年农业部推行“绿色食品”制度以来，“无公害、优质、营养性”的“绿色食品”在我国已开发出 398 种，其中北京鸭、国光苹果、无铅松花蛋、延边御用米等优质农牧产品被授予太阳、质素叶片和贝类图案构成的“绿色食品”标签。这些同类产品中的“经营”被贴上“绿色食品”标签之后，身价大增，且有供不应求之势。例如：湖南石门出产的绿茶价格上扬 1 倍，仍畅销不衰；江西婺源的绿色有机蔬菜长期出口欧盟，其价格创国内同类蔬菜之最；国家海南新能源股份有限公司琼海罐头厂的椰子汁和清凉爽被定位为国宴饮料，畅销国际市场，一年就为国家创汇 200 多万美元……

紧随“绿色食品”工业之后的是中国家电制造业。青岛的电冰箱厂因生产和出口无氟利昂琴岛—海尔冰箱，被国际有关组织授予“欧洲绿色标志”。江西的华意电器公司推出的无氟利昂绿色冰箱通过 ISO 标准鉴定，被授予使用两个“绿色标志”，并被环保局评定为国内同行业中唯一的“最有推广价值的无害产品”。

然而，中国的“绿色”事业毕竟是刚刚起步，无论是从质上看还是从量上讲，中国各级政府及各类企业的环保意识与环保行为，与世界的“绿色”事业相比，相差甚远，且有的地方生态情况令人担忧。早在1993年的“中华环保世纪行”实质上就是向中国的那些“黑色”企业发出的警钟。从质的角度讲，绿色革命既是指对生态环境的保护，又包括对自然资源的有效使用。在深度上，国际市场上的“绿色”不仅仅是产品的一种形象标志，一些企业正在以“绿色企业”自我标榜，并提出“绿色管理”的新环保概念，即在企业的经营管理中融入环境保护的意识；而我们的诸多地方政府和企业，在经济利益的驱动下，目前的“绿色”水平还停留在产品阶段，还停留在少数的一些卓越的企业里，在自然资源有效使用程度方面，与国外相比，资源消耗量与实现国民生产总值的投入产出率比，中国要高得多。例如：2001年我国每吨标准煤实现现代国民生产总值只有636.1美元，而日本则高达5 889美元，我国只相当于日本的9.25%，这无疑是对自然资源的巨大浪费。我国在矿产品的生产加工中又产生新的浪费，以钢材为例，近年来我国每年需进口近千万吨优质钢或特种钢，然在对这些钢材的加工过程中，我国一年产生的钢铁屑就达300万吨，每年约百万吨的钢铁屑没有回收，而每生产100万吨钢铁屑就需耗费300万吨矿产资源、474万吨标准能源，还不包括劳动力、运输等投入的消耗。中国经济的高速发展是以高消耗为代价的。人类的资源并不是无限的。当中国的大川江河受到污染的时候，人们大声疾呼；当中国的自然资源濒于枯竭的时候，人们同样会大声疾呼。权威资料表明：如按现在这样大肆消耗，到2040年，世界拥有的石油、天然气、煤炭等不可再生资源将被消耗殆尽而成为世界稀缺资源。今天(2008年12月)，世界的油价已上涨到了每桶80—90美元，比2000年翻了约2.5倍；中国从澳大利亚进口的铁矿石价格2006年比2005年上涨了71%，今年（2009年）又比2008年再上涨70%，这还比国际市场上的铁矿石现货便宜了不少……中国的“地大物博”是有限的。我们再从量的方面看，中国的“绿色事业”与国际社会相比差距同样很大。世界市场上“绿色”产品普及各行各业的各个层次，而中国的“绿色”产品仅集中于食品、冰箱、农药等，尤其是“绿色”这一概念在中国老百姓中的普及与影响面还太小太弱。

差距意味着危机。随着中国市场经济的深入发展，随着中国政府与企业加速走向国际舞台的步伐，“绿色”将是我国在国际全方位的竞争中不可替代的利器。

今天的政府组织或企业组织已进入了“形象时代”，组织之间的合作与竞争是“形象”的合作与竞争。中国的“绿色”形象刚刚起步，中国的“绿色”公关事业任重道远。我们期盼着中国各级政府与各类企业尽快插上“绿色”的翅膀，赶上和超过世界先进的“绿色标准”。

思考题：

1. 何为“绿色革命”？目前世界上的“绿色革命”主要在哪些领域？
2. 为什么说“绿色”是现代组织可以追求的目标？
3. 怎样理解“绿色”形象是现代组织的无形财富？
4. 公共关系与“绿色革命”之间有什么联系？为什么在进行“绿色革命”中要运用公共关系原理？
5. 结合案例，说明中国的“绿色”事业任重而道远的原因和前景。

第六章　走向世界的国际公共关系

当今的世界是公共关系无所不在的世界。在世界这个大社会中，各个政治实体都在有意无意地推行着自己的公共关系战略，以期最大限度地满足本集团的利益和需要；各种经济组织都已将公共关系作为自己生存与发展的重要手段，以求在市场的激烈竞争中取得主动和机会。

公共关系是国际政治、经济和文化等活动中一个既古老又年轻的战略手段。中国古代的“合纵连横”战略和近代西方的“均势”战略等都在某种程度上体现了公共关系的基本内涵。当然，在过去的国际政治、经济和文化等生活中，并没有现代意义上的公共关系；只有在科学的、系统的公共关系理论出现后，国际的政治、经济和文化活动中才出现了运用公共关系战略来为国家、集团利益服务的战略方式。目前，国际社会中出现了复杂的相互依存局面，国家、组织之间的相互依存使国家、各组织不得不重视与其他国家、其他组织的沟通以减少冲突。与过去国际社会中常见的以实力求利益、以强权为手段的方式相比，实施公共关系战略是一种和平的、更灵活的、更有效的战略方式，它既有助于国家、组织塑造良好的国际形象，也可为国家、组织获得更大更有利的国际活动空间，更可避免一些误解、隔阂或冲动导致国际冲突。另外必须指出，国际政治、经济和文化等方面公共关系战略的实施对象不仅仅是国家、组织这一国际社会基本行为的主体，而且（甚至更多的）还是国际舆论和对象国家、对象组织的公共关系。因此，国际公共关系是在相互依存的国际环境中各政治实体、各经济组织和各文化团体等通过与国际社会的双向或多向沟通来获得其他政治实体、经济组织和文化团体等的理解和支持的一种国际交往方式。

中国是国际大社会中的一个“政治实体”，中国要想走向世界，要想自立于世界民族之林，就必须“内求团结，发展经济”，优化新中国形象；就必须积极主动地走向世界，了解世界；就必须开放国门，让世界了解中国、理解中国，从而信任中国、支持中国。同样，中国的企业要想走向世界，要想自立于世界经济之林，也必须融入世界经济的循环激流中，去适应世界市场，把握世界市场，进而占有世界市场。

世界舞台上的公共关系是政治组织（或国家）、经济组织（或企业）和文化团体通过沟通来最大限度地为本组织利益服务的一条重要途径和有力手段。政治组织（或国家）参与国际政治事务与经济组织（或企业）参与国际市场循环并无根本区别。如果说一个跨国公司运用公共关系通过与公众的沟通来提高声誉，增加利润和走向国际大市场的话，那么，一个国家政府或一个国际组织则可运用公共关系通过与国际社会的沟通来优化自己形象，并将自己的良好形象推向全世界。

第一节 国际传播是现代组织实践国际公关的重要手段

【案例】

“奥运公益电视片”

——国际奥委会用真实故事来重塑其国际形象

1999年美国盐湖城冬奥会的贿选丑闻被媒体揭露，世界舆论哗然，奥林匹克运动的声誉遭到空前诋毁。严峻的形势迫使国际奥委会必须运用最有效的手段来尽快消除人们对奥林匹克精神与原则的忧虑和怀疑，必须尽可能迅速地重塑奥林匹克运动的良好国际形象。于是，在不违反《奥林匹克宪章》有关原则与规定的前提下，经国际奥委会授权，国际奥委会于2000年1月制作了以奥运史上曾发生过的真实事件为传播内容的奥运系列公益电视片①并于2000年1月在美国纽约首映和向全球刊播。

奥运系列公益电视片由6则各自独立又有机连贯的影视片段所组

① 众所周知，奥运会是世界上唯一在赛场上没有任何商业广告或商业电视片的运动会。根据《奥林匹克宪章》的规定，在奥运会期间，无论是其体育比赛的场地（包括比赛场地的上空）还是运动员及其他所有工作人员的衣着、用品和器材（包括这些物品上的厂商标识）都不准有任何形式或内容的广告及类似广告的宣传，也不准出现任何形式和方式的商业性宣传，甚至对与奥组委签订的任何合同和协议，包括使用奥运五环和吉祥物的权利和许可权，亦都必须符合《奥林匹克宪章》的原则和标准才能生效，其目的就是严格保持奥林匹克的纯洁性。

合而成，它们以奥运五环和本届奥运会标识为视觉导入电视画面，每则以 30 秒为时限的电视片重现并聚焦了一个个感人心魄且令人激动不已的奥运真实故事：

镜头一：1968 年的墨西哥城奥运会上，当马拉松比赛的颁奖仪式已经结束，绝大多数的观众也已经离去之时，一个孤独的、一瘸一拐的身影跑进了体育场，那是坦桑尼亚马拉松运动员阿克瓦里(John Stephen Akhwari)，他落后了其他选手整整一个小时。由于他在比赛过程中摔了一跤，腿部严重受伤并被绑上了绷带，此时看起来他还在忍受着剧烈的伤痛。尽管这样，他仍然艰难而又顽强地跑进运动场并围绕着跑道跑向终点……当一个记者询问阿克瓦里，为什么他还要坚持完成此项比赛时，阿克瓦里回答道："我们国家把我送到 7 000 英里以外来，不是让我仅仅开始比赛，他们大老远把我送到这里，是为了让我完成比赛。"

镜头二：1992 年巴塞罗那奥运会的男子 400 米比赛中，英国田径选手德雷克·雷德蒙德(Derek Redmond)拉伤了脚跟腱，在别的选手到达终点后，他一个人还在赛道上艰难而又顽强地一步步前行……他的父亲跳下看护台，避开警卫，帮助他的儿子通过终点线，而后，雷德蒙德才痛苦地倒在父亲的臂膀中。该电视片的画外音是："力量以磅为单位，速度以秒为单位。勇气？勇气是无法估量的。"

镜头三：匈牙利的卡乐里·塔卡克斯(Karily Takacs)被认为是世界上最好的手枪速射选手之一，是 1940 年奥运会上可能赢得奖牌的选手。但那届奥运会因为第二次世界大战的爆发而被取消了。在这场战争中，一枚手榴弹在塔卡克斯右手中爆炸，炸掉了他的整个右手，毫不气馁与畏惧的塔卡克斯发誓要学会用左手射击。他在隐居的几年里苦练左手射击，以至于很多朋友都以为他在战争中阵亡了。(镜头)当塔卡克斯出现在 1948 年的伦敦奥运会赛场，当他用左手持枪打破世界纪录并赢得金牌时，他的朋友们及整个体育场上的观众无不惊呆并起立欢呼。

镜头四：在1924年法国巴黎奥运会上，美国赛艇名将比尔·哈文斯(Bill Havens)在随美国代表团启程前往巴黎时，得知自己的妻子将在奥运会期间生下他们的第一个孩子。那时，一次奥运会之旅，要耗费数月时间。经过反复的思想斗争，哈文斯决定放弃自己的奥运会之梦，留在妻子的身旁。那届奥运会闭幕后的第四天，1924年8月1日，他的儿子弗兰克诞生了。在此之后的28年时间里，哈文斯一直在偷偷地想，他是不是做出了正确的选择。(镜头)然后，在1952年，他收到了一封从奥运会举办地芬兰的赫尔基辛发来的电报。电报上是这么写的："亲爱的爸爸，谢谢你在1924年的时候守候在旁等我出生。我带着你应该赢得的金牌回来了。"他的儿子弗兰克·哈文斯刚刚在那届奥运会的1 000米单人划艇比赛中夺得了金牌。①

……

这些以奥运真实故事为主旨内容的公益电视片一经播出，立即震撼了每一个观众和听众(无论他们的国籍、民族、信仰或文化有多么不同)的心灵，整个世界无不为之动容，"即使是最玩世不恭的评论员，也被这样的情境打动了"，以至那些平时最为挑剔的欧美媒体巨头们亦无一不对其报以少有的敬意和欢迎，"所有媒体都把这些宣传片当作它们为大众服务的公益广告来播出和刊登，分文不取"，"CNN在悉尼奥运会前的八个月时间里，一天播出30次该系列影片，30个航空公司将其作为机上电视节目，仅在美国就有超过200家电视台定时滚动播出，瓦尔·摩根电影院广告公司更将这一系列电视片带到了三个大洲的电影院里。"②而《时代周刊》、《今日美国》、《国家地理杂志》、《滚石》音乐杂志等

① 本文电视片的案例摘自[英]麦克尔·佩恩著的《奥林匹克大逆转》(学林出版社，2005年)一书的第165—168页，笔者在文字上略有修改。

② [英]麦克尔·佩恩：《奥林匹克大逆转》，学林出版社，2005年，第168页。

著名纸质媒体亦竞相刊登、转载和评论……从 2000 年 1 月开始播出一直到该年夏季悉尼奥运会结束时的不足一年时间里，据估计，该系列公益影片所获得的免费“广告”价值已超过了 1.2 亿美元。① 奥运系列公益电视片获得了巨大的成功，奥林匹克的理念和形象由此而比以往的任何时候都已更加深入人心。

【案例分析】

公益影视片，包括国际性组织的公益电视片，近年来一直以它所特有的形象功能和传播功能而日益受到现代组织(包括国家政府、跨国公司及国际媒体)的深度关注和重视，2000 年国际奥委会所制定并发布的奥运系列公益电视片就是它们科学艺术地运用现代公益电视片的这两大特点而成功重塑了奥运形象的范式典例。

上述的这一系列的奥运公益电视片所表现的奥运精神及其创意视角，已成为国际社会公认的经典公益电视片，它所展现出来的形象塑造力与形象传播力至今都在给予我们以深刻的印象和启迪。

一、公益电视片的形象力

公益电视片，从传播学角度看，它是一种旨在通过电视媒体向社会公众进行宣传和教育，以期“维护社会道德和正常秩序”、“实现人与自然和谐永续发展”②的非商业性电视片。从公共关系学的角度看，它是一种以特定的价值取向和道德规范为基础，通过大众传媒向人们进行社会宣传和动员、提高或改变人们的态度与倾向、导引人们的行为取向、唤起人们对社会焦点问题的自觉关注与积极参与，进而促进特定社会所共同认同的“和谐”与“进步”的公共关系“影片”。因此，对公益电视片的发布

---

① ［英］麦克尔·佩恩：《奥林匹克大逆转》，学林出版社，2005 年，第 168 页。
② 潘泽宏：《公益广告导论》，中国广播电视出版社，2001 年，第 4　6、332 页。

者来说，公益电视片具有其他传媒所难以替代的形象塑造、形象传播与形象提升的功能。

在市场经济高度发达、经济与文化日趋国际化的今天，形象（或谓信誉）——其核心指标为社会公众对一个组织的社会意识、社会责任与社会行为的综合评价，即社会公众对该组织的社会信誉的总体评价——已是所有现代组织的核心竞争力（有人称之为竞争“软实力”）。社会是由无数个不同层次与类型的组织所构成，任何一个组织均是社会构成的一个细胞，因此，在当今全球化的社会里，任何一个国家、企业、社团或个人，其生存和发展都离不开一个良好的社会环境，更离不开社会方方面面对其的了解、信任、支持和合作；反过来，良好的社会环境和文明氛围的形成更需要每一个社会组织的自觉奉献、承担责任和履行义务。现代组织与社会之间实际上是一种互负责任、互相促进和互为制约的双向“契约”关系。因此，现代组织履行社会责任的程度，本质上既体现了该组织的发展理念和价值取向，也构建和确定了该组织的社会形象和社会信誉度。

而公益电视片，包括国际公益电视片，作为一种社会文明与进步的缩影和象征、一种社会“共通”的良知与责任的表达和实践，其真正的意义在于：该公益电视片的发布者通过致力于与现实社会息息相关的公益事业，在为社会营造一种“和谐”的人文环境和“文明”的社会氛围的同时，实际上也在为自己在社会心目中树立和营造着一种自觉承担社会责任的良好形象和信誉，进而有力并深刻地影响了社会公众对该组织的态度、评价与倾向。由此，从这个意义上来说，公益电视片除了具有其特定的社会宣传和传播功能之外，在客观现实上，它还具有能为现代组织自己营造一个良好的社会形象和社会信誉的特殊功能。

2000年国际奥委会制作并发布的奥运系列公益电视片，即是对上述公益电视片原理的一个具体、生动、典型的诠释。国际奥委会在因美国盐湖城冬奥会贿选丑闻而面临“信誉危机”的关键时刻，果断选择并充分利用了公益电视片这一特殊的形象功能和传播形式，即通过人们对公益电视片的认同心理，以最经典的内容，在最短的时间，用最小的代价重塑了奥林匹克运动的形象。这一案例明确告诉我们：尽管世界文化在一体化进程中仍然还存在着多元性的现实和趋势，但“不论是东方、西方，那些反映人性的本质的东西应该是共通的”。因此，与一般商业电视片不同的是，一则具有普遍价值和反映人性本质的经典公益电视片，必然会引起社会公众的强烈共鸣和心灵感动；一则具有深刻文化内涵和普世教育意义的大众公益电视片，必然会受到国际媒体的由衷敬意和大力支持；一则具有震撼力和跨文化意义的国际性公益电视片，也必然会使公益电视片制作者的信息传递达到事半功倍的传播效果……而其中最重要的是任何一则充满人文内质和创意视角的公益电视片，必然会给公益电视片的制作与发布者——现代组织带来一般商业电视片所想做却不能做到的深刻而又久远的良好形象。

值得注意的是，改革开放后的中国已经开始在国际舞台上发布了一系列国家“形象电视片”，如 2001 年在莫斯科国际奥委会上所展现的北京申办 2008 年奥运会的系列国家“公关”电视片、2006 年与 2007 年中国政府分别在法国和俄罗斯举办“中国文化年”的国家上映的“中国文化电视片”等，都在向世界展示着中国的良好形象。但是，与中国今天的政治、经济与文化的实际影响力相比，中国在最能体现其内在“软力量”的形象表现力上还比较滞后。而 2000 年国际奥委会谙熟运用“公益电视片”所彰显的形象塑造艺术也许能引起我们正在走向国际化的现代组织重新审视与深刻反思。

二、公益电视片的传播力

社会学认为，“所谓传播是人际关系借以成立的基础，又是它得以发展的机理。就是说它是精神现象转换为符号并在一定的距离空间得到搬运，经过一定的时间得到保存的手段。”①而所谓大众传播，则是指一特定的社会组织通过印刷（报纸、杂志、书籍）、电子（广播、电视、电影）、网络（互联网、移动网络）等大众传播媒介，以图文、符号等形式，向不特定的社会公众表达和传递信息的过程。

在信息革命的今天，现代电视片作为一种大众传播活动亦已成为我们现代社会生活中的一个不可或缺的重要部分。然而，由于社会发展与经济形态的缘故，电视片一般又分为商业电视片和非商业电视片两大类。商业电视片，从动态上讲，它是一种有偿的、有责任的、以创意为手段的大众传播活动。而公益电视片则是一种旨在通过各种媒体向社会公众进行宣传和教育，以期“维护社会道德和正常秩序”、“实现人与自然和谐永续发展”的非商业性电视片。上述的奥运系列公益电视片，正是运用公益电视片的这一传播形式和传播机理，通过其敏锐的创意视角，捕捉到了最能体现奥运精神与奥运文化的魅力瞬间——伟大人性，并把它最需要表现的复杂内容浓聚成一个点，即那个最能打动受众心灵的诉求点，来作为该系列公益影片的主旨内容。因此，该系列公益电视片不仅仅是在讲述一个个真实的故事，而且是从那些最后一名的运动员身上，找到了最能扣动人心和人性的闪光瞬间，这一闪光瞬间的实质就是该系列公益电视片信息传播的内动力、穿透力和震撼力。

需要指出的是，改革开放后已大踏步走向世界舞台的中国，尽管在政治、经济和文化等方面已取得了举世公认的成就，然毋庸置疑的是，由于中西方之间信息传播的质与量的不对称性，因此，在国际舞台上，我们的有关政府部门也曾经历过严峻的“公关”考验、我们的企业和产品亦曾面临过各种“信誉”与“品牌”冲击，而我们的文化产品更因“走不出去”而

① 沙莲香：《传播学——以人为主体的图像世界之谜》，中国人民大学出版社，1990年，第2页。

“赤字”严重，如，2000 年到 2004 年，中国进口影片 4 332 部，而出口影片却屈指可数；我国图书进出口贸易额大约是 10∶1 的逆差；1999 年到 2002 年，仅俄罗斯就有 285 个文艺团体到中国演出，而同期，中国到俄罗斯演出的文艺团体仅为 30 个，相差近 10 倍……①我们的政府并不是没有良好形象力，我们的企业和产品也不是没有优秀品质，我们的文化产业更不缺文化精品……实际上，我们最缺乏的则是国际化的推介力和传播力。而上述的奥运系列公益电视片的经典事例和成功范式，却是给我们上了一堂生动而又深刻的现实教育课。

环顾世界，欧、美、日等发达国家的公益电视片（包括国际公益电视片）已经发展成为一个比较成熟的产业，有一套比较完善的运作机制和一种比较科学的运作模式。相比之下，我国公益电视片的起步比美国至少晚了 40 年，比日本也晚了 15 年。因此，在 21 世纪里快速走向世界的中国不仅需要加速提高自己国际商业电视片的质量，也需要加速提高自己国际公益电视片的品质，因为公益电视片所展现出来的形象塑造与形象传播的机理与特质，是我们走向现代世界的一个重要手段和有效工具。

思考题：

1. 国际奥委会迅速制作、发布并积极传播奥运系列公益电视片的意义在什么地方？
2. 国际公关公益电视片的基本功能是什么？
3. 国际奥委会“奥运系列公益电视片”的形象与传播的成功之道给予我们中国有关组织的启示和借鉴是什么？

---

① 《新民晚报》2007 年 4 月 9 日 A2 版。

第二节 国际事件是现代组织展现国际形象的重要契机

【案例】

中国政府紧急援助海地地震灾区

——国际人道主义使中国赢得世界赞誉

2010年1月13日清晨(当地时间12日下午),地处加勒比海的岛国海地发生了7.3级强烈地震。瞬间,无数生命被吞噬于成片倒塌的楼宇房屋之中、数十万民众被掩埋于遍地的瓦砾废墟之下……空前惨烈的地震灾难震惊了世界,震惊了世界上所有的人。

面对这场突如其来且近乎浩劫的地震灾难,远隔千里的中国政府在第一时间里作出了迅速反应——

13日上午的北京,距海地地震后仅几个小时,中共中央总书记胡锦涛和中国国务院总理温家宝即刻作出了“有关部门做好援助海地准备”的紧急指示,并下达了“派遣中国国际救援队飞赴海地实施紧急救援”的命令。中国外交部部长杨洁篪旋即向海地外长尼古拉斯发电通报中国救援队将以最快速度到达海地……15个小时后,由60名专业搜救队员、医疗救护人员和地震专家所组成的救援队,携带救援急需的生命探测仪等抢险救护装备和大量物资、药品,于首都机场乘中国民航特调的包机急速直飞海地。当地时间14日凌晨,从接到出征命令仅27个小时,中国国际救援队就在第一时间抵达海地太子港机场,并立即火速赶赴太子港市区最严重的现场展开紧急搜救和组织救治……就在中国国际救援队急飞海地之时，中国红十字会也向海地红十字会发出慰问电，表示将尽全力给予支持和帮助，同时决定立即向海地提供100万美元的人道主义紧急救援款。为了方便社会各界人士捐款，中国红十字会公布了银行、邮局、网络、短信等接受社会捐款的方式，以及捐赠热线和捐款到账查询电话。而这一切的发生距海地地震还不到24个小时。

15日，随着海地灾情的继续蔓延和海地民众苦痛的加剧，并随着前方记者有关灾情的报道不断传来，中国政府决定再向海地紧急提供价值3 000万元人民币物资的人道主义救灾援助。为此，有关部门全速行动，打破常规，特事特办——商务部、外交部、总参谋部、海关总署、质检总局、民航总局等旋即启动紧急物资援助应急机制，各司其职，互相配合，星夜兼程，在24小时之内完成全部物资的筹集、包装和进机。16日凌晨，载着数十吨用中英文书写的“中华人民共和国援助”字样和印有五星红旗标志的救援物资的中国飞机，又一次在北京刺骨的寒风中疾飞海地……

而此刻，在地球另一端的海地太子港，中国人也在尽全力抢时间，抢生命——在中国国际救援队还未到达之前，中国原在海地的防暴队58名队员就在没有专业设备的情况下，火速找来了撬棍、锄头等原始工具，拼死抬石块，扒土堆……当地时间14日凌晨中国国际救援队抵达后，由救援队员、医疗队员和地震专家组成的中国国际救援队员在市区最严重的废墟上立即展开了一场与时间赛跑的战斗……废墟下的生命随时可能终止，中国救援队员在拼命地挖掘，“在最短时间内调集有限资源，向最需要的地区实施救援”，“中国国际救援队的搜救行动不分国界”，中国国际救援队总领队黄建发不断发出指令，“只要还有一线希望，我们都会尽200％的努力，继续在灾区搜救幸存者。”队员们始终坚持这样的信念，在35℃的高温下，连续奋战60多个小时不休息。到19号，他们已经挖出包括联合国驻海地最高官员赫迪·安纳比等7名外国人和8位中国维和警察在内的15具死难者遗体……

而在海地首都太子港总理府前广场上的中国医疗队帐篷侧面，悬挂着一面用中文、法文对照书写的“中国人民帮助您”的大横幅标语格外引人注目。在残垣断壁之间，中国医疗队建立了一个小型流动医院，并在地震最严重的总统府广场边搭起了第一个简易医疗所，救治伤员、消毒防疫。简易搭建的流动诊所向海地伤病员提供着他们急需的药品和治疗。紧张的抢救使医疗队员们甚至连喝一口水的时间都没有。医疗队员杨轶在电话中对记者说，一周来，他们共救治伤员2 500多人，其中救治重伤员500多人，仅20日当天，就为400多名灾民提供了医疗救治和心理疏导，“这里缺少药品，能够得到中国人的援助，我觉得他们很幸运。”一位路过的海地居民情不自禁地如是说道。

……

中国政府在第一时间救援海地地震灾区的举动和佩戴国徽臂章的中国国际救援队员的救援事迹立即被国内外媒体报道给了世界，受到了世界各国的瞩目和赞扬。联合国秘书长潘基文在海地视察灾情时对中国救援队动情致谢：“我代表联合国和国际社会感谢中国国际救援队在地震后的第一时间赶到这里开展救援。”海地总理礼宾官十分感慨地说：“感谢中国国际救援队，你们是第一支来总理府进行人道主义救助的救援队。”就连一向对中国政府颇有微词的美联社对此也难得少有地这样报道：13日至14日有大约60架飞机载着约2 000名紧急救援人员抵达海地首都太子港机场，先期到达的各国救援小组已经展开了救援工作，“其中令人瞩目的是，中国的救援队第一批赶到，表现了前所未有的快速反应能力”。

中国国际救援队的医疗队尽最大努力救治海地地震灾民的义举也令世界为之动容。现场的海地总理办公室主任赫尔维·戴被中国国际救援队队员们的工作效率和敬业精神深深感动了，“中国国际救援队在灾难发生之后，第一时间作出了反应，中国提供的药品和救援队员现场专业的救治使许多受灾群众及时得到帮助和关怀，这实在难能可贵”。联合国驻海地特派团（联海团）临时负责人穆莱特 2 日在太子港接受新华网记者专访时，对中国政府在海地地震发生后提供的救援表示感谢，并介绍了海地目前的治安和灾民安置情况。穆莱特说：“海地地震发生后，中国政府率先派出了救援队和医疗人员。海地距中国那么遥远，中国政府能作出如此迅捷的反应是非常不容易的，对此我深表感谢。”海地总理府负责救助物资的总协调人杰西·贝勒里夫见到新华社记者，主动提出要同中国朋友说几句话，她说，中国政府和人民帮助海地人民，这种情感是发自内心的，“我想以海地的名义，向你们说声‘谢谢’”。

……

海地地震的灾难还在不断持续，中国政府和人民的国际救援的力度也在不断加大。中国国防部新闻发言人黄雪平 1 月 22 日表示，根据联合国人道主义援助协调办公室的要求，中国政府决定再派遣由中国人民解放军医护人员和管理人员组成的中国医疗防疫救护队 40 人飞抵海地执行人道主义救援任务，同时，一批由中国红十字会募捐并筹集的价值 560 多万元人民币的第三批救援物质也已整装完毕将尽快启航海地……①

【案例分析】

国际人道主义是现代国际社会普遍认同并自觉遵循的一项国际义务和国际准则，它所体现和展示的是一个国家的人道精神与社会责任。

① 本案例参考 2010 年 1 月 24 日《新华每日电讯》“中国政府和人民援助海地地震灾区十日纪实”一文，作者作了部分修改和整理。

中国全速支援遭受苦难的贫弱小国海地的国际救援行动，是中国履行国际人道主义的具体表现，它向世界表达的是中国政府和人民对生命和人权的尊重，它向世界展现的是中国政府和人民勇于担当国际责任和国际义务的大国风范，它向世界传播的是中国政府和人民无私奉献和知恩图报的伟大民族品格。中国政府和人民紧急援救海地地震灾区所赢得的世界关注和各国赞扬的义举无疑是中国的一次"国家形象公关"的典范之作。

一、国际人道灾难救援是展示国家形象和提升软实力的国际公关实践

国际人道主义通常是指"不计成本、不计条件，通过不同的渠道和方式向受难国家和地区提供包括人力、物力和财力上的各种援助，表达着一种对人类生命共同体的充分自觉，代表着一种休戚与共的道德精神及救助人间苦难的实实在在的具体行动。同时，它还认同人类一项共同关注的、跨越了所有界限的大事：人类的将来。"①

在今天的和平时期，国际人道主义更多地表现为对各种自然灾害所造成的重大灾难所展开的国际救援活动，而且，在现代文明和国际关系不断发展和演进的情况下，国际人道灾难救援也已不仅仅是国际人道主义的深入体现，它还更具有国际和平的信念与人类和谐发展的内涵。回顾近些年来，每逢一地发生大灾，如 2004 年的印度尼西亚海啸、2008 年的中国汶川地震和今年的海地地震等，都会引发世界各国人民不分国籍、种族、信仰和意识形态而跨越疆界隔阂、同心协力应对大自然挑战的情景……人类已经用一次次不屈不挠的大救援行动，在地球上每个深陷危机的地方演绎了一幕幕大爱无疆的故事……因此，当代国际人道灾难救援在某种意义上说，它已是一个国

① 《哲学百科全书》(美国版)

家以自己的行动来向世界展示自己的国际形象和提升自身软实力的国际舞台。正是缘于国际人道灾难救援所具有的国际救援效应和国家形象效应，在灾乱不断的海地才能在强震后出现国家之间迅速展开的大规模救灾行动，才能有源源不断地来自全球各地的救援人员和赈灾物资。而中国政府在海地大地震发生后立即发出救援海地的决定，中国国际救援"专机"在第一时间降落海地太子港机场，身穿橘色救援服并佩戴中国国徽的中国救援队员迅即在地震最危险的废墟中持续紧急救援，中国国际救援医疗分队以最快的速度建立简易"医院"对受伤灾民展开全力施救，并向灾民发放各种急需的药品……中国政府的快速反应、中国人民的慷慨援助、中国国际救援队的敬业精神，在解救海地人民痛苦的同时，也在世界聚焦的海地大地震这一特定"大舞台"上，向世界展现了改革开放后的中国所具有的国际人道精神、国际和谐理念和国际救援责任，而联合国秘书长潘基文高度赞扬中国国际救援工作"艰苦而出色"的评价则无疑是国际舆论对中国政府和人民紧急援助海地地震灾区之国际人道主义精神与表现的最佳总结。

国际红十字会迈克尔说："一个大国政府是否可以良好地、快速地解决和处理其国内外所发生的突发灾害事件，是衡量一个国家综合能力的体现。针对这一点，中国政府是绝不缺乏处理突发事件能力的。他们的确找到了一届好的中央政府机构。"中国的海地地震救援——即中国的国际人道灾难救援无疑是展示中国国际形象和提升中国软实力而实践的一次出色的国际公共关系行动。

二、国际人道灾难救援是传播国家文化精神和民族品质的国际公关舞台

国际人道灾难救援也是一个向世界传播自己的国家文化和民族品质的国际公关舞台。

文化是“人类在精神物质方面所创造的一切优秀的东西”,①也是“一个社会或一些人共同承认的价值观和意义体系,包括使这些价值观和意义体系具体化的物质实体。”②即人们在日常社会实践中按照他们自己认同的价值和意义去行事,并在他们所涉及的领域留下价值观的痕迹,进而创造出物质文化来。因此,从这个意义上说,“文化实质上是人类行为选择的标准体系,(而)这些公认的行为标准就是文化”。③

而在世界的各种文化中,国际人道灾难救援——即在危机时刻,国际之间不分国界、种族、意识形态和宗教信仰的救助活动已被视为一种普世文化价值,人们之间的彼此同情和无私相助之心已是人类社会的共同文化信念。而在全球每一个存在人道主义危机的地方,一个国家的“国际人道主义救援”早已成为其国际责任和生命天使的化身,成为其传播国家文化精神和民族品质的国际公关舞台。

因此,海地大地震发生后,在中国宣布立即救援海地灾区的同一时间,美国、德国、法国、加拿大等深谙国际公关之道的西方大国也纷纷表态,对海地给予“任何形式”的救援。美国不但捐款1亿美元赈灾,还派出搜救队,并出动了海空军,包括一艘航空母舰;国际货币基金组织也捐款1亿美元;欧盟委员会13日决定向海地紧急提供300万欧元援助,并将在进一步评估海地灾情后提供后续援助;拉美国家也纷纷行动起来,纷纷全力提供各种人道主义援助……在这“拯救生命,减轻灾民痛苦、帮助重建家园”的全球性救灾海地的热潮中,毫无疑问,世界各国不分种

---

① 季羡林:《东方文化和西方文化》,《东西方文化交流》,澳门:澳门基金会,1994。

② [美]戴维·波普诺著,刘云德、王戈译:《社会学·上册》,辽宁人民出版社,1988年。

③ 黄汉强:《澳门文化、澳门精神及其价值》,《濠镜》(澳门社会科学学会学报),1997(总15期)。

族、疆域、宗教，甚至不计历史恩怨地人道救援海地，主观上出于对生命的尊重与爱护，但在客观上也是这些国家在这一国际公关舞台中全力向世界展示并传播自己文化理念与国家价值观的绝佳机会。

同样，在海地发生的这场大地震灾难中，中国在全力救援的同时，也在向世界展示和传播着“同舟共济”、“救危扶难”这一中华民族的优秀文化传统。在中国2008年的汶川大地震中，中国人民就以这种精神向世界彰显了灾难中的人性光辉，在印度洋海啸和缅甸风灾等国际大灾难中，中国也积极参与国际救援和救灾行动，展示了这一普世的人道情怀，今天，中国国际救援队急赴海地救灾，同样是践行一个和平崛起之大国的历史责任的国际人道理念。

“急人所急、全力救助”，对一个国家来说也是一种宝贵的品格。中华民族是一个讲良心、讲责任、知恩图报的民族。汶川大地震后，我们得到了来自全世界的支持和慰问，这是我们得以战胜灾难的宝贵财富之一。如今，他国有难，我们当然不应坐视。因此，中国不计成本、不计代价，全力以赴，全力支持海地灾区的行动，已无声息地向国际社会传达了中国崇尚和平互助的道义担当和对人类生命共同体尊重的充分自觉，用实际行动向世界舆论真切地诠释了中国“一方有难，八方支持”的国际人道主义精神和知恩图报的民族品德。

不分国界，不计回报，这是人道主义的基本理念。中国在海地的赈灾行动，是高尚人道、无私情怀和国际责任的深刻体现。正如日本《产经新闻》文章所说：海地地震后，中国反应迅速，最先伸出援手，是一个积极而又负责任的现代大国。

三、国际人道灾难救援是世界舆论聚焦中国、传播中国形象的国际公关平台

国际人道灾难不仅使富有人道精神和国际责任的有关国家迅速展开紧张的援救，而且也使具有新闻嗅觉和传播意识的世界媒体将目光自

觉聚焦灾区，聚焦灾区的方方面面。同样，海地大地震发生后，当世界各国展开大规模救援的同时，美联社（AP）、塔斯社（TASS）、法新社（AFP）、路透社（Reuters）、日本共同社、英国广播公司（BBC）、美国有线电视新闻网（CNN）、美国全国广播公司（NBC）、英国《每日电讯报》、《泰晤士报》、雅虎（Yahoo）、谷歌（Google），以及包括中国新华社等在内的世界著名媒体亦即云集海地，它们在向世界各地详细报道着海地大地震的方方面面的同时，也在报道着世界各国大救援的每一个进程、每一个细节……

同样，世界各国的媒体在报道海地国际人道救援时，更将挑剔的眼光聚焦于迅速崛起的中国，聚焦于中国海地救援队的一言一行。尤其是中国与海地还无正式外交关系，加之海地位于美国的“后院”。因此，海地国际人道灾难救援成为世界舆论再次聚焦中国的机会。中国海地救援队除了救援海地之外，也成为向世界传播中国形象的难得的国际公关平台。尽管有些西方媒体永远戴着有色眼镜看中国，但中国政府和人民对海地地震的救援行动仍然征服了世界绝大部分媒体，它们以自己的亲历向世界全面报道了中国海地救援行动的点点滴滴：美国《时代》网站刊载了美国作者奥斯丁拉姆齐撰写的“海地与中国”的文章，详细介绍了中国救援队在海地奋不顾身抢救灾民的动人情景，在美国引起了不小轰动，很多美国人在网上发帖表示对中国的敬佩；洛杉矶《中华商报》则在1月23日发表了题为《海地之殇 大爱无疆》的社论，高度赞扬中国在海地的无私救援行动。法国《快报》则在第一时间向法国发回了“中国救援队比美军更早抵达海地”的报道，引起法国人的强烈反响；菲律宾《世界日报》刊文《“海地驰援”彰显中国实力》说，海地遭遇大地震后，国际社会为之更加关注中国，尤其是中国救援队第一个赶到海地……无疑，“中国身影”最早出现在国际救援现场，令西方世界感到震惊同时，也感到中国力量在国际事务中发挥的重要作用。而对中国百般挑剔的美国《世界日报》也这样报道：中国的救援行动值得敬佩……

思考题：

1. 为什么说中国要想走向世界，要想自立于世界民族之林，就必须积极主动地走向世界、了解世界；也必须开放国门，让世界了解中国、理解中国。
2. 为什么说国际人道灾难救援是展示国家形象和提升国家软实力的国际公关？
3. 为什么说国际人道灾难救援是传播国家文化精神和民族品质的国际公关舞台？
4. 上述案例给予我们最深刻的思考和启示是什么？

附录 1

2008 年美国 128 所单设公关专业的大学名称、所在院系及其网址(英文)

校　　名	公共关系专业 所属院系	最高 学位	网　　址
Alabama(亚拉巴马)(4 所)			
Alabama State University	Department of Communication	B	dokeowo@alasu. edu
Samford University	Department of Journalism and Mass Communication	B	www. Samford. edu
University of Alabama	Department of Advertising and Public Relations	D	www. apr. ua. edu
University of Alabama at Birmingham	Communication Studies Department	B	www. uabpr. com or www. uab. edu
Arizona(亚利桑那)(2 所)			
Arizona State University	Walter Cronkite School of Journalism and Telecommunication	M	www. asu. edu/cronkite
Northern Arizona University	School of Communication	B	www. comm. nau. edu/main. html
Arkansas(阿肯色)(3 所)			
Arkansas State University	College of Communications	B	http: //communication. astate. edu
Harding University	Department of Communication	B	www. harding. edu/ communication
University of Arkansas at Little rock	School of Mass Communication	B	www. ualr. edu (* * * *)

续 表

校　　名	公共关系专业所属院系	最高学位	网　　址
California(加利福尼亚)(8 所)			
California State University, Fresno	Mass Communication and Journalism	M	www. csufresno. edu(＊＊＊＊)
California State University-Fullerton	Department of Communications	M	http://communiacations. fillerton. edu
California State University-Long Beach	Journalism Department	B	www. csulb. edu/colleges(＊＊＊＊)
Humboldt state University	Department of Journalism and Mass Communication	B	www. Humboldt. edu/～jnhsu/
San Diego State University	School of Journalism & Media Studies(B)	B	www. jms sdsu. edu
San Jose State University	School of Journalism and Mass Communications	M	www. jmc. sjsu. edu(＊＊＊＊)
University of the Pacific	Department of Communication	M	qdong@uop. edu(＊＊＊＊)
University of Southern California	School of Journalism	M	http://ascweb. uscweb. usc. edu
Colorado(科罗拉多)(2 所)			
Colorado State University	Department of Journalism and Technical Communication	M	www. colostate. edu/depts/tj
University of Denver	School of Communication	M	http://soc. du. ed(＊＊＊＊)
Connecticut(康涅狄格)(2 所)			
University of Bridgeport	Department of Mass Communication	B	www. bridgeport. edu/mcom
University of Hartford	School of Communication	M	Uhaweb. Hartford. edu/cmm/

续 表

校　名	公共关系专业所属院系	最高学位	网　址
District of Columbia(哥伦比亚特区)(1 所)			
Howard University	Department of Journalism	B	www. Howard. edu
Florida(佛罗里达)(6 所)			
Florida A & M University	School of Journalism & Graphic Communication	B	www. sjgc. net(* * * *)
Florida International University	Dept of Advertising & Public Relations	M	http: //jmc. fiu. edu
Florida State University	Department of Communication	B	www. comm. fsu. edu
University of Florida	College of Journalism and Communications	D	http: //www. floridaad-vertising. net
University of Miami	School of Communication	D	don. stacks@miami. edu www. miami. edu(* * * *)
University of South Florida	School of Mass Communications	M	sliu@ cas. usf. edu http: //masscom. usf. edu
Georgia(佐治亚)(3 所)			
Brenau University	Department of Mass Communication	B	www. berry. edu/ academics
Georgia Southern University	Communication Arts Department	B	http: //class. georgiasouthern. edu/commarts
University of Georogia	College of Journalism and Mass Communication	D	www. grady. uga. edu
Hawai'i(夏威夷)(1 所)			
Hawai'I Pacific University	Coloege of Communication	B	www. hpu. edu/ communication

续 表

校　　名	公共关系专业所属院系	最高学位	网　　址
Illinois(伊利诺斯)(3 所)			
Bradley University	Department of Comunication	B	http: //slane. bradley. edu/com/home. html(* * * *)
Columbia College Chicago	Department of Marketing Communication	B	mkaplan@colum. edu
Western Illinois University	Department of English & Journalism	B	www. wiu. edu/english
Indiana(印第安纳)(5 所)			
Ball State University	Department of Journalism	M	www. bsu. edu/journalism
Butler University	Department of Journalism	B	www. bulter. edu(* * * *)
Purdue University	Department of Communication	D	www. cla. purdue. edu/communication/
Purdue University Calumet	School of Management	B	www. calumet. purdue. edu(* * * *)
Valparaiso University	Department of Communication	B	www. valpo. edu
Iowa(爱荷华)(3 所)			
Drake University	School of Journalism and Mass Communication	B	www. drake. edu. journalism/sjmcsite
Iowa State University	Greenlee School of Journalism and Communication	M	www. jlmc. iastae. edu
University of Northern Iowa	Department of Communication Studies	B	kruckebere@unit. edu

续 表

校　　名	公共关系专业所属院系	最高学位	网　　址
Kansas(堪萨斯)(2所)			
Fort Hays State University	Department of Communication Studies	M	www. fhsu. edu/communication
Kansas State University	A. Q. Miller school of Journalism and Mass Communications	M	FAX(785)532-6890
Kentucky(肯塔基)(4所)			
Asbury College	Communication Arts Department	B	Doa. simmons@asbury. edu
Eastern Kentucky University	Department of Communications	B	www. Communication. eky. edu
Murray State University	Department of Journalism and Mass Communications	B	www. murraystate. edu/journalism
Western Kentucky University	School of Journalism & Broadcasting	B	www. wku. edu/journalism/pr www. wky. edu/journalism(＊＊＊＊)
Louisiana(路易斯安那)(3所)			
Louisiana State University	Manship School of Mass Communication	D	www. manship. lsu. edu
Loyola University New Orleans	Department of Communications	B	www. loyno. edu/communications
University of Louisiana at Monroe	Department of Communication	B	www. ulm. edu/comm(＊＊＊)

续　表

校　名	公共关系专业所属院系	最高学位	网　址
Maryland(马里兰)(2 所)			
Hood College	Department of English	B	www. hood. edu
University of Maryland	Department of Communication	D	www. comm. umd. edu
Massachusetts(马萨诸塞)(2 所)			
Boston University	Department of Mass Communication, Advertising and Public Relations	M	http: //www. ba. edu/com
Westfield State College	Department of Communication	B	www. com. wsc. msc. ma. edu
Michigan(密歇根)(5 所)			
Eastern Michigan University	Department of English Language & Literature	B	www. emich. edu/public/ehglish/pub-relations/
Ferris State University	College of Business	B	Ronald. Greenfieid@ ferris. edu
Michigan State University	Department of Advertising	M	www. adv. msu. deu
Northern Michigan University	Communication & Performance Studies	B	www. nmu. edu/ departments/command-performannce/htm
Wayne State University	Department of Communication	D	m. a. najor@ wayne. edu
Minnesota(明尼苏达)(2 所)			
Saint Mary's University of Minnesota	Department of Media Communication	B	www. amumn. edu/ sitepages/pid70. php
St. Cloud State University	Mass Communications Department	M	http: //stcloudstate. edu/ masscommunications/ masscomm. asp

续 表

校　　名	公共关系专业所属院系	最高学位	网　　址
Mississippi(密西西比)(3 所)			
Mississippi State University	Department of Communication	B	jforde@comm. msstate. edu
Mississippi Valley State University	Department of Mass Communication	B	eturk@mvsu. edu
University of Southern Mississippi	School of mass communication & journalism	D	www. usm. edu/ mcj(＊＊＊＊)
Missouri(密苏里)(5 所)			
Culver-stockton college	Division of Arts and Sciences	B	www. culver. edu/ academics/artsand sciences/ communication
Missouri southern state University	Department of Communication	B	
Southeast Missouri State University	Department of Communication	B	www. semo. edu
Central Missouri State University	Department of Communication	B	www. ucmo. edu/ x7023. xml
Webster University	Department of Communication & Journalism	M	www. webster. edu(＊＊＊＊)
Nebraska(内布拉斯加)(2 所)			
Creighton University	Department of Journalism & Mass Communication	B	www. creighton. edu/journalism
University of Nebraskka at Kearney	Department of Communication	B	www. unk. edu/ acad/comm/ home/html(＊＊＊＊)

续 表

校　　名	公共关系专业所属院系	最高学位	网　　址
New mexico(新墨西哥)(2 所)			
New Mexico State University	Department of Journalism & Mass Communication	B	www. nmsu. edu/ ~jrnalism/(* * * *)
University of New Mexico	Department of Communication & Journalism	B	www. unm. edu/ ~cjdept/
New york(纽约)(4 所)			
Long Island University	Department of Media Arts	B	Abby. dress@liu. edu
Marist College	School of Communication &The Arts	B	www. marist. edu/ academics(* * * *)
Marymount Manhattan College		B	VPASHKEVICH@ mmm. edu
Syracuse University	S. I. Newhouse School of Public Communications	M	www. newhouse. syr. edu(* * * *)
North carolina(北卡罗来纳)(5 所)			
Appalachian State University	Department of Communication	B	popejt@appstate. edu
Campbell University	Department of Mass Communication(B)	B	www. campbell. edu/ coas/masscomm/ index. html
North Carolina State University	Department of Communication	M	www. ncsu. edu/chass/ Communication
University of North Carolina at Chapel Hill	School of Journalism and Mass Communication	D	www. jomc. unc. edu
University of North Carolina at Pembroke	Department of Mass Communication	M	Curtis@uncp. edu

续 表

校名	公共关系专业所属院系	最高学位	网址
Ohio(俄亥俄)(8所)			
Bowling Green State University	Department of Journalism	D	Bgsu. edu/ Departments/ Journalism/pm/ frontpage. htm
Miami University	Department of Communication	B	www. muohio. edu/ Communication
Ohio Northern University	Department of Communication Arts	B	www. onu. edu/ a+s/comm_arts
Ohio University	E. W. Scripps School of Journalism	D	http: //scrippsj-school. org
Otterbein College	Department of Communication	B	www. otterbein. edu/ dept/comm/index. htm
University of Akron	School of Communication	M	www. uakron. edu/ schlcommm
University of Dayton	Department of Communication	B	http: //artssciences. udayton. edu/ Communication
Xavier University	Communication Arts Department	B	www. xu. edu/ communication-art(****)
Oklahoma(俄克拉何马)(3所)			
Oklahoma City University	Department of Mass Communication	B	www. okcu. edu(****)
Oklahoma State University	School of Journalism and Broadcasting	B	http: //journalism. okstate. edu(****)
University of Oklahoma	Gaylord College of Journalism and Mass Communication	D	www. jmc. ou. edu

续 表

校　　名	公共关系专业所属院系	最高学位	网　　址
Oregon(俄勒冈)(1 所)			
University of Oregon	School of Journalism and Communication	D	http: //jcomm. uoregon. edu
Pennsylvania(宾夕法尼亚)(6 所)			
Indiana University of Pennsylvania	Department of Journalism	B	www. iup. edu/ Journalism
La Salle University	Department of Communication	B	www. lasalle. edu/ academ/commun/ home. htm
Pennsylvania State University	Advertising and Public Relations Department	B	www. psu. edu/ dept/comm
Susquehanna University	Department of Communication	B	www. susqu. edu
Westminster College	Department of English & Public Relations	B	www. Westminster. edu/Acad/engl/ dept/PR
York College of Pennsylvania	Division of Communication	B	www. ycp. edu/ academics/481. htm
Rhode Island(1 所)			
Rhode Island College	Department of Communication	B	www. ric. edu/ newric/ academics/ communication. htm
South Dakota(南达科他)(1 所)			
University of South Dakota	Department of Contemporary Media and Journalism	M	www. use. edu/CMJ

续 表

校名	公共关系专业所属院系	最高学位	网址
Tennessee(田纳西)(5 所)			
East Tennessee State University	Department of Communication	M	www. etsu. edu/cas/comm. /index. jsp
Middle Tennessee State University	College of Mass Communication	B	www. mtsu. edu/～jour
University of Memphis	Department of Journalism	M	www. umdrive. memphis. edu/g-journalism
University of Tennessee	School of Advertising and Public Relations	D	http：//www. ccj. utk. edu/advpr
University of Tennessee at Martin	Department of Communication	B	www. utm. edu/Departments/comm. /comm. . htm
Texas(得克萨斯)(7 所)			
Southern Methodist University	Meadows School of The Arts Temerlin Advertising Institute for Education & Research	B	www. smu. edu
Texas State University-San Marcos	Department of Mass Communication	M	www. masscomm. txstate. edu
Texas Tech University	College of Mass Communication	D	Jerry. hudson@ttu. edu
University of Houston	School of Communication	M	jaymower@neosoft. com
University of North Texas	Department of Journalism & Mayborn Graduate School of Journalism	M	sbroyles@unt. edu http：//mayborninstitute. unt. edu

续 表

校　名	公共关系专业所属院系	最高学位	网　址
Texas(得克萨斯)(7 所)			
University of Texas at Arlington	Department of Communication	B	www. uta. edu/communication
University of Texas at Austin	Department of Advertising	B	http://advertising. utexas. edu
Utah(犹他)(1 所)			
Brigham Young University	Department of Communications	M	www. comms. dyu. edu(＊＊＊＊)
Virginia(弗吉尼亚)(1 所)			
Virginia Commonwealth University	School of Mass Communications	M	www. has. vcu. edu/mac
Washington(华盛顿)(2 所)			
Central Washington University	Department of Communication	B	www. cwu. edu/～comm
Washington State University	Edward R. Murrow School of Communication	B	hppt://communication. wsu. edu
West Virginia(西弗吉尼亚)(3 所)			
Bethany College	Department of Communication	B	
Marshall University	School of Journalism & Mass Communication (B,M)	M	www. marshall. edu/sojmc
West Virginia University	Perley Isaac Reed School of Journalism	B	www. wvu. edu/～journals

续 表

校　　名	公共关系专业所属院系	最高学位	网　　址
Wisconsin(威斯康星)(5 所)			
Marquette University	College of Communication	M	www. marquette. edu/comm/dept/adpr
University of Wisconsin-Lacrosse	Communications Studies	B	www. uwlax. edu/ commstudies
University of Wisconsin-Stevens Point	Division of Communication	B	www. uwsp. edu/comm
University of Wisconsin-Oshkosh	Department of Journalism	B	www. uwosh. edu/journalism
University of Wisconsin-Whitewater	Department of Communication	B	http: //academics. uww. edu/CAC/ Communication/ index. htm(* * * *)

注：上表中(B)表示具有学士学位授予权的大学，(M)表示具有硕士学位授予权的大学，(D)表示具有博士学位授予权的大学。

(上表是根据 Bill I. Ross，Jef l. Richards：*Where shall I go to study advertising and public relations?* 2008 Advertising Education Publications P. O. Box68232，Lubbock，TX79414 - 8232. 的资料统计编辑而成。)

附录 2

2008 年美国 44 所单设“广告与公关”(AD/PR)专业的大学名称、所在院系及其网址

校　　名	广告专业所属院系	最高学位	网　　址
University of Arkansas	Walter J. Lemke Department of Journalism	M	http：//www. journalism. uark. edu
University of Northern Colorado	Department of Journalism/ Mass Communications	B	Wayne. melanson@ unco. edu
University of Central Florida	Nicholson School of Communication	B	http：//communication. cas. ucf. edu
University of North Florida	Department of Communictions	B	www. unf. edu. cva. coas. cva. cominfo
Brenau University	Department of Mass Communication	B	
University of Idaho	School of Journalism & Mass Media	B	chrisc@uidaho. edu(* * * *)
Depaul University	College of Communication	M	http：//communication. depaul. edu
Northwestern University	Medill school of Journalis	M	www. medill. northwestem. edu/imc
University of Evansville	Department of Communication	B	www. evansville. edu
University of Southern Indiana	Department of Communications	B	www. usi. edu/libarts/ comm/index. htm
University of Kansas	William Allen White School of Journalism & Mass Communications	M	www. journalism. ku. edu

续 表

校　　名	广告专业所属院系	最高学位	网　　址
Washburn University	Department of Mass Media	B	www. washburn. edu/ cas/massmedia
University of Kentucky	School of Journalism	B	http：//jat. uky. edu
Grambling State University	Department of Mass Communications	M	www. gram. edu
Loyola College in Maryland	Department of Communications	B	www. loyola. edu/ communication
Emerson College	School of Communication	M	www. emerson. edu(* * * *)
Suffolk University	Department of Communication and Journalism	M	www. Suffolk. edu/ college/2176. html
Grand Valley State University	School of Communications	B	www. gvsu. edu/soc
Oakland University	Journalism Program	B	www. oaklad. edu/ rcj/jrn
Bemidji State University	Department of Mass Communication	B	cal. bemidji. msus. edu/masscomm
University of Minnesota	School of Journalism and Mass Communication	D	http：//sjmc. umm. edu
Hastings College	Department of communications Arts, Business & Economics	B	www. hastings. edu/ CABE
Midland Lutheran College	Journalism Department	B	www. mlc. edu
University of Nebraska at Omaha	Department of Communication	B	www. communication. unomaha. edu(* * * *)

续 表

校 名	广告专业所属院系	最高学位	网 址
Rowan University	College of Communication	M	www. rowan. edu/ elan/communic/pard. htm
Buffalo State College (Suny College at Buffalo)	Communication Department	M	www. buffalostate. edu/depts. / communication (＊＊＊＊)
College of New Rochell	Department of Communication Arts	M	www. ccnr. edu
Ithaca College	Roy H. park School of Communications	B	www. ithaca. edu/ rhp/depts. / stratcomm/
Saint Bonaventure University	Russell J. Jandoli School of Journalism & Communication	B	LCOPPOLA@ sbu. edu(＊＊＊＊)
Elon University	School of communications(B)	B	www. elon. edu/ communications
Youngstown State University	Department of Marketing	M	www. wcba. ysu. edu/marketing. htm
Southeastern Oklahoma State University	Department of Communication	B	www. sosu. edu/depart-ments/communication
Duquesne University	Department of Communication & Rhetorical Studies	M	burke@duq. edu
Lock Haven University of Pennsylvania	Department of Journalism(B)	B	www. lhup. edu~ journalism(＊＊＊＊)
Point Park University	Journalism and Mass Communication Department	M	dsclaussen@pointpark. edu/default. aspx

续 表

校　　名	广告专业所属院系	最高学位	网　　址
University of South Carolina	School of Journalism and Mass Communications	D	www. jour. sc. edu
University of Tennessee at Chattanooga	Department of Communication	B	www. utc. edu/ commdept/(＊＊＊＊)
Abilene Christian University	Department of Journalism & Mass Communication	B	www. acu. edu/ academics/cas/ jmc/index. html
Midwestern State University	Department of Mass Communication	B	www. mwsu. edu/ masscomm/index
Texas Christian University	Department of Journalism Schieffer School of Journalism	M	www. schiefferschool. tcu. edu
University of Texas-pan American	Communication Department	B	www. utpa. edu/ dept/comm
West Texas A& M University	Department of Art, Communication & Theatre	B	www. wtamu. edu
Liberty University	Department of Communication Studies	B	www. liberty. edu/ index. cfm? pid=109
University of Wisconsin	School of Journalism and Mass Communication	D	www. journalism. wisc. edu(＊＊＊＊)

注：上表中(B)表示具有学士学位授予权的大学，(M)表示具有硕士学位授予权的大学，(D)表示具有博士学位授予权的大学。

（上表是根据 Bill I. Ross，Jef l. Richards：*Where shall I go to study advertising and public relations?* 2008 Advertising Education Publications P. O. Box68232，Lubbock，TX79414－8232. 的资料统计而成。）

附录 3

国外部分公共关系杂志目录(中英文)

序　号	杂志名称(中英文)	发行情况	注　释
1	《公共关系月刊》	月　刊	学界公认权威刊物
2	《公共关系策略》(Public Relations Tactics)	月　刊	
3	《公共关系战略》(The Public Relations Strategist)	季　刊	
4	《国际公共关系协会评论》	季　刊	
5	《公共关系季刊》(Public Relations Quarterly)	季　刊	1956 年创刊[美]
6	《公关评论》(Public Relations Review)	5 期/年	1975 年创刊[美]
7	《公共关系研究》(Journal of Public Relations Research)	季　刊	1989 年创刊
8	《公共关系杂志》(Public Relations Journal)	半年刊(电子版)	

(上表资料来源：http：//www. prsa. org/prjournal；http：//libgp. jnu. edu. cn/pn/prdinfo；http：//www. informaworld. com；http：//www. prsa. org/Intelligence/Tactics/Issues.

附录 4

国外部分公共关系著作目录(英文)

书　名	作者(国别)	出版公司	出版时间
An outline of careers	Edward Bernays	George H. Doran Company New York	1927
Public relations of the Commission for relief in Belgium: documents	George I. Gay; with the collaboration of H. H. Fisher	Stanford University, Calif: Stanford University Press	1929
Public relations for business	Milton. Wright	McGraw-Hill	1939
Speak up for democracy	Edward Bernays	The Viking press New York	1940
Take your place at the peace table	Edward Bernays		1945
Public relations, principles and procedures	Theodore R. Sills and Philip Lesly	Chicago: R. D. Irwin, Inc	1946
Public relations at work	Herbert M. Baus	Pub. under the sponsorship of American Council on Public Relations by Harper	1948
The Engineering of CONSENT	Edward Bernays		1955
Professional public relations and political power	Stanley. Kelley	Johns Hopkins Press	1956

续 表

书　名	作者(国别)	出版公司	出版时间
Your future in a Public Relations career	Edward Bernays		1979
Memoirs of Public Relations Counsel Edward Bernays	Edward Bernays	Newstrack	1965
Managing Public Relation	J. E. Grunig & T. Hunt	New York: Holt, Rinehart & Winston	1984
The Later Years: Public Relations Insights 1956 - 1986	Edward Bernays	H&M	1986
Public Relations	Edward Bernays	Kessinger	1952
Public Relations: Strategies and Tactics	Wilcox, Ault & Agee	Harper & Row	1986
A Public Relations Bibliography	Scott M. Cutlip	Univ of Wisconsin Pr	1965
Advertising Today	Frank Jefkins	Publisher: Intertex	1971
Public Relations for Management Success	Frank Jefkins	Publisher: Routledge Kegan & Paul	1984
Advertising	Frank Jefkins	Publisher: Macdonald and Evans	1985
Public Relations	Frank Jefkins	Publisher: Trans-Atlantic Pubns	1988
Dictionary of Advertising	Frank Jefkins	Publisher: Trans-Atlantic Pubns	1990
Modern Marketing	Frank Jefkins	Publisher: Ft Pr	1993
Public Relations Techniques	Frank Jefkins	Publisher: Rbhp Trade Group	1994

续 表

书　名	作者(国别)	出版公司	出版时间
Marketing Directo	Frank Jefkins	Publisher：Piramide Ediciones Sa	2004
Public Relations：Contemporary Issues and Techniques	Frank Jefkins	Publisher：Butterworth -Heinemann	2003
The Image：A Guide to Pseudo-Events in America	Daniel J. Boorstin	rY：Random House Inc. Vintage Books；Reissue edition	1992
Communicating Out of Crisis	Michael Bland	London：Mammilla Press LTD	1998
Public Relations — strategies and tactics (6th ed)	D.L. Wilcox & P. H. Ault & W. K. Agee & G. T. Cameron	New York：Addison-Wesley Educational Publishers Inc	2000
Creativity in Public Relations (2nd ed)	Andy Green	New Hampshire：Kogan Page US	2001
Strategic planning for public relations	Ronald D. Smith	Lawrence Erlbaum Associates	2002
Making it in public relations：an insider's guide to career opportunities	Leonard. Mogel	Lawrence Erlbaum Associates	2002
Practical marketing and public relations for the small business	Ali. Moi	London：Kogan Page	2002
Handbook of Public Relations	Robert L. Heath	California：SAGE Publication Inc	2004
Public Relations Practices：Managerial Case Studies and Problems (6th ed)	Allen. H. Center & Patrick Jackson	New Jersey：Prentice-Hall	2003

续 表

书　名	作者(国别)	出版公司	出版时间
The PR Style guide: Formats for Public Relations Practice	Barbara Diggs-Brown & Jodi L. G. Glou	CA: Wadsworth/ Thomson Learning Inc	2004
This is PR: The Realities of Public Relations (8th ed)	Doug Newsom, & Judy V. Turk & Dean Kruckeberg	California: Thomson Wadsworth	2004
Adventures in public relations: case studies and critical thinking	David. Guth	Pearson/ Allyn and Bacon	2005
Strategic planning for public relations	Ronald D. Smith	Lawrence Erlbaum Associates	2005
The essentials of corporate communications and public relations	Society for Human Resource Management (U. S.)	Harvard Business School Press	2006
Functions of public relations	S. Kumar	Shubhi Publications	2006
Public relations cases	Jerry A. Hendrix	homson/Wadsworth	2007
Public personnel administration and labor relations	Norma. Riccucci	M. E. Sharpe	2007
Journalism, science and society: science communication between news and public relations	Martin W. Bauer	Routledge	2007
Public relations today: managing competition and conflict	Glen T. Cameron	Pearson/Allyn and Bacon	2008

续 表

书 名	作者(国别)	出版公司	出版时间
Public relations for Asia	Trevor Morris and Simon Goldsworthy	Basingstoke, Hampshire ; New York, N. Y. : Palgrave Macmillan	2008
Media and public relations	J. K. Singh	A. P. H	2008
New dimensions of public relation and press	Sanjeev. Gulati	Cyber Tech Publications	2008
Global public relations: spanning borders, spanning cultures	Alan R. Freitag and Ashli Quesinberry Stokes	London: Routledge	2009
Labor relations in the public sector	Richard C. Kearney	CRC Press	2009
Mixed media: moral distinctions in advertising, public relations, and journalism	Thomas H. Bivins	Routledge	2009
Public relations and social theory: key figures and concepts	yvind Ihlen, Betteke van Ruler, Magnus Fredriksson	New York: Routledge	2009
The practice of public relations	Fraser P. Seitel	Beijing: Tsinghua University Press	2009

(上表资料来源：http://www.allbookstores.com/)

注：有关国外出版的公共关系著作，笔者目前已收集了200多部目录，因本书篇幅问题，暂取笔者认为较为重要的约40余部书目先行列入本表，敬请读者谅解。如读者确需其他公共关系著作书目的，请与笔者(邮箱地址：chacanchang@126.com)直接联系，当即奉上。

征引文献与书目

一、国内文献与书目

1. 熊源伟:《公共关系学》,安徽人民出版社 1990 年版。
2. 熊源伟:《公共关系案例》,安徽人民出版社 1993 年版。
3. 王伟主编:《公共关系学》,青岛海洋大学出版社 1991 年版。
4. 王乐夫主编:《公共关系学概论》,高等教育出版社 1994 年版。
5. 李健荣、王克智主编:《现代公关理论与实践》,高等教育出版社 1997 年版。
6. 朱崇娴主编:《公共关系原理与实务》,高等教育出版社 2008 年版。
7. 沙莲香主编:《传播学——以人为主的图像世界之谜》,中国人民大学出版社 1995 年版。
8. 王晓进、曾宪植、周汝忠主编:《公共关系实务大全》,北京工业大学出版社 1993 年版。
9. 邢颖主编:《中国公共关系二十年》,北京大学出版社 2007 年版。
10. 余明阳主编:《中国公共关系史》,上海交通大学出版社 2007 年版。
11. 陈先红:《公共关系学原理》,武汉大学出版社 2007 年版。
12. 陈先红:《公共关系生态论》,华中科技大学出版社 2006 年版。
13. 潘泽宏:《公益广告导论》,中国广播电视出版社 2001 年版。
14. 张克非等著:《公关策划与谋略》,青岛出版社 1994 年版。

15. 张克非编著:《公共关系学》(修订版),高等教育出版社 2007 年版。

16. [中国台湾] 张在山:《公共关系学》,台湾五南图书出版公司 2004 年版。

17. [中国台湾] 李湘君:《当代公共关系》(增订新版),亚太图书出版社 2004 年版。

18. [中国台湾] 孙秀蕙:《公共关系理论、策略与研究实例》,正中书局 1998 年版。

二、国外译著书目

1.《不列颠百科全书》,中国大百科全书出版社 2007 年版。

2. [美] 艾伦·森特等著,谢新洲等译:《森特公共关系实务》,中国人民大学出版社 2009 年版。

3. [英] 弗兰克·杰弗金斯著,夏晓斌等译:《最新公共关系技巧》,北京大学出版社 1992 年版。

4. [美] 弗兰·R. 迈特拉等著,欧阳旭东译:《公关造势与技巧:通向 21 世纪的桥梁》,中国人民大学出版社 2009 年版。

三、国外文献与书目

1. Judy VanSlyke Turk: *The Report of the Commission on Public Relations Education*, November 2006, School of Mass CommunicationsVirginia Commonwealth University.

2. Scott M. Cutlip, Allen H. Center, Glen M. Broom: *Defective Public Relations*, Prentice-Hall, a Divison of Simon & Schuster Inc. New York. 1996.

3. Billy I. Ross, Keith F. Johnson: *Where shall I go to study advertising and public relations?* 2004, Advertising Education *Publications* 2004 Edition.

4. Bill I. Ross, Jef l. Richards: *Where shall I go to study advertising and*

public relations? 2008， Advertising Edu Pub. P. O. Box68232 Lubbock，TX79414－8232.

5. Keith F. Johnson，Billy I. Ross：*A Five-Year Regional Review of Advertising and Public Relations at U. S. Colleges and Universities*，Journal of Promotion Management，2001.

后　　记

本书是于2006年被教育部确定为普通高等教育“十一五”国家级规划教材后经作者修改完成的。本书可以作为高等院校文理科学生及企事业单位有关人员的专门教材或参考用书。

本书主要是由本作者设计、撰写、修改和统稿完成的。本书在撰写过程中，充分参考、借鉴和吸收了诸多专家、学者的研究成果，其间的许多分析论述、问题意识等也是在前贤的观点与理论的启发下才得以成形的。同时，本书在写作过程中还大量参考和引用了相关专业书籍和论文中的资料、数据和观点，由此，本作者向有关专家、学者及相关作者表示衷心感谢。

本书从立项、撰写到出版，一直受到上海大学影视学院有关领导的支持和帮助，在此表示作者最衷心的感谢。同时也对为本书出版给予鼎力支持和帮助的上海大学出版社及为本书的出版付出辛勤劳动的责任编辑和工作人员表示由衷的谢意。

由于本作者的水平所限，书中多有不足与错误之处，或在引文的注释上还有诸多疏漏之处，恳望专家与读者批评、指正和原谅。

查灿长

2010年9月于上海